高等教育

MINFA ZONGZE
ANLI JIAOCHENG

杨立新 刘召成
王丽莎 朱 巍
陈 璐 编著

民法总则
案例教程

第2版

知识产权出版社
全国百佳图书出版单位

内容提要

本书以案例评析的形式对民法总则所涉及的基本概念、基本知识和基本理论作了全面系统的归纳和阐释。全书共分为四编十二章。第一编对民法的基本概念进行说明，第二编讨论民事主体，第三编阐释民事客体，第四编叙述民事权利与义务、民事法律行为以及代理等内容。

本书是为高等院校法学专业师生编写的，也可供律师、法官等法律业界人士以及参加国家司法考试、法律硕士和法学硕士考试的考生使用。

责任编辑：彭小华　　**责任校对**：董志英
文字编辑：甘军萍　　**责任出版**：卢运霞
执行编辑：王丽丽

图书在版编目（CIP）数据

民法总则案例教程/杨立新等编著．—2版．—北京：知识产权出版社，2012.10
高等教育法学专业案例教程
ISBN 978-7-5130-1051-1

Ⅰ．①民…　Ⅱ．①杨…　Ⅲ．①民法-总则-案例-中国-高等学校-教材
Ⅳ．①D923.15

中国版本图书馆 CIP 数据核字（2012）第 000295 号

高等教育法学专业案例教材
民法总则案例教程（第2版）
杨立新　刘召成　王丽莎　朱　巍　陈　璐　编著

出版发行：知识产权出版社

社　　址：北京市海淀区马甸南村1号　　邮　　编：100088
网　　址：http://www.cnipr.com　　邮　　箱：bjb@cnipr.com
发行电话：010-82000860 转 8101/8102　　传　　真：010-82000893/82005070
责编电话：010-82000860 转 8115　　责编邮箱：pengxiaohua@cnipr.com
印　　刷：北京市凯鑫彩色印刷有限公司　　经　　销：新华书店及相关销售网点
开　　本：720mm×960mm　1/16　　印　　张：17.5
版　　次：2012年10月第2版　　印　　次：2012年10月第2次印刷
字　　数：355千字　　定　　价：49.00元

ISBN 978-7-5130-1051-1/D·1397（3928）

作者简介

杨立新 教育部人文社会科学重点研究基地中国人民大学民商事法律科学研究中心主任，中国人民大学法学院教授，中国法学会民法学研究会副会长，北京市消费者权益保护法学会会长，东亚侵权法学会理事长；南方医科大学特聘教授，北京大学法学院、国家行政学院、国家法官学院、国家检察官学院、福建师范大学法学院、西南财经大学法学院等高等院校兼职教授，通化师范学院、吉首大学客座教授。代表性著作为《侵权法论》、《人身权法论》、《人格权法》、《侵权责任法》、《民法总论》、《债法总论》、《物权法》、《亲属法》、《合同法》、《继承法专论》等，在《中国社会科学》、《法学研究》和《中国法学》等刊物发表法学论文400余篇。

刘召成 首都师范大学法学院讲师，中国人民大学法学院民商法学博士，教育部人文社会科学重点研究基地中国人民大学民商事法律科学研究中心兼职研究人员。

王丽莎 新乡医学院讲师，中国人民大学法学院民商法学博士，教育部人文社会科学重点研究基地中国人民大学民商事法律科学研究中心兼职研究人员。

朱 巍 中国政法大学传播学院讲师，中国人民大学法学院民商法学博士，教育部人文社会科学重点研究基地中国人民大学民商事法律科学研究中心兼职研究人员。

陈 璐 湖南大学法学院讲师，中国人民大学法学院民商法学博士，教育部人文社会科学重点研究基地中国人民大学民商事法律科学研究中心兼职研究人员。

书中主要法律文件简称

《中华人民共和国宪法》——《宪法》

《中华人民共和国民法通则》——《民法通则》

《中华人民共和国物权法》——《物权法》

《中华人民共和国侵权责任法》——《侵权责任法》

《中华人民共和国合同法》——《合同法》

《中华人民共和国民事诉讼法》——《民事诉讼法》

《中华人民共和国海洋环境保护法》——《海洋环境保护法》

最高人民法院《关于贯彻执行〈中华人民共和国民法通则〉若干问题的意见（试行）》——《民通意见》

最高人民法院《关于确定民事侵权精神损害赔偿责任若干问题的解释》——《精神损害赔偿司法解释》

最高人民法院《关于审理人身损害赔偿案件适用法律若干问题的解释》——《人身损害赔偿司法解释》

对于书中其他法律文件名中包含“中华人民共和国”、“最高人民法院”字样的法律文件，均作了省略“中华人民共和国”、“最高人民法院”字样的处理。

目　录

第一编　民法导论

第二编　民事主体论

第三编　民事客体论

第四编　民事内容论

第一编　民法导论

本编要点：本编是学习和研究民法的导论。主要介绍民法的概括内容，学习和研究民法的基本方法、民法的规则体系和规则的概要内容。应当注意的是，本书确立民事法律关系理论是学习、研究和适用民法的基本方法论，本书的基本思路是以民事法律关系的要素来构造教材的体系。因此，学习本编，应当着重掌握第二章“民事法律关系”的内容。此外，应当注意掌握民法的基本概念、民法的规则体系和主要规则的内容。

第一章　民法概述

本章知识点概要

民法，是调整平等主体的自然人之间、法人之间以及自然人和法人之间的人身关系和财产关系的法律规范的总称。民法调整的人身关系包括人格关系和身份关系，它是指与人身不可分离、以人身利益为内容、不直接体现财产利益的社会关系。民法调整的财产关系是指人们在产品的生产、分配、交换和消费过程中形成的具有经济内容的关系。根据财产关系的内容，财产关系可分为财产归属关系和财产流转关系。民法调整财产归属关系和财产流转关系。

民法是私法，民法是权利法，民法既是行为规范也是裁判规范。我国民法的本位是：突出权利本位，兼采社会本位；以权利本位为主，社会本位为辅的立法思想。

民法的渊源是指民法的表现形式。它表现在各国家机关根据其权限范围所制定的各种规范性文件之中。民事法律规范的表现形式，一般可分为制定法和非制定法。制定法又可根据制定法律文件的国家机关创制方式以及法律规范效力等差异，分为宪法、法律、行政法规等；非制定法，通常包括习惯、判例、法理等。

民法的适用范围，是指民事法规在何时、何地、对何人发生法律效力。民法的适用范围，也是民法的效力范围。民法的适用范围的主要内容包括民法对人的适用范围，也就是民事法律规范对于哪些人具有法律效力；民法在空间上的适用范围，是指民事法律规范在地域上所具有的效力，还可以进一步分为域内效力和域外效力；民法在时间上的适用范围，是指民事法律规范在时间上所具有的法律效力。具体来说包括两个方面：即民法的生效和民法的失效。

民法的解释方法主要包括：（1）文义解释；（2）体系解释；（3）目的解释；（4）当然解释；（5）历史解释；（6）合宪解释；（7）比较法解释。

第一节 民法概述

案例1. 王某诉张某等合伙纠纷案

【案情】

2007年10月，王某与张某、侯某、李某、任某口头协议，合伙共同投资种植树木。2008年春，他们五人在南洼庄村南河沿私自占用集体荒地60余亩，共栽种了板栗、杏树、桃树、李子树、葡萄等1万余棵，铺设了灌溉管道，建设了蓄水池、水井等设施，进行种植经营。2009年春，王某与张某等四人之间因账目和其他琐事产生矛盾，王某提出退出合伙，其余合伙人均同意，但并未退还其投资入股款。2010年10月，绿城房地产开发公司占用该荒地进行房地产开发，与张某四人签订了补偿协议，支付补偿款50万元。2011年2月14日，王某找张某索要补偿款和投资入股款时，张某四人退还王某入股款8 000元，王某出具了文字收据，收据载明“今退给王某南河沿树林入股款8 000元整，以后和王某无任何关系”。2011年6月10日，王某向张某四人索要绿城房地产开发公司支付的补偿款中的10万元，被张某四人拒绝，发生纠纷。

【问题】

本案纠纷是否属于民事法律纠纷？

【法理分析和参考结论】

一、民法的概念和分类

民法，是调整平等主体的自然人之间、法人之间以及自然人和法人之间的人身关系和财产关系的法律规范的总称。《民法通则》第2条规定：“中华人民共和国民法调整平等主体的公民之间、法人之间、公民和法人之间的财产关系和人身关系。”

民法可区分为形式意义的民法和实质意义的民法。

（一）形式意义的民法

形式意义的民法是指民法典。民法典是按照一定的体系结构将各种基本的民事法律制度加以系统编纂，从而形成的规范性法律文件。其最基本的特点就是体系化和系统化，体现了民法的形式理性的要求，使其成为民事法律规范中的最高形式。

由于民法典是对基本民事法律制度的规定，内容是普遍适用的基本民事法律规范，因此，民法典往往被视为整个法律制度的核心。从另一个意义上说，形式意义上的民法即民法典也是民法的普通法。

在我国，现在还不存在形式意义上的民法，因此，制定民法典，就是建设社会主义市场经济法制体系的关键环节，必须尽早建立形式意义上的民法。

（二）实质意义的民法

实质意义上的民法，是所有调整民事法律关系的法律规范的总称，它包括民法典和其他民事法律规范。不仅包括成文的民法典，还包括一切具有民法性质的法律、法规以及判例法、习惯法。

在我国，实质意义的民法具有特别的意义。这不仅是因为我国民法性质的法律法规极为丰富，更重要的是我国目前没有民法典，不存在形式意义上的民法，除了有一部具有民法总则性质的《民法通则》之外，还有《婚姻法》、《收养法》、《继承法》、《合同法》、《担保法》、《物权法》等一系列民法单行法，并且正在起草《侵权责任法》和《人格权法》。由于这些法律还没有被编纂为统一的民法典，因此，实质意义上的民法概念就具有更为重要的意义。

二、民法的性质

（一）民法是私法

公法和私法是历史上对法律性质的基本划分。调整公的行为即国家行为的法律是公法，是调整国家组织及国家主权行为的规范；调整私的行为即个体行为的法律是私法，即所有调整人们彼此之间法律关系的规范，其确认人类彼此之间有哪些自由、权利、义务和风险。

在改革开放之前，我国法学界按照前苏联法学理论的做法，否认公法、私法的划分，认为调整计划经济关系的民法也属于公法性质的法律，因而在社会主义法律中不存在私法的概念。这种观点不能正确界定部门法律的性质，混淆了公法和私法的界限，也与世界各国法律划分的标准不相协调。后来恢复了对公法、私法基本性质划分的做法，确立了民法为私法的观念，认为中国现行的经济体制是社会主义市场经济，在经济活动中主要是依靠经济规律来调整商品生产者和经营者以及个人的活动；国家对市场经济的干预，对个体行为的干预，都是通过事前规范行为标准的方法，即事前调整的方法进行的，事后调整不是主要的调整方式；商品经营者、生产者以及个体在市场经济中，还是依照自己的意志依法实施民事行为。因而民法的性质仍然是私法而不是公法。

（二）民法是权利法

民法的基本内容是规定民事主体所享有的民事权利，规定民事权利的行使规则，规定对民事权利的保护。《民法通则》开宗明义，其立法宗旨是“保障公民、法人的合法的民事权益”。整部民法就是一部民事权利法，是一部以权利为中心的法律。

民法之所以是一部民事权利法，就在于整部法律的内容多为授权性法律规范，授予民事主体以人格权、身份权、物权、债权、知识产权等权利；并鼓励民事主体行使自己的权利，当自己的权利受到损害的时候，依法寻求法律保护。因而，民法与主要是禁止性法律规范的刑法形成鲜明的对比。

（三）民法是行为规范兼裁判规范

行为规范是指作为人们行为的准则，裁判规范并非作为人们行为的准则而是作为法院裁判案件的准则。有些法律仅是裁判规则或者行为规则，例如刑法仅是裁判规则而不是行为规则，道路交通规则仅是行为规则而不是裁判规则。而民法作为民法社会的行为准则，以不特定的人为规范对象，其性质当然属于行为规范。但是，民法这种行为规范是以国家强制力作为保障的。违反该行为规则，诉请法院裁判纠纷，法官当然要以民法规定作为裁判的基准，故民法又是裁判规则。正因为如此，民法具有行为规则和裁判规则双重属性。

三、参考结论

本案中，王某与张某四人共同协商以合伙的方式进行种植经营，最后又因退伙后经营收益分割问题产生纠纷。这一纠纷属于财产纠纷，这个比较容易判断。难点在于判断主体之间是否具有平等关系。由于王某与张某等人之间并不存在行政上的隶属关系，是平等主体，应当属于平等主体之间的财产纠纷。依据民法是调整平等主体的自然人之间、法人之间以及自然人和法人之间的人身关系和财产关系的法律规范的总称，因此本案中的纠纷属于民法调整的范畴，属于民事法律纠纷。

第二节　民法的渊源

案例2. 违规搭建天棚纠纷案

【案情】

张某为上海市中山路100弄52号402室房屋产权人之一，谭某为上海市中山路100弄52号302室房屋产权人，双方系上下邻居。根据房屋设计建造结构，谭某在302室工作阳台北面有一个公共平台。2011年5月谭某未经房屋主管部门批准，在未征得张某同意的情况下，拆除了北面工作阳台的围栏，在公共平台上搭建天棚，采用不锈钢方管作支撑，上面覆盖保温彩钢板和铁皮，宽约1.55米，距离张某厨房间、工作阳台、卫生间窗户垂直距离约0.50米。张某向谭某交涉未果，即向小区物业公司反映。2011年6月16日物业管理有限公司发出整改通知书，认定谭某擅自占用公共平台，并且在公共平台上违法搭建构筑物，要求被告立即停止违规行为，进行整改。张某认为谭某搭建的天棚对原告的居住安全构成威胁，为维护自身的合法权益，向法院提起诉讼。

【问题】

本案中原告张某的主张能否得到法院支持，适用何种民法法源？

【法理分析和参考结论】

一、民法渊源的概念

法的渊源是指法的表现形式。民法的渊源是指民法的表现形式。它表现在各国家机关根据其权限范围所制定的各种规范性文件之中。

民法渊源分为实质渊源和形式渊源。

实质渊源还可以分为法律渊源和历史渊源。法律渊源是针对作为法律的适用者而言，成文法、习惯法、判例法等法律规范是实质的法律渊源；而历史渊源则是针对法律资料的来源而言，诸如外国法、学说、惯例、道德等法律资料。形式渊源则是指法律效力的来源，即法律效力所由发生的根源。

二、民法渊源的具体形式

（一）宪法

宪法是国家根本法，是由全国人民代表大会制定的，具有最高的法律效力。宪法作为民法的渊源，其一表现为宪法是民法立法的基本依据，宪法原则是民法的基本原则和具体内容的基础；二是宪法的一些具体条文本身就是民事法律规范，例如宪法规定不得侵犯人身自由权，不得侵犯合法的财产权等。理解宪法作为民法的渊源，就要掌握宪法原则对民法的立法、解释、适用的最高指导地位，宪法条文对于民法适用的权威作用。

尽管如此，宪法作为民法渊源一般不应作为民事裁判的依据，而应作为立法的根据。宪法司法化的说法，在学说上存在很大的争议。我们认为，宪法所规定的权利是公法上的权利，不等同于私法的权利。宪法规定的权利要获得民法的保护，首先需要被转化为民事权利。法官只能依据民法的具体规则或者类推适用有关规则裁判案件。只有在缺乏具体规定，且不能适用类推的方法适用法律的时候，才可以适当援引宪法的原则规定作出民事裁决。[1]

（二）民法典和民法单行法

民法典是民法的基本渊源，是民法的主要表现形式，其地位仅次于宪法。在我国，目前还没有制定出民法典，民事立法主要是由单行民事法律表现出来的，例如《民法通则》、《合同法》、《侵权责任法》、《担保法》、《婚姻法》、《收养法》、《继承法》、《物权法》等。其中《民法通则》具有特别重要的地位和作用，是民法的基本法。《著作权法》、《专利法》、《商标法》、《公司法》、《票据法》、《保险法》

---

[1] 王利明：《民法总则研究》，中国人民大学出版社2003年版，第56页。

等知识产权和商法的单行法，是民法的特别法。在制定民法典之后，上述民法单行法将被编纂到民法典中，但是知识产权和商法的单行法仍然作为民法的特别法，是民法渊源。

（三）行政法规中的民事规范

国务院有权依据宪法、法律制定行政法规，其中有关民事的规范是民法的重要渊源。例如《医疗事故处理条例》等行政法规中有关损害赔偿的规范，就是民法关于侵权行为的法律表现形式，是处理医疗事故的基本法律依据。运用民法规范民事行为，处理民事纠纷，要依照这些行政法规中的民事规范办理，它们是民法渊源。

（四）行政规章和地方法规中的民事规范

国务院各部委依据法律、行政法规所制定的规范性文件，是行政规章。行政规章不属于立法，但是其中的民事规范，属于民法渊源。省级和较大的市的权力机关有权制定地方法规，在这些地方法规中有关民事的规范也是民法渊源。但是这些地方法规中的民事规范在实施上具有地域性，不能施行于全国。《最高人民法院关于适用中华人民共和国合同法若干问题的解释（一）》第4条规定："合同法实施以后，人民法院确认合同无效，应当以全国人大及其常委会制定的法律和国务院制定的行政法规为依据，不得以地方性法规、行政规章为依据。"

（五）最高人民法院的司法解释

最高人民法院是国家最高审判机关，有权就法律适用作出权威解释。最高人民法院就民法的适用所作的司法解释，是民法渊源，对全国各级的人民法院适用民法的审判活动具有约束力，各级人民法院不得违背。

（六）国际条约和国际惯例

国际条约是两个或两个以上的国家就政治、经济、贸易、军事、法律、文化等方面的问题确定其相互权利义务关系的协议。国际条约包括条约、公约、协定、和约、盟约、换文、宣言、声明、公报等。国际条约虽然不属于国内法的范畴，但我国政府与外国签订的或者我国加入的国际条约，对我国国内的国家机关、企业、事业单位、社会团体和公民也具有与国内法一样的约束力。从这个意义上讲，我国签订或加入的国际条约也是我国法的渊源之一。

国际惯例也叫做国际习惯，一种是属于法律范畴的国际惯例，具有法律效力，另一种是属于非法范畴的国际惯例，不具有法律效力。《国际法院规约》规定，国际惯例是指作为通例之证明而经接受为法律者。这是指前一种国际惯例。《民法通则》第142条规定："中华人民共和国法律和中华人民共和国缔结或者参加的国际条约没有规定的，可以适用国际惯例。"因此，国际惯例也是我国的民法渊源。

（七）国家认可的民事习惯

习惯是人们长期适用所形成的一种行为方式，是法律的渊源之一。在民法没有规定的范围内，民事习惯不与现行法律、法规和社会公共利益相抵触，经过国家认可，具有民法渊源的意义。在没有法律规定的情况下，可以依据民事习惯作出判决。现在的问题是，很多法院在法律没有明文规定的时候，不敢适用民法习惯作为判决的依据，是不正确的。

三、参考结论

本案中，谭某未经其他业主同意，在公共平台搭建建筑物，属于对于建筑物共有部分的不法占用，这种行为属于法律、司法解释以及地方性法规禁止的行为，张某要求谭某拆除建筑物的主张可以得到法院的支持。本案的法源主要有《物权法》、《最高人民法院关于审理建筑物区分所有权纠纷案件具体应用法律若干问题的解释》以及《上海市居住物业管理规定》。

（一）法律

《物权法》第83条规定，业主应当遵守法律、法规以及管理规约。业主大会和业主委员会，对任意弃置垃圾、排放污染物或者噪声、违反规定饲养动物、违章搭建、侵占通道、拒付物业费等损害他人合法权益的行为，有权依照法律、法规以及管理规约，要求行为人停止侵害、消除危险、排除妨害、赔偿损失。业主对侵害自己合法权益的行为，可以依法向人民法院提起诉讼。

（二）司法解释

《最高人民法院关于审理建筑物区分所有权纠纷案件具体应用法律若干问题的解释》第15条规定，建设单位或者其他行为人擅自占用、处分业主共有部分、改变其使用功能或者进行经营性活动，权利人请求排除妨害、恢复原状、确认处分行为无效或者赔偿损失的，应予支持。

（三）地方法规

《上海市居住物业管理规定》第50条明确规定，禁止业主和物业使用人违法搭建建筑物、构筑物。

第三节　民法的适用范围和解释

案例3. 合同纠纷法律适用案

【案情】

汤姆，英国人，现住中华人民共和国。于2002年10月6日将其在中华人民共和国所有的一套房屋租给刘某，双方在当时订立一份房屋租赁合同，合同主要约定：长期租赁，每月租金1 000元，一次交租3年，3年期满租金另议。2005年10月期满，双方均未提出再议，刘某一直未交租金。汤姆于2006年6月起诉到法院，请求刘某支付拖欠的租金。

【问题】

本案适用哪个国家的法律？

【法理分析与参考结论】

一、民法的适用范围

民法的适用范围，就是指民法的效力，是指民法在哪些范围内发生法律效力。

法律的适用范围问题是一切法律都要涉及的问题。民法的适用范围，是指民事法规在何时、何地、对何人发生法律效力。民法的适用范围，也是民法的效力范围。民法的适用范围的主要内容为：

（一）民法对人的适用范围

民法对人的适用范围，是指民事法律规范对于哪些人具有法律效力。一国法律的对人效力，存在两种不同的理论：一是属人主义，即是以人为标准，决定法律对人的拘束力。属人主义通常以人的国籍为标准，不论其处于国内或国外，只要该人具有本国国籍，属本国国民，即适用本国的法律；二是属地主义，即是以领土主权为原则，根据地域为标准，确定法律对人的拘束力。凡是居住在本国领土之内的人，无论其国籍属于本国还是外国，均受本国法律的管辖。

民法对人的适用范围主要有以下几种不同的情况：

1. 中华人民共和国自然人和法人

我国民法对居住在中华人民共和国境内的中华人民共和国自然人或设立在中华人民共和国境内的中华人民共和国法人，具有法律效力。中华人民共和国自然人、中华人民共和国法人在中华人民共和国领域内，实施民事行为，行使民事权利，一律适用中华人民共和国法律。

2. 外国人、无国籍人和外国法人

我国民法对居留在我国境内的外国人、无国籍人和经我国政府准许设立在中华人民共和国境内的外国法人，原则上具有法律效力。但有两种例外：第一，根据我国缔结或参加的国际条约、双边协定的规定或经我国认可的国际惯例，我国民法对享有司法豁免权的外国公民（如来访的国家元首、政府首脑和他们的随从人员，外国使节和他们的家属等）不具有法律效力。第二，我国民法中某些专门由中华人民共和国自然人、法人享有的权利能力，对外国人、无国籍人或外国法人不具有法律效力。

3. 居留在外国的我国自然人

居留在外国的我国自然人，原则上应适用所在国的民法，而不适用我国民法。例如，我国《民法通则》第143条规定："中华人民共和国公民定居国外的，他的民事行为能力可以适用定居国法律。"这尽管是对确定行为能力的法律所作的规定，但也包含了一种意思，即居住在国外的中华人民共和国自然人，其从事民事活动应当适用所在国的法律。但是，依照我国民法的特别规定和我国缔结或参加的国际条约、双边协定以及我国认可的国际惯例，应当适用我国民法的，仍然适用我国民法。

（二）民法在空间上的适用范围

民法在空间上的适用范围，是指民事法律规范在地域上所具有的效力。任何国家都是根据主权、领土完整和法制统一的原则，来确定各种法律、法规的空间效力范围的。关于空间效力一般可以分为域内效力和域外效力。

1. 民法的域内效力

民法的域内效力，是指一国民法的法律效力可以及于该国管辖的全部领域，而在该国管辖领域以外无效。一般的原则是，我国民事法律规范的效力及于我国主权管辖的全部领域，但在确定某一个具体民事法律、法规的效力时，由于制定、颁布民事法律、法规的机关不同，民事法规适用的空间范围也不相同。这大体上有两种情况：

第一，凡属全国人民代表大会及其常务委员会、国务院及其所属各委、部、局、署、办等中央机关制定并颁布的民事法规，适用于中华人民共和国的领土、领空、领海以及根据国际法、国际惯例应当视为我国领域的一切领域，例如我国驻外使馆，我国航行或停泊于境外的船舶、飞机等。

第二，凡属地方各级立法机关根据各自的权限所颁布的民事法规，只在各该立法机关管辖区域内发生效力，在其他区域不发生效力。

2. 民法的域外效力

民法的域外效力，就是指民法在其制定国管辖领域以外的效力。在现代社会，法律一般不能当然产生域外效力；但是随着国际交往的发展，为保护国家和自然人、法人的利益，也可以在例外情况下规定域外效力。例如，《海洋环境保护法》第2条规定，在中华人民共和国管辖海域以外，排放有害物质，倾倒废弃物，造成中华人民共和国管辖海域污染损害的，也适用本法。

（三）民法在时间上的适用范围

民法在时间上的适用范围，是指民事法律规范在时间上所具有的法律效力。具体来说包括两个方面：即民法的生效和民法的失效。民事法律规范开始生效的时间通常有以下两种情况：（1）自民事法律颁布之日起生效；（2）民事法律通过并颁布以后经过一段时间再开始生效。

一般来说，民法的效力自实施之日发生，至废止之日停止。法律规范何时开始实施，可以由法律规范本身规定，也可以由制定法律的机关以命令或决议予以规定。如果立法对法律规范效力的停止时期不加规定，应认为法律一直有效，直至法律明文废止或修改时才停止生效。也有一些法律规范在公布时就规定了失效的日期。

二、民法的解释

（一）民法解释的概念

民法的解释，是指根据有关法律规定、法学理论，对民事法律规范的内容、含义和所使用的概念、术语所作的说明。民事法律规范都是对社会生活中的民事活动所作的抽象概括，是具有稳定性、定型化特点的规则；而社会生活本身却是不断发展变化的。正因为如此，正确适用民法，就必须对民法的某些规定进行解释。因此，民法的解释也被称作民法的适用方法。

（二）民法解释的种类

民法的解释分为三类：

1. 立法解释

民法的立法解释，是指国家立法机关对民法法律规范所作的权威性解释。这是最高效力的民法解释。任何民法解释与这种解释相悖，都没有效力。目前，我国立法机关还没有作出民法的立法解释。

2. 司法解释

民法的司法解释，是指最高人民法院在审理民事案件中对具体适用民事法律规范所进行的解释。人民法院在审判活动中，经常遇到具体应用民事法律、法规的疑难问题，需要进行解释。最高人民法院针对这些问题作出解释，统一全国法院对民事法律、法规的理解和适用。《最高人民法院关于贯彻执行〈中华人民共和国民法通则〉若干问题的意见（试行）》、《最高人民法院关于确定民事侵权精神损害赔偿责任若干问题的解释》就是这样的解释，这是规范性的解释。就对具体案件的适用法律问题，最高人民法院作出的具体解释，是批复性司法解释。这些解释对人民法院的民法适用都具有约束力。

3. 学理解释

民法的学理解释，是指法学理论工作者在学术研究、法学教育中对民事法律规范所进行的解释，以及个人按照自己的理解对民事法律规范进行的解释。这种解释不具有法律效力，但是对于推动法律的发展、进步和法律适用，具有重要的意义。

（三）民法的其他解释

1. 文义解释

文义解释，又称文理解释，是指按照法律条文的用语的文义及通常的使用方法来进行解释，或者说是按照一般语言习惯中的含义或者该法条的特定含义进行阐释。它一般仅限于对法律用语中的字面上的含义进行解释。严格的文义解释可以促进法律的可预期性和安全性，防止法官随意超越法律而使法律处于不稳定的状态，但是也会导致法律适用机械化倾向。

2. 体系解释

体系解释，是指以法律条文在法律体系上的地位，即依其编章、节、条、款、项之前后关联位置，或相关法条的法意，阐明规范意旨的解释方法。

3. 目的解释

目的解释，是指以法律规范的目的为根据，来阐述法条的疑义。任何法条在作出规定时都有一定的目的，在解释法律时就应当充分贯彻立法者的目的。根据法律的客观目的解释法律的应有含义，也称为客观解释或者客观目的解释。这些客观目的常常包括了法的一些基本价值，如公平、正义、安全、对权利的保障等。目的解释可以分为目的性扩张和目的性限缩。

4. 当然解释

当然解释，是指法律虽无明文规定，但根据法律规定的目的来考虑，如果其事实较之于法律所规定的情况更有适用的理由，就可以直接适用该法律规定。

5. 历史解释

历史解释，又称法意解释或沿革解释，是指通过对历史以及立法过程中所参考的资料，以及对立法过程中的记录、文件、立法理由书等的研究，来理解立法者在立法时所作的价值判断和所要实现的目的。简单来说，就是根据各种历史性的因素来探求立法者的立法目的，从而对法条作出正确的解释。历史性因素，包括颁布法律时的法律环境和社会环境、立法的动机、立法者所追求的目的、先例、法律制定者们的说明、草案等立法素材。

6. 合宪解释

合宪解释，是指依据宪法以及位阶较高的法律规范来解释位阶较低的法律规范的含义。这种解释方式实际上就是根据法律的位阶顺序来解释。首先，宪法的位阶最高，所有的法律都不得与宪法的规定相违背。其次，为全国人大及其常委会颁布的法律，行政法规和地方性法律都不得与法律相违背。

7. 比较法解释

比较法既是法学研究的一种重要方法，也可以作为法律解释的一种方法。在确定现行法上某项法律规范含义的时候，可以通过比较法方法的运用，参考域外相关的法律规定来妥当确定法律规范的含义。因此，比较法的方法应当成为法律解释的方法。

三、参考结论

本案考查了民法的对人效力和空间效力。除非有特别规定，我国民法对于中华人民共和国公民和居住在我国的外国人、无国籍人等，都具有适用效力。本案中，汤姆虽然是英国人，但是他居住在中华人民共和国，租赁合同的另一方是中华人民共和国公民，房屋所在地和合同签订履行地都在中华人民共和国，所以应当适用我国民法的有关规定进行处理。

第二章　民事法律关系

本章知识点概要

民事法律关系，是指民法规范调整的权利义务关系，是由民法所调整的平等主体即民事主体之间的人身关系和财产关系。民事法律关系是人与人之间的社会关系，是民法规范所调整的平等主体之间的社会关系，是以权利义务为内容的人身关系和财产关系，是由国家强制力保障实施的社会关系。

民法社会的全部基本要素，就是主体、客体以及基于主体支配客体形成的主体与主体之间的权利义务关系，表现在民事法律关系中，就是民事法律关系的主体、客体和内容的三要素。

民事法律关系的主体也称为民事主体、权利主体，是指法律所承认的能够以自己的名义参加民事法律关系，享受民事权利并承担民事义务的人。民事法律关系的主体要素，就是人，包括自然人和法人。民事主体首先是自然人。现代法治强调自然人均享有民事主体资格，而且此种资格不容剥夺。法人是法律拟制的人。基于社会生活的需要，法律应当允许一些社会组织在依法创设之后，以自己的名义参加民事法律关系，进行民事活动。随着市场经济的发展，法人之外的其他组织也成为一类新的市场主体；法律也逐渐承认其可以以自己的名义参加民事法律关系，从而使其也可以成为民事主体。此外，国家在特定场合中也可以成为民事主体。

民事法律关系的客体也称为权利客体，是指民事权利和民事义务所指向的对象。民事法律关系的客体就是民事利益，其中包括物和其他民事利益。这些物和其他民事利益包含了民法社会的各种各样的不同利益。在民法社会，民事主体支配这些民事利益，就是支配整个民法社会。因此包含这些利益的物和其他民事利益就成了民法社会的客体要素，在民事法律关系中就成了民事法律关系的客体。这是产生民事法律关系的客观基础。在不同的民事法律关系中，其客体是不同的：在人格权关系中，其客体是生命、健康、身体、名誉、隐私等人格利益；在亲属关系中，其客体是因亲属关系而享有的身份利益；在继承关系中，其客体是遗产，其既包括物，也包括债权等财产权利；在物权关系中，其客体是物，例外情况下如权利质权中可以是权利；在知识产权关系中，其客体是无形财产，包括智力成果、工商业标记等；而在债的关系中，其客体则是债务人的特定行为，即给付，并且基于给付而产生的期待利益。

民事法律关系的内容，是指民事主体在民事法律关系中所享有的权利和承担的义务。

民事法律关系的类型可以划分为最高类型、基本类型、中间类型和具体类型。最初始的类型化，就是划分民事法律关系的基本类型。那就是人身法律关系和财产法律关系的类型，它是基于民事利益的两大基本类型而划分的民事法律关系的最高类型。在最初始的民事法律关系类型化之后，还要将人身关系分为人格关系、身份关系，将财产关系分为物权关系、债权关系、知识产权关系、继承关系，这是基本的民事法律关系类型。在民事法律关系的基本类型之下，是中间的民事法律关系类型，例如物权法律关系中的所有权关系、用益物权关系、担保物权关系和占有关系；人格法律关系中的物质性人格权关系和精神性人格权关系等。民事法律关系的具体化，是民事法律关系的终极类型，也就是民事法律关系类型化的极限，终极到最基础的、最具体的民事法律关系。

民事法律关系运动的基本方式，就是民事流转，也叫做民事权利变动，包括民事法律关系的发生、变更和消灭。引起民事流转的动力，就是民事法律事实，即行为和事件。

第一节 民事法律关系的概念和特征

案例1. 朋友聚会“赔偿”案

【案情】

张某和王某是多年未见的中学好友，某日不期而遇后，就到附近饭店吃饭小聚。席间，张某与王某聊起往事兴致高涨，都饮用了大量白酒。回到家中后，张某身体严重不适，产生呕吐、胃出血等多种病症；后经就医诊疗，花费医疗费2 000多元。随后，张某在妻子的支持下，向人民法院提起诉讼，要求王某赔偿医药费。

【问题】

张某的赔偿要求能否得到法院支持？

【法理分析与参考结论】

一、民事法律关系的概念

关系，是指人与人之间生活上的联系。❶ 鲁滨逊独自生活在荒岛上时，自然没有什么社会关系可言，也不需要社会规范的调整；但是在星期五出现后，两人之间就会发生领地、食物的分配等一系列的关系，从而有必要通过一定规范加以调整。❷ 现代

❶ 梁慧星：《民法总论》，法律出版社1996年版，第47页。

❷ 谢怀栻：“民法学习中的方法问题”，见王利明主编：《民商法前沿（第一辑）》，人民法院出版社2004年版。

社会中，举凡朋友关系、同事关系、宗教关系、师生关系、同学关系等都是这样的联系，但是这些关系不是法律关系。

民法上的法律关系理论系由德国法学家萨维尼首次提出，他认为“各个法律关系就是由法律规定的人和人之间的关系”。[1] 在我国，法律关系这一概念作为概括一切法律规定的人与人之间的关系的基本概念，并不只是包括民事法律关系，其外延应当包括公法关系和私法关系。而民事法律关系只是私法上的法律关系。

民事法律关系，是指民法规范调整的权利义务关系，是由民法所调整的平等主体即民事主体之间的人身关系和财产关系。

二、民事法律关系的法律特征

（一）民事法律关系是人与人之间的社会关系

民事法律关系是人与人之间在社会生活中产生的权利义务关系，而不是人与物之间或者物与物之间的关系。民事法律关系通常离不开物，甚至有时还直观地表现为人与物之间的占有、支配的关系，但是物只是人与人之间的民事法律关系的客体或者中介，而不可能是民事法律关系的主体。例如，买主与卖主为买卖物而产生买卖关系，该买卖关系的主体只能是买卖双方当事人之间的关系；特定的人对特定的物享有所有权，从表面上看这种所有权关系是人与物的关系，但是这种关系的背后意味着所有人与所有人以外的不特定人之间的所有与排他的法律关系，所有人以外的不特定人都负有不得侵害所有人的所有权的义务，因而所有权关系归根结底还是一种人与人之间的法律关系。

（二）民事法律关系是民法规范所调整的平等主体之间的社会关系

民事法律关系是根据民法规范建立起来的关系，而民法是调整具有平等法律地位的主体之间的财产关系和人身关系的法律，所以，民事法律关系是平等主体之间的人身关系或者财产关系。主体平等是民事法律关系的一个重要特征。在民法社会，民事主体都是平等的，其人格、地位一律平等。因此，在民事法律关系中，当事人之间不存在管理与服从的关系，而是彼此平等、互不从属的关系。民事法律关系的内容也是平等和对等的，在通常情况下一方取得权利必须以承担相应的义务为前提，反之亦然。主体平等是民事法律关系与行政法律关系等的区别性特征。例如，甲和乙之间的房屋租赁合同关系属于平等主体之间的关系，甲乙在订立合同中具有平等的法律地位。而工商行政管理机关对实施不正当竞争行为的人的行政处罚关系，却是管理与被管理的行政法律关系，这种关系不是平等主体之间的关系。

（三）民事法律关系是以权利义务为内容的人身关系和财产关系

民事法律关系是以权利义务为内容的关系，即民法调整平等主体之间的关系的方法是赋予当事人以民事权利，同时使当事人承担民事义务。权利义务构成了民事

---

[1] 龙卫球：《民法总论》，中国法制出版社2001年版，第120页。

法律关系的内容。民事法律关系是以民事利益为内容的权利义务关系，其全部的权利义务内容都是关于民事利益的关系，这就是人身关系或者财产关系。这一方面是说，民事法律关系是以民事利益即人身利益和财产利益为客体，另一方面也说明，凡是关于人身关系和财产关系的权利义务关系，都是民事法律关系。

（四）民事法律关系是由国家强制力保障实施的社会关系

民事法律关系是由国家强制力保障实现的，国家禁止不履行民事义务和对他人民事权利的侵犯。在民事法律规范中，民事主体可以做什么，或者应当做什么，不可以做什么，都体现了国家对各种行为的态度。由此形成了国家认可的民法社会秩序，不允许被随意破坏。如果这种现实的权利义务关系受到破坏，破坏者就必须承担民事责任。例如，当事人依法成立的合同具有法律约束力，任何一方违约都要承担违约责任。民事主体的人身权和财产权不受侵犯，一旦受到侵犯就可以要求当事人承担侵权责任。民事主体可以通过向法院起诉等方式，保护自己的民事权利，制裁违法行为人。通常认为情谊行为而引发的社会关系不受法律调整。例如某甲邀请某乙看歌剧，乙欣然同意但届时未去。此种情形下，甲不能以电影票作废而请求赔偿信赖利益损失。因为这种邀请"旨在社交和娱乐，而社交和娱乐是不能通过法律来强求的"[1]。再如男女之间的恋爱关系通常由道德调整，故一方违背恋爱期间的海誓山盟时，对方不能请求强制履行或者承担损害赔偿责任。

（五）主体的平等性

民事法律关系具有平等性的特点。民事法律关系是平等主体之间的关系，各民事主体不论是自然人、法人还是国家，不论其所有制如何，都具有平等的法律地位。同样，基于民事主体的平等性，各主体之间的权利义务也多数具有公平性、对等性，许多财产关系都以等价有偿为原则，[2] 未经本人同意，都不得为其科加义务。

（六）内容和变动上的任意性

民事法律关系通常不涉及公序良俗。在市场经济条件下，民事主体都是其个人利益的最佳判断者。只要是对不涉及公序良俗的问题，法律没有必要加以禁止，允许民事法律关系的变动和内容具有相当的任意性。具体表现是：民事法律关系的设立、变更和终止具有一定的任意性，法律允许当事人在法律规定的范围内自主创设和消灭民事法律关系；法律也允许当事人自由确定民事法律关系的内容，即与他人之间的权利义务关系。只要这些内容不违背法律的禁止性规定和公序良俗，法律都确认其效力。因此，在民事法律关系中，法无禁止即为可为。这与公法中法无授权即为禁止恰好形成鲜明的对照。正是基于这种任意性，从而新型的民事法律关系不断出现，并且决定了法官不得以法律没有明文规定为由而拒绝对这类案件的裁判。

---

[1] ［德］迪特尔·梅迪库斯：《德国民法总论》，法律出版社2000年版，第150页。

[2] 佟柔主编：《民法总则》，中国人民公安大学出版社1990年版，第46页。

（七）客体上的复杂性和制度上的开放性

随着社会、经济、科技的发展，各种新型的民事利益为人们所发现、认知和利用，民事法律关系的客体具有相当的复杂性。随着民事法律关系客体的不断发展变化，民法也就逐渐形成了一系列的新规则。正因为如此，民法必须具有开放性，及时接纳新的民事利益，围绕这些新的法益形成新的民事法律关系。由于大陆法系民法成文法形式的局限，有时难以预见到未来社会生活的发展变化，因此，现代各国民法典一般都通过诚实信用原则、公序良俗原则等抽象规范为法官创造新的法律规则提供指引，从而适应开放性的要求。

三、参考结论

民事法律关系是一种平等主体之间的人身和财产关系，这种关系受到法律的强制力的保护。人类社会中平等主体之间的关系并非都属于民事法律关系，涉及人与人之间情感的关系，并不适宜以国家强制力予以调整，因而这些关系并不属于民事法律关系。本案中，张某与王某为多年未见的同学，见面后聚餐饮酒属于两人间情感的表现。这种关系属于情谊行为，不属于民事法律关系。而且每个成年人都具有成熟的判断力，对于自己的身体具有照顾能力，不能因为自己饮酒过量而要求他人予以赔偿。

第二节　民事法律关系的要素

案例2. 大树被风吹倒妨害土地案

【案情】

李某和张某是邻居。某日，台风过后，张某家的大树被大风吹倒，压在李某家的院子里，李某要求张某将大树从自家院子里移走。

【问题】

李某和张某的法律关系构成是怎样的?

【法理分析与参考结论】

一、民事法律关系要素概述

（一）民法社会的基本物质形式

民法社会从物质构成的角度而言，它只存在两种形式的要素，即主体和客体。[1]这就是从民法社会的角度观察这个社会，这个社会也是以物质社会为基础的。在这个社会的里面存在的也都是物质的表现形式。民法社会把整个民法社会的物质要素分为

[1] 我们并不否认在世界上还存在第三种物质形式，例如天体星辰等。但是，由于人们无法对它们进行支配，因此，不把它们放在民法研究的范围之中，不把它们作为民法的规范对象。

人和物两种。人作为民法社会的主体，是民事主体；物作为民法社会的基础，是人所支配的财产，是人所支配的客体。在民法社会的概念中，这个社会只存在人和物，不再存在其他任何东西。因此，构建民法社会的民事法律关系，就必须从民法社会物质构成的两种基本构成要素出发，使民事主体围绕着如何支配物以及其他民事利益，而发生相互之间的权利义务联系。

（二）民法社会的基本联系方式

在民法社会中，民事主体相互联系的基本方式，就是行使权利，履行义务。换言之，民法社会的基本联系是通过权利义务关系来实现的。

在任何社会，人与人之间都是要发生各种各样的联系的。人与人绝对不会是没有联系的单独的个体。即使是人与人之间没有特定的联系，也会存在这种没有联系的联系。联系就是一个纽带，把单个的人联结为社会。

民法社会连接人与人之间的关系，是通过权利的形式进行的。这是一个极为简单的关系，也是一个极为复杂的关系。民法通过赋予权利和行使权利，并围绕着权利编织义务，就把民法社会的全体民事主体都连接到了一起，并且分别赋予其不同性质的关系。这就是，一个单独的民事主体就一个具体的利益享有权利，同时，其他相关的人包括其他全体民事主体或者相对的个体民事主体对这个具体的利益负有义务，构成具体的权利义务关系。由此把人联结在一起，发生民法社会的特定关系。在民法社会中的这种权利义务关系，是民事主体与民事主体之间唯一的联系方式，因此也是基本的联系方式。

民法社会中民事主体之间的这种权利义务关系，实质内容是对民法社会各种民事利益的支配关系。民事利益表现为人身利益和财产利益。对于这些利益关系，应当确定由一定的主体占有或者支配。只有确定一定的利益归一定的主体支配或者占有，才能够形成有序的社会秩序。民法社会就是这样，通过规定权利和义务的方式，确定主体对民事利益的分配、占有和支配。因此，形成了人与人之间的基本联系，构成了整个民法社会的基本结构形态。

（三）民事法律关系的要素构成

基于以上分析，我们可以发现，民法社会的全部基本要素，就是主体、客体以及基于主体支配客体形成的主体与主体之间的权利义务关系。这三个方面恰恰就是民事法律关系的基本要素。可见，民事法律关系完整地概括了民法社会的全部要素。

这样的现实也说明，民法社会的基本运动形式就是民事法律关系的运动。民事法律关系的运动，构成了整个民法社会的全部运动。民法社会在民事法律关系的运动中存在，在民事法律关系的运动中变化，在民事法律关系的运动中发展。从另一个角度上说，凡是民事主体在民法社会中存在、生存、发展、消灭，都是在以民事法律关系的形式进行，都是在民法社会中引起民事法律关系的运动。

有人提到，为什么民事法律关系的要素就是主体、客体和内容这三个要素，而不会是两个、一个或者四个以上呢？这是因为民事法律关系的三要素已经概括了民法社会的全部的要素，以及针对这些要素所发生的民事主体之间的所有联系。除此之外，民法社会已经没有任何别的存在了。这三个要素穷尽了民法社会的全部内容，不再有任何别的因素。

二、民事法律关系要素的具体内容

民事法律关系作为一种社会关系，包括主体、客体和内容三方面要素。

（一）主体

民事法律关系的主体也称为民事主体、权利主体，是指法律所承认的能够以自己的名义参加民事法律关系，享受民事权利并承担民事义务的人。民事法律关系主体是民法社会的支配者，是民法社会中对民事利益的支配者。在总体上，全体民事法律关系主体对全部的民事利益进行支配；从具体的方面看，各个民事主体则在不同的范围内，对民事利益进行支配，而不是对整体的民事利益进行支配。各个不同的民事主体对各自不同的民事利益进行单独的支配，综合形成了民事主体对民事利益的整体支配，实现了人对民法社会的支配。

民事法律关系的主体要素，就是人，包括自然人和法人。民事主体首先是自然人。现代法治强调自然人均享有民事主体资格，而且此种资格不容剥夺。法人是法律拟制的人。基于社会生活的需要，法律应当允许一些社会组织在依法创设之后，以自己的名义参加民事法律关系，进行民事活动。随着市场经济的发展，法人之外的其他组织也成为一类新的市场主体，法律也逐渐承认其可以以自己的名义参加民事法律关系，从而其他组织也可以成为民事主体。此外，国家在特定场合中也可以成为民事主体。

在民事法律关系中，民事主体分为权利主体和义务主体。这是因为民事权利和民事义务的对应性，一方享有权利一般就意味着另一方承担义务；而一方承担义务也就意味着另一方享有权利，因此，在民事法律关系中原则上有双方甚至多方主体。在某些民事法律关系中，双方当事人既享有权利又承担义务。例如，在双务合同的买卖关系中，买方有请求交付标的物并移转使用权的权利，同时负有支付价款的义务，而卖方有收取价款的权利以及交付出卖物的义务。在例外情况下，例如在形成权关系中，则只有权利主体而没有义务主体。

民事法律关系的一方主体可以是单一的，也可以是多数的。例如，在物权关系中，除物权人以外的所有人都是义务主体；而在共有的情况下，其权利主体也是两个或两个以上的人。

（二）客体

民事法律关系的客体也称为权利客体，是指民事权利和民事义务所指向的对象。民事权利和民事义务是以特定的民事利益即客体为基础的，没有客体，民事权利和民事义务就无所依归，无法得到确定。而各民事主体也正是因为一定的客体而彼此发生联系，从而为民法所调整。

民事法律关系的客体就是民事利益，其中包括物和其他民事利益。这些物和其他民事利益包含了民法社会的各种各样的不同利益。在民法社会，民事主体支配这些民事利益，就是支配整个民法社会。因此包含这些利益的物和其他民事利益就成了民法社会的客体要素，在民事法律关系中就成了民事法律关系的客体。这是产生民事法律关系的客观基础。

在不同的民事法律关系中，其客体是不同的：在人格权关系中，其客体是生命、健康、身体、名誉、隐私等人格利益；在亲属关系中，其客体是因亲属关系而享有的身份利益；在继承关系中，其客体是遗产，其既包括物，也包括债权等财产权利；在物权关系中，其客体是物，例外情况下如权利质权中可以是权利；在知识产权关系中，其客体是无形财产，包括智力成果、工商业标记等；而在债的关系中，其客体则是债务人的特定行为，即给付，并且基于给付而产生的期待利益。根据上述不同的客体，民法构建了人格权、身份权、继承权、物权、知识产权、债权等一整套权利体系，并以此来展开民法典分则的各项具体内容。

民法社会的客体是民事利益，其中最主要的部分，就是物（当然还包括行为，即支配物质利益的行为）。物就是财富，是民法社会的物质基础，是民事主体所能够支配的物质，以及这些物质中存在的物质利益。在民法社会，一方面，除了人之外这个社会的客观存在就是物，不再有其他任何客观存在的东西，因而是构成民法社会的要素。另一方面，尽管民法社会是人的社会，但是人脱离了物就无法生存、无法发展。这是因为物存在于人体之外，表现为有体物，能够独立成为一体，能够满足人的需要，具有一定的稀缺性，并能为人所支配，为人创造利益，使人在这个社会中存在下来，发展起来。因此，物是民法社会的基本要素之一，是构成民法社会的基本物质要素。它是民事利益的基本部分。

需要指出的是，随着经济和社会的发展，人们能够支配和利用的各种利益层出不穷。民事法律关系的客体的范围也将进一步扩张。

（三）内容

民事法律关系的内容，是指民事主体在民事法律关系中所享有的权利和承担的义务。

民事法律关系的具体表现，就是民事权利主体对特定的民事利益享有权利，对这项民事利益占有、支配，这就是民事权利。民事权利就是“民事主体为实现某种利益而依法为某种行为或不为某种行为的自由（或者可能性）”。[1]

为了保障民事主体对这种民事利益的支配，即保障民事主体的权利，就要确定

---

[1] 王利明主编：《民法》，中国人民大学出版社2000年版，第43页。

与这一个民事主体相对应的其他民事主体，也就是其他所有人或相对的特定人负有义务；或者是要确定权利主体之外的全体民事主体，或者是与权利主体相对应的特定的民事主体，这些主体“为满足权利人的利益而为一定的行为或者不为一定的行为的必要性”。[1] 这就是民事义务。

这种权利义务关系，就是民法社会民事主体的基本联系方式，也是民事法律关系的内容。

以义务产生的原因为标准，可以把民事义务分为法定义务与约定义务。法定义务是直接由民法规范规定的义务，如对物权等各种支配权不得侵害的义务、对父母子女的赡养抚养义务等。约定义务是通过民事法律行为确定的义务，主要为合同义务。以义务的内容为标准，可以把民事义务分为积极义务与消极义务。以进行一定的行为（作为）为内容的义务称为积极义务，以不进行一定的行为（不作为）为内容的义务称为消极义务。绝对权的义务人一般仅负有消极义务；相对权的债务人一般负有积极义务。在债法中，可以将债务进一步区分为主给付义务、从给付义务和附随义务。[2]

民事义务不履行的后果，就是民事责任。能够发生民事责任的民事义务，是真正的民事义务。而在有些情况下，虽然某人依法应当进行某种行为（包括作为和不作为），但相对人不能请求其履行。当其不履行时相对人也不能请求其承担损害赔偿等民事责任，而只是使其遭受权利丧失或减损的不利益，这就是不真正义务。[3] 例如，在债务履行过程中，债权人自身发生重大事项致使履行债务发生困难时的通知义务，[4] 债权人怠于履行此义务时，债务人不能请求其承担违约责任，但可以中止履行或者将标的物提存。

三、参考结论

本案中，李某对于自家院子具有物权，这种法律关系包括三方面的要素：主体方面：权利人是李某，义务人是李某外的任何第三人；客体是院子这一不动产；内容是李某对于院子的排他性的支配和控制。依据这一法律关系，李某外的任何第三人都负有不得妨害李某对于院子的支配权。而本案中，张某所有的大树压在李某的院子里，妨害了李某对于院子的所有权，则李某可以通过行使排除妨害请求权要求张某移走大树。

---

[1] 王利明主编：《民法》，中国人民大学出版社 2000 年版，第 43 页。

[2] 王利明主编：《民法学》，复旦大学出版社 2004 年版，第 627 页。

[3] 王泽鉴：《债法原理（第一册）》，中国政法大学 2001 年版，第 47 页。

[4] 《合同法》第 70 条。

第三节　民事法律关系的类型

案例3. 出卖他人黄牛不当获利案

【案情】

刘某，以放牧为生，某日突然发现自己的牛群里多了一头大黄公牛，周围的人也无人询问此牛。几天后，其妻劝刘某将此牛卖掉。为免惹出麻烦，刘某便以自己的牛为名，去村委会开出证明，到市场上将牛以1 200元的价格出卖给邻村的王某。一天，此牛被失主李某发现，便要求王某返还。王某称牛是从刘某处买的，并有证明为据，拒不交牛。于是李某便找到刘某，要求其返还卖牛所得的1 200元。刘某认为牛又不是他偷的，也不是拣的，而是牛它自己跑来的，合理合法，拒不承担责任。李某只好诉到法院，要求刘某返还卖牛所得1 200元。

【问题】

本案中，李某与刘某之间是何种法律关系？

【法理分析与参考结论】

一、民事法律关系类型划分的意义

民事法律关系是一个总称，是一个从纷繁复杂的、形形色色的具体民事法律关系中概括出来的抽象概念。它是人们认识民法社会的一般方法，也是对民法社会运动规律的抽象概括。同时，民事法律关系又是具体的社会关系，表现为实实在在的权利义务关系。在民法社会中，用具体的法律规范规制各种各样的具体的民事法律关系，就必须对民事法律关系类型化，由此才能把民事法律关系具体化。

民事法律关系的类型化，就是要把各种各样的具体的民事法律关系按照不同的标准进行划分，分成不同的类型，对不同类型的民事法律关系总结出不同的规则，进行不同的法律规制，适用不同的法律规定。可以说，没有民事法律关系的类型化，就没有民法的规则，也就没有民法的法律适用。所以，民事法律关系的类型化，是对民事法律关系适用法律的基础，也是法律规制法律关系的基础。

二、民事法律关系类型化的级别

（一）最高类型

最初始的类型化，就是划分民事法律关系的基本类型，也就是人身法律关系和财产法律关系的类型。它是基于民事利益的两大基本类型而划分的民事法律关系的最高类型。

（二）基本类型

在最初始的民事法律关系类型化之后，还要将人身关系分为人格关系、身份关系，将财产关系分为物权关系、债权关系、知识产权关系、继承关系，这是基本的民事法律关系类型。

（三）中间类型

在民事法律关系的基本类型之下，是中间的民事法律关系类型，例如物权法律关系中的所有权关系、用益物权关系、担保物权关系和占有关系；人格法律关系中的物质性人格权关系和精神性人格权关系等。

（四）具体类型

民事法律关系的具体化，是民事法律关系的终极类型，也是民事法律关系类型化的极限，终极到最基础的、最具体的民事法律关系。民事法律关系类型化的终极化、极限化，才能够最终地对这种民事法律关系制定具体规则，对这个民事法律关系的案件适用法律。

民事法律关系的类型化和具体化，就是将概括的、抽象的民事法律关系进行细化，确定民事法律关系的级别层次，分级掌握民事法律关系的规律和特点，最终为适用法律确定基础。

三、按照性质划分的民事法律关系类型

在一般的教科书中，对民事法律关系的划分都是以民事法律关系的性质进行划分，来确定民事法律关系的基本类型。这就是人身法律关系和财产法律关系、绝对法律关系和相对法律关系、物权法律关系和债权法律关系、人格法律关系和身份法律关系。这些划分和类型化都是必要的。

民事法律关系的最基本形式，就是具体的民事法律关系，这就是再也不能进行类型化了的民事法律关系。在司法实践中，对一个争议的民事纠纷适用法律，必须进行民事法律关系类型化的终极化、具体化，就是要对案件的民事法律关系进行“定性”，才能够最终确定对这个案件的法律适用。

对民事法律关系类型化的基本意义，在于掌握不同类型的民事法律关系的共性；对民事法律关系类型化的终极目标，就是对民事法律关系具体化，以确定法律适用。这就是：民事法律关系的类型化——表现不同类型民事法律关系的共性；民事法律关系的具体化——确定民法的法律适用。

民事法律关系类型化的基本模式如下。

人身法律关系：人格法律关系和身份法律关系。（1）人格法律关系划分为一般人格权、物质性人格权和精神性人格权。物质性人格权划分为身体权、健康权和生命权，精神性人格权分为标表型人格权，包括姓名权、名称权和肖像权；评价型人格权，包括名誉权、信用权和荣誉权；自由型的人格权，包括人身自由权、隐私权和性自主权等。（2）身份权关系分为配偶权、亲权和亲属权。

财产法律关系：（1）物权法律关系，包括所有权、用益物权、担保物权，以及占有；所有权分为一般所有、共有和区分所有以及相邻权；用益物权包括地上权（建设用地使用权、分层地上权、乡村建设用地使用权、宅基地使用权）、土地承包经营权、地役权、典权和居住权；担保物权分为抵押权、质权、留置权以及所有权保留、优先权和让与担保。（2）债权法律关系，包括合同法律关系、不当得利关系和无因管理关系。其中合同关系最为复杂，具体分为《中华人民共和国合同法》规定的有名合同：买卖合同、供用合同、赠与合同、借款合同、租赁合同、融资租赁合同、承揽合同、建设工程合同、运输合同、技术合同、保管合同、仓储合同、委托合同、行纪合同和居间合同，以及其他无名合同。（3）知识产权法律关系，可以分为著作权关系、商标权关系、专利权关系以及其他知识产权关系。（4）继承权法律关系，分为法定继承、遗嘱继承、遗赠和遗赠扶养协议。

这些生命权、亲权、共同共有、买卖关系、著作权法律关系、遗嘱继承等关系，都是最基础的民事法律关系。

四、参考结论

本案中，李某的牛混入刘某的牛群中，刘某发现后应当及时将牛返还给李某，可是刘某却将黄牛予以出卖获得1 200元收益。刘某并无正当理由获得这1 200元收益，导致李某损害，刘某应当将其获得的1 200元收益返还给李某。这一法律关系是金钱返还关系，属于财产性的法律关系。依据该法律关系，李某有权利向刘某索要1 200元收益，而刘某则有义务予以返还。因此该财产性法律关系的客体是财产给付行为，属于债权法律关系，是不当得利返还之债。

第四节　民事流转

案例4. 错误火化尸体侵害他人权益案

【案情】

某殡仪馆在火化无名尸体时，错将高级电力工程师金某的尸体火化，金某的近亲属在准备进行遗体告别仪式时，找不到金某的尸体。金某的近亲属遭受了极大的精神损害，向法院起诉追究殡仪馆的民事责任。

【问题】

本案中，金某的近亲属和殡仪馆之间产生了何种法律关系，产生该法律关系的原因是什么？

【法理分析与参考结论】

一、民事流转——民事法律关系的基本运动形式

（一）民事流转是民事法律关系运动的基本方式

民事法律关系运动的基本方式，就是民事流转。[1]

民事流转这个概念是概括民事法律关系运动方式总和的概念，因此，民事流转实际上就是民事法律关系产生、变更和消灭的过程，是民事法律关系运动的基本方式。民事法律关系通过产生、变更和消灭的不断运动，也就是民事流转，推动民法社会的不断发展和变化。民事流转，就是民事法律关系的基本运动方式，也是民法社会的基本运动方式。民事法律关系在不停地发生、变更和消灭，构成了民法社会的基本运动形式。

（二）民事流转的基本形式——民事法律关系的产生

民事法律关系的产生，是指民事法律关系基于何种事实或者行为而发生。这是民事流转的基本形式之一。

有的民事法律关系是基于法律事实而产生，例如出生的法律事实产生了身份关系；有的民事法律关系是基于行为而产生，例如合同债权的取得、物权中所有权的取得。应当注意的是，在出生的事实产生的民事法律关系中，有的是固有的民事法律关系，有的是基于出生的事实而取得的民事法律关系，前者为人格法律关系，后者是身份法律关系。

有的民事法律关系的产生较为复杂。例如，共有关系的产生，不是仅仅指共有的所有关系产生。所有权关系的发生，就是所有权的取得，包括原始取得与继受取得。例如，作为原始取得方式的孳息、拾得遗失物、发现埋藏物和隐藏物、先占、添附、善意取得，作为继受取得的买卖、互易、赠与、继承等，都是所有权法律关系发生的事实或者行为。这些所有权发生的根据，对于共有关系的发生都是适用的。但是，共同共有关系的产生更重要的是共同关系的存在和法律规定。没有这个因素，共同共有关系不会产生，而只会产生所有权法律关系。

研究民事法律关系的产生，就是要研究基本民事法律关系产生的基本原因，研

---

[1] 民事流转是现在的民法理论已经不常提及的概念。其实这个概念是很准确地描述了民法法律关系运动的形式的。在1984年出版的《中国大百科全书·法学卷》提到了“民事流转”的概念，其指出民事法律关系的发生、变更或消灭，有时候只需要一个法律事实，有时候需要几个法律事实，法学上把引起某一个法律关系发生、变更或者消灭的几个法律事实的总和，称为民事法律事实的总和。整个民事法律事实的总和，就构成民事流转。1980年出版的《法学词典》“民事流转”条解释：“权利主体间转移财产权利过程中，产生各种民事法律关系的法律行为以及其他法律事实（如买卖、借贷、侵权行为）的总和。”1985年出版的《新编法学词典》“民事流转”条规定：“指基于法律事实引起民事主体之间财产权利流动转移的过程，即权利处于动态状况。由于合同、侵权、赠与、继承引起的财产权的移转，就是民事流转。”但是近年来，这个概念已经不被提及，很少有人用了。在对“民事流转”概念的这些界定中，差不多都是说“民事流转”就是民事法律事实构成，也是说民事权利的动态状况。我更赞成后一种说法。

究具体的民事法律关系产生的具体原因，从中归纳出民事法律关系发生的一般规律和特殊规律，使人们认识民法社会的基本运动规律，并且进行科学、合理的法律规制。

应当注意的是，民事法律关系产生之前，还有一种特别的情况，就是胎儿的事实存在。胎儿存在后，尽管还没有发生民事法律关系，但是胎儿的存在是客观的，因而对于其出生后所发生的民事法律关系具有特别的意义。例如胎儿的伤害和继承问题。

研究民事法律关系的产生，既要研究民事法律关系产生的一般原因和规律，也要研究特别的、具体的民事法律关系的产生原因和规律，进而展开对民事法律关系的全面规范和掌握。如前所述，研究共有的法律关系，不但要研究所有权发生的一般原因，而且更重要的是要研究共有关系发生的特殊原因。这就是研究基于共有关系产生的这种特殊的所有权发生的原因究竟是什么，进而研究和揭示共有关系发生的一般规律，制定相应的法律规则。

（三）民事流转的基本形式——民事法律关系的变更

民事法律关系的变更也是民事流转的基本形式之一，就是民事法律关系在存续期间发生了变化。

民事法律关系的变更，分为主体变更、内容变更和客体变更。

从原则上说，任何民事法律关系在存续期间都会发生变更，只是由于民事法律关系的性质不同，其变更的范围、性质和程度各不相同。

在绝对性的民事法律关系中，一般不会发生重大的变更，仅仅会发生简单的、适当的变化。例如，在人格权法律关系中，人格基于人的出生而产生固有的人格权法律关系；在身份法律关系中，则基于出生的事实而取得身份法律关系。有时候，个别的人格法律关系会发生变化，例如肖像权被转移使用，名称权被转移使用等，都是简单的、适当的变更。只有在名称权法律关系中，才会发生主体的变更，即名称权的全部转让以及名称权的继承。

在相对性的民事法律关系中，变更是一种基本的运动形式，包括主体的变更、内容的变更以及客体的变更。最常见的就是合同变更。

民事法律关系变更的意义，在于民事法律关系变更之后，等于旧的民事法律关系消灭，新的民事法律关系产生。不过也存在特别的情况，例如合同更新即以新抵旧，从保护债权人的角度出发，规定新旧民事法律关系都存在，但是效力上有所区别。这是一种特例。

（四）民事流转的基本形式——民事法律关系的消灭

民事流转的基本形式之一，是民事法律关系的消灭。民事法律关系的消灭，就是该民事法律关系已经完成了自己的使命，到了终结的时候，走到了灭亡，不复存在。

任何民事法律关系都会消灭，都不会永久存在。这是因为民事法律关系以人为其主体，人并不是永久存在的，因此民事法律关系就不会永久存在。即使这个人是一个法人，这个法人也不会永久存在的。既然如此，基于人而产生的民事法律关系当然就一定会消灭。但是，就民法社会的总体民事法律关系而言，民法社会不消灭，民事法律关系的存在和运动就永远不会消灭。这也是一个辩证统一的关系。

一般的民事法律关系都会随着主体的死亡和消灭而消灭。自然人死亡了，以其为主体的人格权法律关系就消灭了，物权法律关系也消灭了，债权法律关系也消灭了。这是民事法律关系消灭的主要原因。但是有一个特别的情况，就是在自然人死亡之后，对于某些人格利益和身份利益，法律还要给予其一个保护时期，这就是人格利益和著作权的法律保护。前者设置保护人进行保护，后者规定保护期限为50年。

民事法律关系的消灭还由于权利的转让而消灭。例如转让所有权。

民事法律关系的消灭还由于义务的履行而消灭。例如合同债务的履行。特别的情况就是后契约义务的履行，要求在合同消灭之后，当事人还要继续履行其义务。

民事法律关系消灭的意义在于，特定的民事法律关系彻底死亡，不复存在，权利义务关系不再发生拘束力。这就终结了该民事法律关系中权利义务主体之间的民法社会特定的联系。但是，这里消灭的只是一个特定的民事法律关系的联系，还有很多的民事法律关系存续，消灭的只是个别的联系。直到这个主体在实质上消灭了，并且经过了一个适当的保护期，这个人才彻底地消灭于民法社会，不再与民法社会的主体发生任何关系了。

二、民事流转的基本动力——民事法律事实

（一）法律事实的法律价值

任何事物的发生、发展、变化，都要有动力。民事法律关系的流转，同样需要动力。民事流转的动力就是民事法律事实。

任何民事法律关系的产生、变更和消灭，都必须基于一定的动力，就是基于一定的民事法律事实。能够引起民事法律关系产生、变更和消灭的客观现象，就是法律事实。[1]

一个民事法律事实的出现，就会引起法律关系的产生、变更或者消灭。研究民事法律关系的基本动力，就是要研究法律事实、法律事实构成以及是否发生民事法律关系产生、变更或者消灭的后果。

---

[1] 佟柔主编：《中国民法学·民法总则》，中国人民公安大学出版社1990年版，第59页。原本的法律事实概念，就是民事法律概念，是由大陆法系民法学家创立的。但是法律事实被法理学借用、成为法学的一般概念之后，民法上的法律事实就被冠以“民事”法律事实的限定词，民事法律行为、民事法律关系等都是如此。

民事法律事实的类型分为事件和行为。如果一个民事法律关系的发生、变更或者消灭需要几个民事法律事实的时候，这几个民事法律事实的总和，就是民事法律事实构成，简称为事实构成。

（二）事件

事件，是指不直接包含人的意志的法律事实。最典型的事件，就是人的出生和死亡，以及灾害、时间的经过等。这些事实虽然与人的意志无关，或者不直接具有意志性，但是其一旦发生，就依法在一定的主体之间发生、变更或者消灭一定的民事法律关系。例如，人的死亡发生继承法律关系；经过一定的时间，就会发生消灭时效的法律后果，特定的民事法律关系就会消灭胜诉权，或者发生取得某项所有权法律关系。

事件的意义在于：（1）对于事件，法律可以规定它是否具有法律后果以及具有何种法律后果，但是不能控制其数量和发生与否。这就是说，法律对事件只能规定法律后果，但是不能对它进行控制。这正是由事件的本质属性所决定的。（2）当事人对于事件的发生与否，不能进行人为的干预，不能人为地促使或者阻止事件的发生，否则必须承担不利于己的法律后果。例如，人的死亡是发生继承关系的事件，如果继承人故意杀害被继承人，则其继承权将被剥夺。（3）事件本身没有合法性的属性，不具有合法和不合法之分。

（三）行为

行为，是指受人的意志支配的有意识的活动。

行为分为合法行为和不合法行为。

合法行为，产生法律规定的法律后果，是肯定性的法律后果，其设立、变更或者消灭民事法律关系。合法行为是指符合或者不违反民事法律规范的行为，分为表示行为和事实行为。

表示行为，就是民事法律行为，是指民事主体基于意思表示，旨在发生、变更、消灭民事法律关系的行为。它的特征，是当事人有意识地要建立或者变更、消灭民事法律关系，并通过一定的行为将内心的意思表达出来。如果当事人的意思表示有瑕疵或者缺陷，或者违反法律，即表示行为不合法，该行为就没有法律效力或者法律效力待定。

事实行为，是指行为人主观上不一定具有发生、变更、消灭民事法律关系的意思，但是客观上能够引起这种法律后果的行为。例如，写作尽管非有意识地要取得著作权，但是它能够发生著作权法律关系。由于这种行为是在客观上产生法律后果的行为，所以与表示行为不同，行为人不一定需要具备民事行为能力。

不合法行为是不符合法律要求的行为或者违反法律规定的行为，例如违约行为、侵权行为、不履行法定义务的行为和不合法的表示行为。这些行为的发生，引起民法的否定反应。行为人应当承担民事责任，在当事人之间产生民事责任的法律关系。

（四）事实构成

事实构成，就是民事法律事实构成，引起某一个民事法律关系发生、变更或者消灭的几个法律事实的总和，就是事实构成。例如遗嘱继承法律关系的发生，需要具备有效的遗嘱行为，还需要被继承人死亡的事件。这两个法律事实结合在一起，才能够发生遗嘱继承的法律关系。

事实构成的意义，就在于当法律规定一个民事法律关系的发生、变更或者消灭需要具备事实构成的时候，就必须按照法律要求，同时具备几个事实构成的法律事实，否则不会发生法律规定的后果。

三、参考结论

本案中，殡仪馆错误地将金某的尸体当做无名尸进行火化，侵害了金某近亲属对于金某的亲属权，造成了其严重的精神损害，殡仪馆应当对此予以损害赔偿。因此，在金某近亲属与殡仪馆之间产生了侵权损害赔偿之债，是一种侵权关系。这种关系的产生属于民事流转中的民事法律关系的产生，而推动该法律关系产生的动力是侵权行为。侵权行为属于民事法律事实中的行为，该种行为所产生的法律后果并非当事人所追求和希望的，因此是一种事实行为，而基于该事实行为当事人之间产生了侵权损害赔偿责任。当侵权人对被侵权人承担了侵权责任，这种侵权法律关系即告消灭，这一法律关系的流转就全部结束。

第三章　民法结构和民法规则

本章知识点概要

民法调整的对象，就是平等主体的自然人之间、法人之间以及自然人与法人之间的人身关系和财产关系。人身关系，是指与人身密切相连而不可分割的社会关系。平等主体之间的人身关系，是指平等主体之间与人身不可分离而无直接财产内容的社会关系。一般认为，人身中的“人”是指人格，“身”是指身份，因此，民法调整的人身关系，就是人格关系和身份关系。财产关系，是以财产为媒介而发生的社会关系，是指平等主体在物质资料的生产、分配、交换和消费过程中形成的具有财产内容的社会关系。在民法上，这种财产关系主要表现为两种，一种是财产的所有关系，另一种是财产的流转关系。

民法的调整方法，一是事前的调整，二是事后的调整。通过这样两种调整方法实现对社会关系的影响和规范。事前的调整，就是塑造社会关系为法律关系，使其依循符合立法者意志的方向发展，形成一种理想的民法秩序。事后的调整，是对被破坏的民事法律关系按照民法的规定使之恢复圆满状态，恢复民法规定的民事秩序。

民法的基本内容，是规定民事权利，规定民事权利的行使规则以及规定民事权利的保护方法。民法的基本内容之一，是规定民事权利，因而民法是一部民事权利法。民法规定的民事权利，是与民法的调整范围相关的。即调整人身关系的那一部分规定的是人身权利，调整财产关系的那一部分规定的是财产权利。民事主体享有了权利，还要依照自己的意愿行使自己的权利，而行使权利必须按照法定的规则行使。民法的第三部分内容，是与民法的第二种调整方法相适应的，就是对民事权利的保护。即采用民事责任的方式，对违反民事义务侵害民事权利的民事违法行为进行制裁。民法的强制力就体现在这一部分内容上。

民法的基本结构是由四个部分组成的，即总则部分、人法部分、财产法部分和侵权法部分。民法学总论所表现的，就是民法典总则的理论形式。这是对民法全部内容的概括，是对民法典总则内容的抽象，其所规定的是民事法律关系的概括的规则，是民法典的全部内容的抽象和概括，是统领民法全部内容的总纲。在民法总则之下，是民法的两个基本构成部分，就是民事权利两大系统。民法典所规定的所有民事权利，即人身权利和财产权利，是民法的两大支柱，是民法的人法和财产法。

侵权行为法是民法最后的一个部分。侵权行为法所处的这个地位，表明了侵权行为法在民法中的重要地位，即权利保护法的地位。

民法规则是指民法对民事主体行使民事权利、履行民事义务、承担民事责任所规定的规则。民法规则体系，是指民法规则的层次结构。民法规则是一个体系，分别由三个不同层次的规则构成。这就是最高规则、基本规则和具体规则。此外，还包括介于基本规则和具体规则之间的中间规则。民法规则体系的最高规则，就是民法的基本原则，也可以称为民法规则的最高规则。这些规则是民法的本质及其基础的集中表现，是高度抽象的、最一般的民事行为规范和价值判断标准。它不仅是民事立法的准则，而且是民事主体进行民事活动的基本准则，是解释民法、适用民法和补充立法漏洞的基本准则。民法规则体系中的基本规则，是某种权利类型的抽象规则。在一个类型的权利群或者权利组中，有自己所遵循的一般规则。民法规则的具体规则，是指某种特定的权利行使的具体规范。中间规则，它存在于基本规则与具体规则之间。但是，这种规则在有些权利类型中存在，在有些权利类型中并不存在。因此并没有将它作为一个普遍的规则体系层次。

第一节　民法的调整对象、基本内容和结构

案例1. 悬赏广告纠纷案

【案情】

2010年3月30日中午，朱某在天津和平电影院看电影。散场后，将朋友李某委托代办的内装洛阳市机电公司价值80余万元人民币的汽车提货单及附加费本等物品的公文包遗忘在座位上。位于后几排同场观看电影的张某发现后，将公文包捡起，与同去看电影的王某在现场等候良久，未见失主来寻。便将公文包带走，并委托王某予以保管。同年4月4日、5日和7日，朱某先后在《今晚报》和《天津日报》刊登寻包启事，表示要“重谢”拾得人。李某得知失包情况后，于4月12日和13日也在《今晚报》刊登内容相同的寻包启事，声明“一周内有知情送还者酬谢15 000元”。12日晚，张某得知以李某名义刊登的寻包启事后，即告诉王某并委托其与李某联系。次日，双方在约定的时间和地点交接钱物，由于在给付酬金问题上双方发生争执，张某遂向法院提起诉讼，要求朱某和李某依其许诺支付酬金15 000元。朱、李辩称：寻包启事中许诺给付酬金不是其真实意思，法院应驳回诉讼请求。

【问题】

本案中，张某与李某之间的法律关系是否属于民法的调整对象？属于民法中的何种法律关系？其在民法结构中处于何种位置？

【法理分析与参考结论】

一、民法调整对象

（一）民法的调整对象及其意义

法律以调整对象的不同为标准而被划分为不同的法律部门。民法调整的对象，就是平等主体的自然人之间、法人之间以及自然人与法人之间的人身关系和财产关系。

研究民法调整对象的意义在于：第一，正确划分法律部门，区分民法和其他部门法，构建不同于其他部门基本法的民事法律体系。第二，根据民法不同于其他法律的法律调整对象，确定民法的独特的法律调整方法，即主要通过任意法的方法，赋予当事人以私法自治的权利，调整民事法律关系。第三，明确法院民事案件的管辖权限，对不同性质的诉讼案件适用不同的诉讼程序，在司法机关内部实行科学的分工。

（二）民法调整对象的内容

民法调整的内容包括三个要素：一是平等主体，二是人身关系，三是财产关系；其中平等主体是民法调整内容的主体范围，人身关系和财产关系则是民法调整内容的两大类型。概括起来，民法调整对象分为两大类，一是平等主体之间的人身关系，二是平等主体之间的财产关系。

1. 平等主体之间的人身关系

人身关系，是指与人身紧密相连而不可分割的社会关系。平等主体之间的人身关系，是指平等主体之间与人身不可分离而无直接财产内容的社会关系。一般认为，人身中的“人”是指人格，“身”是指身份，因此，民法调整的人身关系，就是人格关系和身份关系。这两类法律关系在民法上表现为人格权和身份权。前者是具有非财产性、专属性、固有性的社会关系，后者是亲属之间的非财产性、身份性和义务性的社会关系。民法调整这种人身关系，坚持以人为本，突出对人格利益和身份利益等精神利益进行保护，体现人的尊严，体现人格平等和人格自由，实现对人权的保护。

民法调整的人身关系具有如下特点：第一，主体地位平等。民法调整的人身关系的主体具有平等的法律地位，相互之间没有隶属关系。第二，与人身不可分离。人身关系是基于人身利益而发生的关系，离开了人身就不会发生人身关系。第三，不直接体现财产利益。人身关系中权利人的权利和义务人的义务，都不直接体现财产利益，但人身关系与财产利益又有联系，有的人身权可以转化为财产利益，例如企业名称权可以被依法转让。对其有偿转让即可获得财产利益。

2. 平等主体之间的财产关系

财产关系，是以财产为媒介而发生的社会关系，是指平等主体在物质资料的生产、分配、交换和消费过程中形成的具有财产内容的社会关系。在民法上，这种财产关系主要表现为两种，一种是财产的所有关系，另一种是财产的流转关系。财产所有关系是人们在占有、使用、收益和处分物质财富过程中所发生的社会关系，表明财产的归属关系，体现某一种特定的财产归谁所有，以及其他人就该财产与财产权利人之间的关系。财产流转关系是指人们在转移物质财富过程中所发生的社会关系，是动态的财产关系，包括商品流转关系、遗产流转关系以及其他财产流转关系，其中商品流转关系是最主要的财产流转关系。

上述社会关系作为民法的调整内容，必须是在平等主体之间发生的，就是说，民法所调整的财产关系和人身关系，必须在主体上是平等的。不是平等的主体之间发生的财产关系和人身关系不能作为民法调整的内容。主体平等，就是当事人之间互不隶属，处在同等的地位，在相互之间的关系上保持自己独立的意志自由。

（三）民法的调整方法

1. 民法调整方法的含义

法律调整，是指法律凭借其权威，对社会关系施加影响、进行规范的活动，使之形成一种理想的社会秩序。民法的调整方法，一是事前的调整，二是事后的调整，通过这样两种调整方法实现对社会关系的影响和规范。

事前的调整，就是塑造社会关系为法律关系，使其依循符合立法者意志的方向发展，形成一种理想的民法秩序。这就是确定民事权利义务关系，使民事法律关系的参加者按照民法的规定，行使权利、履行义务，形成理想的民法秩序。

事后的调整，是对被破坏的民事法律关系按照民法的规定使之恢复圆满状态，恢复民法规定的民事秩序。这就是对破坏法律关系的人处之以民事责任，使其受到制裁，强制其按照民法规范实施行为，同时对权利受到侵害的受害人进行救济，使其损害得到平复。

二、民法的基本内容

与民法的调整对象和调整方法相适应，民法基本内容由以下三部分构成：

（一）规定民事权利

民法的基本内容之一，是规定民事权利，因而民法是一部民事权利法。

民法规定的民事权利，是与民法的调整范围相关的，即调整人身关系的那一部分规定的是人身权利，调整财产关系的那一部分规定的是财产权利。人身权利和财产权利这两种权利就是民法的两大支柱，民法就是由这两大大类民事权利构成的。知识产权既有人身权的性质，又有财产权的性质，是两种权利结合在一起的另一种民事权利。一般被划在财产范围，为无形财产权。继承权是财产权，但是具有身份的基础。

1. 人身权利

人身权利是民事主体的基本权利，是民法的一大类民事权利，是指民事主体依法享有，以在人格关系和身份关系上所体现的，与其自身不可分离的利益为内容的基本民事权利。它由人格权和身份权构成。

人格权是指民事主体专属享有，以人格利益为客体，为维护其独立人格所必备的权利。包括一般人格权，生命权、健康权、身体权，姓名权、名称权、肖像权，名誉权、信用权、荣誉权、人身自由权、隐私权、性自主权等。

身份权是指民事主体基于其特定的身份关系并由其专属享有，以其体现的身份利益为客体，为维护该种关系所必需的权利。这种权利包括配偶权、亲权、亲属权。

2. 财产权利

财产权利是民法的另一大类民事权利。在民法领域中，将财产权分为三种，一种是静态的财产权，即物权；第二种是动态的财产权，即债权；第三种是无形财产权，即知识产权。

物权是指权利主体在法律规定的范围内，直接支配一定的物并享受其利益的排他性权利，分为自物权和他物权，自物权即所有权，他物权包括用益物权和担保物权。

债权是指按照合同约定或者依照法律规定，在当事人之间产生的特定的权利义务关系；体现这种权利义务关系的动态权利，就是债权。债权分为合同之债权、侵权之债权、无因管理之债权和不当得利之债权。其中合同之债是最典型的债权，最能体现动态财产关系的实质。

继承权的性质是财产权，但其是以身份权作为基础而发生的权利，因此权且将其划在人身权利范围内。

知识产权是指自然人、法人对自己的创造性的智力活动成果依法享有的民事权利，包括著作权、专利权、商标权和其他智力成果权。知识产权既有财产权的性质，又有人身权的性质，是一种财产权利和人身权利相结合的综合的民事权利。

（二）规定民事权利行使规则

民事主体享有了权利，还要依照自己的意愿行使自己的权利，而行使权利必须按照法定的规则行使。在所有的成文法中，民法典的篇幅之所以最为庞大，其原因就是民事权利的行使规则最为复杂。

在民事权利行使规则中，有一个对比分明的现象，就是财产权利的行使规则最为复杂，人身权利的行使规则较为简洁。因此，在民法典中，规定物权和债权的内容占了大部分的篇幅，而规定人格权内容的在我国民法典草案中只有几十个条文，在很多国家的民法典中只作一般性规定。这是因为，财产权利都涉及财产的归属、利用和流转，权利人行使权利必然要涉及他人的利益；至于身份权则需要规定具体的规则，因而其篇幅超过人格权法。所以，对财产权的行使必须遵守严格的规则，才能够保证财产归属、利用和流转秩序不发生混乱。而人身权尤其是人格权的行使，只要权利人不滥用权利，义务人不侵害权利人的权利，就不会发生问题，因而不需要规定详细的规则。

（三）对民事权利的保护

民法的第三部分内容，是与民法的第二种调整方法相适应的，对民事权利的保护。即是采用民事责任的方式，对违反民事义务、侵害民事权利的民事违法行为进行制裁的内容。民法的强制力就体现在这一部分内容上。

正当行使民事权利是适法行为，是正当的行为，受到法律的保护。权利人的权利受到侵害，民法就要对其进行救济，对侵权行为人进行制裁，对被侵权人进行保护，使其受到侵害的权利得到恢复。

民法对民事权利的保护，采用请求权的方式。对于民事权利受到侵害或者妨害的民事主体，法律赋予其请求权，使其有权请求侵害或者妨害其权利行使的人承担法律规定的责任，恢复其权利。保护权利的请求权体系分为两个体系，一是原权请求权，二是侵权请求权，分别担负保护权利的职责。前者是各种民事权利所固有的权利；后者是根据侵权行为法的规定，在权利受到侵害之后新发生的请求权，是依据侵权行为法的规定保护民事权利的。对于这两种请求权的关系，本书还要在后文进行说明。

三、民法的基本结构

（一）民法结构的含义

民法结构，包括民法学的结构和民法典的结构。民法学的结构是指民法理论的结构，是民法学在研究民法现象时所形成的理论结构。它是以民法典作为研究对象，在理论上表述民法典的逻辑和内容，所形成的理论体系的逻辑层次和表现段落。而民法典的结构，则是民法典的法律结构。因此，民法结构和民法典结构这两个概念既相互联系，又相互区别。

结构就是事物的各个组成部分的搭配和排列，[1] 表现的是事物内在内容的各个部分依照逻辑层次在外在表现上的搭配和排列。因此，民法结构，就是民法典和民法学所表现的其内在内容及其组成部分按照逻辑层次进行的搭配和排列。第一，民法结构表现的是民法的内容和组成部分，它们的关系就是内在的内容和外部的表现形式的关系；第二，民法结构的表现形式是搭配和排列，是各个部分按照一定的规律进行的搭配和排列；第三，民法结构对民法内容和组成部分的搭配和排列，是依照一定的逻辑层次进行的，这就是民法的基本规律所包含的逻辑关系。掌握民法结构，是学习和掌握民法的基础。

（二）民法的基本结构

民法的基本结构是由四个部分组成的，这四个部分搭配和排列的方式不是平行的，而是纵横相交的结构。

---

[1] 参见《现代汉语词典（修订本）》，商务印书馆1996年版，第646页。

这四个部分，就是总则部分、人法部分、财产法部分和侵权法部分。这四个部分纵横交接，构成民法的基本结构。

第一，民法学总论所表现的，就是民法典总则的理论形式，这是对民法全部内容的概括，是对民法典总则内容的抽象。其所规定的就是民事法律关系的概括的规则，是民法典的全部内容的抽象和概括，是统领民法全部内容的总纲。

第二，在民法总则之下，是民法的两个基本构成部分，就是民事权利两大系统。民法典所规定的所有民事权利，即人身权利和财产权利，是民法的两大支柱，是民法的人法和财产法。这是民法的主体部分。民法典的主要的条文都规定在这个部分。人法规定的是关于民事主体关于自己的权利，包括人格权、身份权。财产法是民事主体基于财产所发生的权利，包括物权、债权、继承权和知识产权。在这两大支柱之中，规定了民法典三方面的基本内容，即民事权利，民事权利行使的规则以及民事权利所固有的保护自己的请求权体系。

第三，侵权行为法是民法最后的一个部分。侵权行为法所处的这个地位，表明了侵权行为法在民法中的重要地位，即权利保护法的地位。

（三）民法结构与内容的关系

民法的由四个部分组成的结构与民法三个基本内容的关系，就是其内容与形式的关系。其相对应的关系是：

民法结构的第一部分总论，概括的是民法总则的部分，是对民事法律关系的一般规定，实际上是民法的方法论，是认识民法的基本方法，是研究民法的基本方式，也是适用民法的基本方式。

构成民法主体部分的人法和财产法的两个部分所涵盖的，就是规定权利、规定权利行使规则以及权利保护的第一个请求权系统。在民法典的分则中，按照不同的权利类型分为不同的编，在每一编规定一类民事权利，以及该类权利包括哪些具体权利，同时规定行使这些权利的时候应当遵守何种规则。

民法结构的最后一部分，就是侵权行为法。它所概括的是第二类的权利保护请求权方法，即侵权请求权的保护方法。侵权行为法作为主要的权利保护法，充当了各种权利的保护神。

四、参考结论

本案中李某在公文包丢失后，发布了悬赏广告，对公文包送还者支付15 000元的报酬。张某捡到公文包后按照李某发布的悬赏广告将该公文包送还给了李某，属于完成了悬赏广告所要求行为的情形。基于此，李某应当按照悬赏广告承诺向张某支付报酬，李某主张悬赏广告并非其真实的意思表示并不具有正当理由。因此，在张某和李某之间产生了李某向张某支付15 000元报酬的法律关系。这一法律关系发生在平等主体的张某和李某之间，是一种财产关系，因而属于民法调整的范畴。这种法律关系在民法结构中，位于分则的财产部分，是单方法律行为引起的债权债务关系。

第二节　民法规则的概念和体系

案例2. 猪肉致人中毒纠纷案

【案情】

某运输公司受农场委托长途运送生猪，途经某市遇酷热天气。运输公司派出的押运人员张某、杨某根据经验决定给生猪降温，从某农资公司购得喷雾器一架，清洗后灌入自来水即向生猪喷水降温。该猪肉售出后，经检验生猪不同程度农药中毒，导致购买该生猪肉的消费者中毒，遭受人身损害。后查该喷雾器售前曾借给农户李某使用，农药系李某使用后残留所致。

【问题】

受害人的损害应当适用何种法律规则寻求法律救济？

【法理分析与参考结论】

一、民法规则的概念和特征

（一）民法规则概念的界定

从民法规范的角度出发来观察民法，民法的基本内容都是规则。因此，民法规则是指民法对民事主体行使民事权利、履行民事义务、承担民事责任所规定的规则。

（二）研究民法规则的意义

民法在规范民法社会的时候，更多地注重对民事主体行为的规范。因此，对民法从技术的角度观察，其基本内容都是规范民事主体行为的规则。民法注重规则的研究，并不是说它不考虑民法社会的秩序，而是通过建立民法公正的、科学的、合乎民法社会发展的规律的规则，通过民事主体遵守这些规则，来建立和谐、完美的民法社会。同时，民法规则的建立，也考虑到当民事主体在行使民事权利、履行民事义务中发生民事争议，需要进行协调和处理的时候，纠纷解决主体能够有所遵循，依照民法规则作出裁判，解决纷争，促进人民的团结，使民法社会和谐有序地发展。

（三）民法规则的特征

1. 民法规则是关于人的规则

民法社会是人的社会，民事主体是这个社会的主宰。民法社会运动的主体是民事主体，也就是人。因此，民法规则都是从人的角度作出规范，对人的本身进行规范，对人的行为进行规范，对人与人之间的关系进行规范，进而达到对民法社会整体的规范。因此，民法就是人法，民法规则就是关于人的规则。

2. 民法规则的全部内容都是对人的权利的规范

作为一部规范人的法律，可以从任何角度作出规定。例如刑法也是规范人的法律，但是它是从犯罪的角度作出的规定，因此刑法也可以说是一部犯罪法。行政法也是规范人的法律，但是它是从社会行政管理的角度进行规范，它涉及的是政府的管理和相对人的被管理。因此，行政法也可以说是一部管理法。可是，民法却是一部完完全全从人的角度进行规范的法律。它所选择的角度就是规定权利。

民法规定所有的人都享有权利，同时，又规定其他任何人对享有权利的人负有义务，尽管这种权利有绝对性的权利和相对性的权利的不同，并且因此而使义务有所不同。在民法社会，任何民事主体都是权利人，而任何民事主体又都是其他权利人的义务人。任何民事主体不仅仅享有一个权利，而是享有所有的民事权利。所以，民法规则的基本内容就是权利，民法就是一部权利规则，其主体部分就是权利行使规则。即使是像侵权行为法这样的权利保护法，其也是权利保护的规则。

3. 民法规则是对民事法律关系的规范

权利，就是实现某种利益的可能性。但是，权利并不是一种简单的可能性，因为这种可能性的实现，需要它与其相对应的义务人的容忍和行为。如果一个享有权利的权利人仅仅依靠自己独立地行使自己的权利，没有义务人的履行义务的行为，那么其权利是不可能实现的。因此，权利的另一层含义，就是基于权利而构成的权利义务关系，也就是民事法律关系。民法规则对民事权利的规范，也就是对民事义务的规范，同时，也就是对民事法律关系的规范。我们说，民事法律关系是民法的基本方法，因此也可以说，民法规则规定的就是民事法律关系的规范。

二、民法规则的体系

（一）民法规则体系的概念

民法规则体系，是指民法规则的层次结构。换言之，民法规则体系就是研究民法规则是由哪些部分构成的。

（二）民法规则体系的结构

民法规则是一个体系，分别由三个不同层次的规则构成。这就是最高规则、基本规则和具体规则。此外，还包括介于基本规则和具体规则之间的中间规则。

1. 民法规则的最高规则

民法规则体系的最高规则，就是民法的基本原则，也可以称为民法规则的最高规则。这些规则是民法的本质及其基础的集中表现，是高度抽象的、最一般的民事行为规范和价值判断标准。它不仅是民事立法的准则，而且是民事主体进行民事活动的基本准则，是解释民法、适用民法和补充立法漏洞的基本准则。

2. 民法规则的基本规则

民法规则体系中的基本规则，是某种权利类型的抽象规则。在一个类型的权利群或者权利组中，有自己所遵循的一般规则。在民法中，不像刑法或者行政法那样，整部法律在其统一的最高规则的指导之下，而是除了在最高规则的一般指导下，各种类型的权利还有自己独特的在这个领域中的一般规则。这是因为，民法的内容极其庞大，各个部分之间具有相当大的不同，民法规则的最高规则只是起到原则的、最一般的规范作用，而在各种权利类型中，各自都有自己特别的、不同于其他权利类型的法则。因此，各种权利类型都有自己独特的一般规则。这些规则，仅仅是规范这一种权利类型的一般规则，对其他权利类型不发生作用。它既接受民法规则的最高规则的一般指导，同时又对该种权利类型中的具体权利规则具有指导意义。因此，在学习、研究民法的时候，应当在民法规则的最高原则指导下，学习、研究该权利类型的一般规则，并将其作为学习、研究该种权利类型具体规则的指导原则。

3. 民法规则的具体规则

民法规则的具体规则，是指某种特定的权利行使的具体规范。例如，在物权体系中的所有权，包括一般所有、共有和建筑物区分所有，如何行使这种具体权利，都要有其规则。在物权法中，具体的规定就是它的具体规则。行使这种权利、进行民事活动、裁判民事纠纷，就是要按照这些具体规则进行。它既接受民法规则中最高规则的一般指导，也要接受权利类型的基本规则的指导。凡是违背最高规则和基本规则的，都被认为是不合法的规则。因此制定民法、解释民法、适用民法，都必须接受这些最高规则和基本规则的约束。

4. 中间规则

在民法规则体系中，其实还有一种中间规则，它存在于基本规则与具体规则之间。不过，这种规则在有些权利类型中存在，在有些权利类型中并不存在，因此并没有将它作为一个普遍的规则体系层次。例如，在债权法中，通行债权法的是基本规则，但是在债权法的基本规则与债权法的具体规则之间，存在合同之债、无因管理之债与不当得利之债三种不同的债的基本类型。在这三种基本债的类型中，各自都有各自的规则。例如，在合同之债中，存在合同之债的抽象规则，这就是中间规则，这种合同之债的中间规则对所有的合同类型都具有指导意义，既不是债权法的基本规则，也不同于具体类型合同的具体规则，因此其是中间规则。掌握这种中间规则，对于研究具体问题具有重要意义。

三、参考结论

猪肉残留有毒农药，导致购买猪肉的消费者人身损害，消费者可以依据侵权法寻求救济。这种产品责任属于无过错责任，消费者可以依据《中华人民共和国侵权责任法》关于产品责任的具体规定，向猪肉的生产者或者销售者主张损害赔偿。而本案中导致猪肉存在有毒物质的是运输者，因此，承担责任的生产者或销售者在承担责任后，可以向运输者某运输公司进行追偿。

第三节　民法的最高规则

案例 3. 枣庄市山亭区房产物业管理处擅自停水案

【案情】

2002 年 3 月，枣庄市山亭区房产物业管理处未与居民协商，就以水费亏本为由，擅自将执行几年的“抄表到户、计量向用户收费”改为只抄单元总表，并强制要求居民轮流收费，否则就停止供水。居民对这种擅自更改供水收费方式感到极为不满，曾多次要求物业管理处纠正其强制住户按楼道收取水费的做法。而物业公司却对此置之不理。去年 8 月，在收取水费的过程中，物业管理处以居民所居住的楼道没有交齐水费为由，锁死了供水闸门，停止供水。2002 年 8 月，当地居民为维护自己的合法权益，将物业管理处及物业公司的上级山亭区房建开发公司告上了法庭，请求法院判令被告立即恢复供水，并在以后的管理中实行抄表到户，计量收费。

【问题】

原告的主张能得到支持么？本案适用民法的哪个基本原则？

【法理分析与参考结论】

一、平等原则的概念

平等原则，是民法针对民事主体地位确定的最高规则，是指在民法中所有的民事主体在地位上一律平等，没有任何人的地位可以高于其他人的地位的最高准则。

《民法通则》第 3 条规定：“当事人在民事活动中的地位平等。”平等原则是由民法调整的社会关系的性质决定的。民事主体地位平等的前提是人格独立和人格平等。在此基础上，任何民事主体的地位一律平等。平等以独立为前提，独立以平等为归宿。平等的实现，就使民事主体相互之间互不隶属，各自能独立地表达自己的意愿，其合法的权益得到平等保护。

二、平等原则的表现

民法调整平等主体之间的人身关系和财产关系，这些社会关系的本质特点在于其平等性。平等原则的基础是，民法调整的财产关系基本上是商品经济关系；民法调整的其他财产关系和人身关系也属于平等主体之间的关系。这些社会关系的性质要求民事主体必须平等，因而决定了民法的最高规则是平等原则。平等原则是民事法律关系区别于行政法律关系、刑事法律关系的重要标志。

平等原则具体含义包括：

（一）民事主体资格平等

民事主体资格平等就是所有的民事主体的民事权利能力一律平等。根据《民法通则》第9条和第10条规定，自然人自出生时起到死亡时止，具有民事权利能力，即具有民事主体资格。民事权利能力一律平等，而不同性别、年龄、民族、宗教、信仰、文化程度以及智力程度。即使是法人，《民法通则》第三章也专门规定，法人自其有效成立时起具有民事权利能力，享有民事主体资格。法人的业务性质不同，具体的业务范围有可能不同，但其民事主体资格完全平等。

（二）民事主体的地位平等

在各种具体的民事法律关系中，各种民事活动中，民事主体的法律地位一律平等。当事人参与法律关系时的地位必须平等，任何一方都不具有凌驾或优越于另一方的法律地位。当事人在进行民事活动时，必须平等协商，不得对另一方发出强制性的命令或指示，不得要挟和强制。

（三）民事主体平等地享有权利承担义务

在民事法律关系中，当事人的权利义务也是平等的，享有权利，承担义务。例如，人格权人对其人格利益享有人格权，财产所有人对其所有物享有所有权，作者对其作品享有著作权；所有的人格权、财产所有权的义务人都负有不可侵犯他人权利的义务，所有的著作权义务人对他人的著作权都不得侵害，所有的第三人对他人的合法债权都负有不可侵犯他人权利的义务等。因此，民事主体在享有权利和负担义务的时候，一律平等。当然，在某些具体的民事法律关系中，例如在约定的赠与合同关系中，双方当事人可能约定的权利义务并不对等，一方享有权利，另一方负有义务，但这并不是对平等原则的否定，而是意思自治原则使然。

（四）民事主体在适用法律时平等对待

当事人在法律面前人人平等，在适用法律规则时一律平等，平等地受到民事法律的约束，违反法律时承担相应的民事责任。法律对其不得有任何偏袒和歧视。

（五）民事主体的民事权益平等地受法律保护

用事主体的民事权益，有法律直接规定的，有当事人依法通过合同约定的。任何民事主体合法民事权益都受法律保护，他人不得侵犯。在任何一个民事主体的权利受到侵害之后，都平等地受到民法的保护和救济。

三、参考结论

用民法中的平等原则来考察本案，发现本案事实中有太多有违平等之处。首先，就物业管理公司擅自将传统的抄总表计量收费改为由居民代收并平摊差额部分水费的方式，并未与居民平等协商，缺少了一个平等的磋商过程，而只是采用了一种所谓的命令式的方式。其次，被告要求居民相互抄表，承担总表和用户表的差额，实行居民集中交费的行为，属于将本应由供水企业自己履行的义务强加给对方履行，将自己单方的意志强加给另一方，违反了民法规定的平等原则，也不符合《合同法》、《城市供水价格管理办法》等规定。最后，供水方凭借其行业垄断地位，在居民未按照其单方命令操作时，违反法定条件和程序强行停水，与国家行政法规的规定和要求相违背，是一种违法的行为，也侵犯了民事主体的合法权益。

综上所述，根据民法的平等原则，被告应当恢复供水和在今后继续实行“抄表到户、计量收费”。

案例4. 合伙协议有违公平案

【案情】

周某与罗某因合伙经营蚊香厂散伙，双方就有关散伙问题，于2002年6月7日在某律师的主持下达成了一份协议：（1）乙方（罗某，下同）同意在两天内聘请有关专业人员对烘干房重新作价；（2）乙方同意承担逾期给付的3.013万元材料款的违约金；（3）如乙方两天内不能妥善解决此事，乙方必须给甲方（周某）八千元，以示全部了结双方的散伙一事。后因为乙方不能按期处理完毕，甲方要求乙方支付八千元。

【问题】

本案中，甲方要求乙方支付八千元的主张有合理依据吗？是否违反法律的基本原则？

【法理分析与参考结论】

一、公平原则的概念

公平原则，是民法针对民事利益确定的民法最高规则，是指对民法社会的人身利益、财产利益进行分配时，必须以社会公认的公平观念作为基础，维持民事主体之间的利益均衡的基本规则。

民法社会的基本构成成分，一是民事主体，二是各种民事利益，包括财富、人身利益。民法规范民事利益的分配关系，就是以权利为标准，对全部的民事利益进行分配，实现利益均衡的公平。因此，公平是民法的最高规则，是进步和正义的道德观在民法上的体现。在处理涉及权利冲突和利益争执的纠纷时，公平原则是最基本的平衡标准。

二、公平原则的含义

我国《民法通则》第4条规定，民事活动应当遵循公平原则。公平原则要求民事主体应本着公平、正义的观念实施民事行为，司法机关应根据公平的观念处理民事纠纷，民事立法也应该充分体现公平的观念。

公平原则的具体含义是：

（一）公平原则的基本要求是民事利益分配关系的均衡

民法的公平，就是以利益的均衡作为价值判断标准，以调整民事主体之间的民事利益关系。公平是指一种公正、正直、不偏袒、公道的特质或品质，同时也是一种公平交易或正当行事的原则或理念。

（二）公平原则要求民事主体依照公平观念行使权利与履行义务

公平原则是强调民事主体在民事活动中，要遵循公平正义的理念和道德法则。因此，民事主体在从事民事活动的过程中，应当按照公平的观念正当行使权利，严格履行义务。例如，在合同订立后，当事人应当从顾及对方当事人的利益，进行充分准备，避免自己的行为给对方造成利益的损害。在权利行使过程中，应当充分顾及他人的利益，不得滥用权利。

（三）公平原则主要是对民事活动目的性的评价标准

判断任何一项民事活动是否违背公平原则，较难从行为本身和行为过程作出评价，更多需要从结果上是否符合公平要求对其进行评价。如果交易的结果形成当事人之间极大的利益失衡，除非当事人自愿接受，否则法律应当作出适当的调整。例如，在某种特别情形，依据过错原则所作出的裁判结果如果违背了公平原则，则可以依据公平原则进行调整。由于公平是一种目的性的评价标准，所以公平原则更多地体现了实质正义的要求。

（四）公平原则是法官适用民法应当遵循的重要理念

法律是善良公平之术，而民法最充分地体现了公平、正义的要求。所以，法官在适用法律处理民事纠纷时，应当严格依照公平理念作出判断。可以说，任何一个判决如果在结果上是不公平的，可能就是有缺陷的。公平虽然是一个抽象的概念，但因为社会一般人对公平仍然有一个基本的价值评判标准，所以法官应当依据社会的一般公平、正义观念进行司法活动。

三、参考结论

罗某与周某合伙经营蚊香厂，双方处于平等的法律地位，在散伙时，应当公平地对相关事项进行处理，并公平地进行权利和义务的分担。而罗某与周某签订的散伙协议约定，如果罗某不能在两天内处理完毕散伙事宜，要向周某支付八千元人民币。这种约定没有任何正当依据，侵害了罗某的正当权益，对罗某是不公平的。其违反了民法的公平原则，因而是无效的，罗某无须向周某支付八千元人民币。

案例5. 砖厂转让纠纷案

【案情】

林某与曾某系朋友，林某为喻寺镇一页岩砖厂老板。2003年1月22日，林某和曾某经协商后以“2003年1月23日”的日期签订了一份砖厂转让协议书。协议书中约定：林某于同年1月23日将砖厂整体一次性转让给曾某，曾某在同月25日前给付价款10.6万元。同时约定，任何一方违约后，违约金为2万元。1月23日，双方就砖厂进行了移交。1月24日，曾某在支付9.5万转让款后，以林某曾于1月22日下午和晚上偷运走厂内价值6 000余元的成品砖和部分维修设备为由，要求进行抵扣。林某以砖厂在2003年1月23日前应归其所有和曾某接收砖厂未提异议为由，拒绝抵扣。

2003年4月7日，林某提起诉讼，要求曾某接清余款并给付违约金2万元。而曾某则以林某拉走厂内财物构成违约为由，提起反诉，要求林某赔偿其6 000元财物损失并支付违约金2万元。

【问题】

林某和曾某二人中谁的诉讼请求能够得到法院支持？

【法理分析和参考结论】

一、诚信原则的概念

诚信原则，是民法针对具有交易性质的民事行为和民事活动确定的最高规则，是指将诚实信用的市场伦理道德准则吸收到民法规则当中，约束具有交易性质的民事行为和民事活动的行为人诚实守信、信守承诺的民法最高规则。如《瑞士民法典》规定了无论任何人行使权利履行义务，均应依诚实信用为之，使诚信原则成为民法的基本原则。

《民法通则》第4条规定："民事活动应当遵守诚实信用原则"。《合同法》第6条规定："当事人行使权利、履行义务应当遵循诚实信用原则"。诚信原则的意义在于：第一，对于民事主体的民事活动进行指导，确立民事主体以善意的方式行使权利、履行义务，在进行民事活动时遵循基本的交易道德；第二，它能够填补法律漏洞，实现司法活动的创造性与能动性；第三，诚信原则有禁止权利滥用，使权利的行使不得超出正当界限的作用，其标准就是诚信；第四，诚信原则要求维持当事人之间的利益以及当事人利益与社会利益之间的平衡。

二、诚信原则的含义

在民法中，诚信原则是一项特别重要的原则，因此常常将该原则称为民法特别是债权法的最高指导原则或称为"帝王规则"。诚实信用原则，是市场经济交易当事人应严格遵循的道德准则，也是每一个公民在社会生活中行使权利、履行义务所应当遵循的基本原则。诚实信用原则是基本的商业道德，也是信用经济的基础。任何一部法律的执行都要求执法者、守法者具有良好的法律意识和诚信观念。否则，再好的法律也将在执行中被规避，甚至形同虚设。从这个意义上说，依诚信原则行使权利和履行义务将为法治社会的发展奠定坚实的基础。

应该说，尽管诚信观念实际上是道德和伦理的观念，但诚信原则在法律上得到确认也表明了法律对这一伦理价值的珍视，说明了违反诚信原则并不仅仅是承担道德上的谴责或者其他道德责任，而且还需要承担法律上的责任。诚信原则作为民法的一个基本原则，属于强行性规范。当事人不得通过约定的方式排除和规避该规则的适用。

诚实信用原则的基本含义是：

（一）确定民事行为规则

诚信原则在确定民事行为规则方面，主要体现在两个方面：第一，行使民事权利应以诚实为本。民事主体行使民事权利，与他人之间设立、变更或者消灭民事法律关系，都必须诚实、不作假、不诈欺、不损害他人的利益和社会公共利益，特别是不得滥用民事权利。滥用权利，造成他人损害的，应当承担民事责任。第二，履行民事义务应恪守信用。民事主体履行义务必须守信用、重承诺，严格按照法定义务和约定义务履行。不履行义务，以及不履行义务给他人造成损害的，都应当自觉承担责任。

（二）为解释法律和合同确定准则并填补法律漏洞和合同漏洞

民法在民事基本法上确立诚实信用为最高规则，同时还根据需要制定若干体现诚实信用原则的具体条款，使诚信原则通行于民法的各个环节。因此，在解释法律和合同时，应当遵守诚信原则：在法律出现漏洞时，应当依据诚信原则进行补充；在法律规定不足或者存在空白的时候，法官应当依据诚信原则作出补充，不得因法律无明文规定而拒绝审判；在合同法领域，如果合同出现漏洞，也应依据诚信原则进行补充。

（三）依诚信原则衡平当事人的利益冲突

法官以及仲裁员在处理民事案件时，应当贯彻诚实信用原则，要以事实为依据，以法律为准绳，全面保护各方当事人的权利，平衡各方当事人的利益，平衡当事人与社会之间的利益。同时，要求当事人在民事活动中充分尊重他人利益和社会利益，不得损害国家、集体和第三人的利益。

三、参考结论

本案中，林某和曾某进行砖厂买卖，虽然双方没有对转让的砖厂的具体财产状况进行约定，但是约定的内容是砖厂整体转让，因此，转让的标的应当是双方签订协议当时的砖厂的财产状况。虽然砖厂转让协议上签署的日期是2003年1月23日，但是两人签署该协议的具体时间却是在2003年1月22日。因此，林某应当按照1月22日当日砖厂的财产状况将砖厂转移给曾某。林某在签订协议后的下午和晚上偷偷转移砖厂财产的行为，属于违反诚实信用原则的行为，为法律所禁止。曾某主张将其转移部分抵扣价款符合法律的公平原则和诚实信用原则，应当得到法院的支持。

案例6. 厨房改厕所纠纷案

【案情】

宁某和庄某一前一后入住某楼盘，庄某住在宁某楼上。两人曾向开发商提出房间结构不太合理这一问题，开发商也同意修改房间内的管线布局。但交楼时，房间还是跟原来的设计一模一样。入住后，宁某认为成物不可毁，就针对房间结构在家居装饰上作了一些调整。但庄某不愿凑合，趁未入住，在装修时把餐厅一分为二，把大的空间作为餐厅，小的空间当厕所，并将原厕所位置改造成了小卧室。这样，庄某家的厕所正好建在宁某家的餐厅之上。一天，正在家中吃饭的宁某看见屋顶渗水，急忙敲开庄某家房门进屋查看，这才发现自己全家一直在庄某的厕所之下吃饭。回想起之前经常听到的流水之声，宁某简直要呕吐。他让庄某马上移除该厕所，庄某拒绝，两人的矛盾便步步升级。

【问题】

庄某的行为是否正当，宁某的要求能否得到法律支持？

【法理分析与参考结论】

一、公序良俗原则的概念

公序良俗原则，也是民法针对民事行为和民事活动确定的最高规则，是指以一般道德为核心，民事主体在进行非交易性质的民事行为时，应当尊重公共秩序和善良风俗的基本准则。这是民法要求民事主体对社会和道德予以尊重的起码要求，其针对的主要是非交易性质的民事行为和民事活动。

在我国，公序更多的是指公共道德、公共利益，良俗是指一般的伦理要求。在非交易的民事行为和民事活动中，公序良俗是衡量利益冲突的一般标准。法官依据公序良俗原则，填补法律漏洞、平衡利益冲突、确保国家的和公共的利益、协调冲突、保护弱者、维护社会正义。

二、公序良俗原则的含义

公序良俗原则最早起源于罗马法，并为大陆法系国家的立法所借鉴。《法国民法典》将公共秩序和善良风俗规定在一起，并称之为公序良俗原则。《德国民法典》只规定了善良风俗而没有规定公共秩序的概念。[1] 我国民事立法一直没有采用公共秩序和善良风俗的概念，但确立了社会公德和社会公共利益的概念。我国《民法通则》第7条规定："民事活动应当尊重社会公德，不得损害社会公共利益，破坏国家经济计划，扰乱社会经济秩序。"我国学者一般认为，公共道德和社会公共利益的概念相当于各国民法中的公共秩序和善良风俗的概念，我国《民法通则》第7条确定的就是公序良俗原则。

善良风俗也就是社会公共道德，是指由社会全体成员所普遍认许、遵循的道德准则，是我国民法所恪守的一个基本理念。如我国民法提倡尊重人格尊严，切实保护民事主体的人格权；提倡家庭生活中互相帮助、和睦团结，禁止遗弃、虐待老人和未成年人，禁止订立违反道德的遗嘱，禁止有伤风化、违背伦理的行为；在财产关系中，要求人们本着"团结互助，公平合理"的精神建立睦邻关系，提倡拾金

[1] 王利明：《民法总则研究》，中国人民大学出版社2003年版，第127页。

不昧的良风美俗，确认因维护他人利益而蒙受损失者有权获得补偿等。

公共秩序也被称为社会公共利益，是指全体社会成员的共同利益。法律维护公共秩序、保障社会公共利益，也就是保护全体人民的共同利益，保护每一个公民的自身利益。我国《民法通则》不仅将尊重社会公共利益作为一项民事活动的基本原则，而且在民事法律行为制度中，将尊重社会公共利益作为民事法律行为的有效条件之一。《民法通则》第58条第5款明确规定，违反社会公共利益的民事行为无效。《民法通则》第49条也明确规定，企业法人、法律禁止的活动，损害社会公共利益，将依法追究企业法人、法定代表人的责任。我国《合同法》第52条第4款的规定，损害社会公共利益的合同无效。《民法通则》第58条规定，违反社会公共利益的行为无效，实际上是从正面强调了对公共利益的维护。

在法律上规定公序良俗原则的意义在于：第一，主要原因在于为了实现对社会秩序的控制，而这种对秩序的控制就不可能全部由强行法来完成；也为了要强调民事主体在进行民事活动中必须遵循社会所普遍认同的道德，以补充强行法规定的不足，从而使社会有序发展。第二，对私法自治进行必要的限制，意思自治必须依赖于公序良俗原则作为配套；实现意思自治必须在不违背公序良俗原则之下才为适法，据此对民事行为提供更为全面的规则，并对其法律效力作出评价。第三，弘扬社会公共道德、建立稳定的民法社会秩序，从而保障民法社会有序发展。

三、参考结论

本案中，本来庄某对于自己的建筑物专有部分享有专有权，可以按照其意志对于自己的房屋进行使用，包括按照自己的意志进行随意的装饰、装修等。但是任何民事权利的行使都不是绝对不受限制的，权利人行使权利不得侵害他人利益，更不得违反公序良俗。庄某将厕所改变为卧室无可厚非，但是其擅自将餐厅改变为厕所，使得厕所刚好在宁某餐厅之上、宁某家每次用餐时都会听到庄某家冲厕所的声音，而且由于使用改装的管道，经常出现污物流溢的状况，使得宁某家无法正常进餐。庄某的这种行为已经违反了民法的公序良俗原则、有违善良风俗，因此应当予以纠正。

第二编　民事主体论

本编要点：本编介绍民事法律关系的主体制度，重点研究的是自然人和法人。自然人和法人是民事法律关系中最重要的主体；他们享有民事权利、负担民事义务、支配民事利益，进而推动民法社会的发展和进步。其中要重点掌握的问题是民事主体的民事权利能力和民事行为能力问题。在自然人，要注意掌握自然人的宣告失踪和宣告死亡以及合伙制度；在法人，要注意掌握公司的成立和责任，同时要注意掌握其他组织作为民事主体的基本规则。

第四章　自然人

本章知识点概要

自然人，是指依自然规律产生，具有自然生命，区别于其他动物的人。其包括所有的自然人：既包括本国的自然人，也包括外国的自然人以及无国籍的自然人。连体人和植物人也都属于自然人的范畴。

民事权利能力，也叫作民事主体资格，简称为人格，是指作为民事主体可以享受民事权利、承担民事义务的资格。所有的自然人都具有民事权利能力，都具有法律上的人的资格。在当代社会，自然人作为民事主体，一律享有平等的作为人的资格，都具有民事权利能力。自然人的民事权利能力始于出生。我国《民法通则》第9条明确规定："公民从出生时起到死亡时止，具有民事权利能力，依法享有民事权利，承担民事义务。"胎儿虽然尚未出生，但是在胎儿出生时是活体的情况下，法律将其出生时间提前，视胎儿为已出生，使胎儿取得民事权利能力，从而得以享受权利。因此，可以说，胎儿出生时为活体的，其在胎儿期间具有准人格。胎儿享有的民事权利能力是准人格，因此，他们在母体中尚未出生前并不能行使这些权利；须待其出生后，享有完全的民事权利能力时方可行使。胎儿行使这些权利，应当以自己的名义行使，但应由其亲权人以法定代理人的身份代理。自然人的民事权利能力终止于死亡。自然人的死亡包括生理死亡和宣告死亡。生理死亡也称为自然死亡，是指自然人生命的自然终结。宣告死亡是基于法律的规定而宣告自然人死亡，这种死亡也发生自然人民事权利能力终止的后果。自然人死亡，将产生重要的法律效果：首先该自然人不再具有民事权利能力，从而不能再作为民事权利主体；其次，将发生继承开始、婚姻消灭、遗嘱继承或遗赠发生效力、委托关系终止等效果。

民事行为能力，是指民事主体以其行为参与民事法律关系，取得民事权利，承担民事义务和民事责任的资格。从另一个角度上说，民事行为能力是民事主体独立从事民事活动的资格。自然人的民事行为能力分为无行为能力、限制行为能力和完全行为能力。我国立法规定不满10周岁的未成年人和不能辨认自己行为的精神病人为无行为能力人。我国民法规定了两种限制民事行为能力人：一是10周岁以上不满18周岁的未成年人；二是年满18周岁、不能完全辨认自己的行为的精神病人。我国的完全民事行为能力人分为两种：一是年满18周岁的成年人；二是以自己的劳动收入为主要生活来源的已满16周岁不满18周岁的未成年人。前者是完全民事行为能力人，后者是视为完全民事行为能力人。

监护，是指对于不在亲权照护之下的未成年人、精神病人等无民事行为能力人和限制民事行为能力人，以及民事行为能力不充分的老年人、连体人、植物人等，为其人身权利、财产权利的照护而设置的民事法律制度。对于监护的种类，我国民法只规定了对未成年人的监护和对患有精神病的无民事行为能力人或者限制民事行为能力人的监护两种。借鉴德国、日本等国的立法经验，还应当增加对民事行为能力不充分的老年人等的监护制度。

宣告失踪，是指自然人离开自己的住所下落不明达到法定期限，经过利害关系人申请，人民法院依照法定程序宣告其为失踪人的民事主体制度。我国《民法通则》第20条规定："公民不落不明满二年的，利害关系人可以向人民法院申请宣告他为失踪人。战争期间下落不明的，下落不明的时间从战争结束之日起计算。"法律规定宣告失踪的目的，是通过人民法院确认自然人失踪的事实，结束失踪人财产无人管理及其应履行的义务不能得到及时履行的非正常状态，以保护失踪人和利害关系人的利益，并维护社会经济秩序的稳定。

宣告死亡，是指自然人下落不明达到法定期限，经利害关系人申请，人民法院经过法定程序，在法律上推定失踪人死亡的一项民事主体制度。我国《民法通则》第23条规定："公民有下列情形之一的，利害关系人可以向人民法院申请宣告他死亡：（一）下落不明满四年的；（二）因意外事故下落不明，从事故发生之日起满二年的。战争期间下落不明的，下落不明的时间从战争结束之日起计算。"自然人被宣告死亡后，发生与自然死亡相同的法律后果，被宣告死亡的自然人在法律上被认定为已经死亡，其财产关系和人身关系都要发生变动。

合伙，是指两个以上的自然人，按照协议各自提供资金、实物、技术等合伙经营、共同劳动的行为或组织形式。个人合伙具有以下法律特征：第一，个人合伙是两个以上自然人组成的联合体，合伙内的自然人是基于共同的目的和利益而集合到一起的。第二，个人合伙是以合伙人的意思表示一致为基础的。第三，个人合伙由合伙人共同投资而成立。第四，个人合伙的财产属于合伙人共有。合伙人对共同投资的财产和在合伙经营中积累的财产，共同享有所有权；合伙组织并不独立享有所有权。第五，个人合伙由合伙人共同经营管理。第六，合伙人有共同的经济利益和风险。第七，个人合伙以其名义独立从事民事活动。成立个人合伙，必须达成合伙协议。合伙协议是合伙人为共同出资、共同经营和达到共同经济目的而达成的书面协议。在个人合伙存续的过程中，可能会发生合伙人入伙或退伙的行为。入伙是指在合伙存续期间，非合伙人申请加入合伙并取得合伙人身份的行为。而退伙是指合伙人退出合伙组织从而丧失合伙人的资格。退伙的原因包括自愿退伙、自然退伙和开除退伙三种情况。个人合伙债务的清偿必须遵循以下要求：第一，合伙人对合伙的债务，应按照其出资比例或合伙协议的约定，以其个人财产承担无限清偿责任。第二，在对外关系上，各合伙人对合伙债务应承担无限连带清偿责任。因此，每个合伙人都负有用自己的全部财产清偿全部合伙债务的义务，而不受各合伙人对合伙财产的出资比例或合伙协议中约定的债务承担份额的限制。当然，偿还了全部合伙债务的合伙人，对超过自己应当承担的债务数额，有权向其他合伙人追偿。

住所，是指自然人长期居住生活的地点。换言之，住所是自然人所参与的各种法律关系发生的中心地域。我国现行法以户籍所在地的居住地为自然人的住所，采取的是客观主义立场，并不要求考察当事人是否具有久住的意思。《民法通则》第15条规定："公民以他的户籍所在地的居住地为住所，经常居住地与住所不一致的，经常居住地视为住所。"《民通意见》第9条规定："公民离开住所地最后连续居住一年以上的地方，为经常居住地。但住医院治疗的除外。公民由其户籍所在地迁出后至迁入另一地之前，无经常居住地的，仍以其原户籍所在地为住所。"

第一节 自然人的概念与范围

案例1. 植物人离婚案

【案情】

林某（男）与夏某（女）在一次聚会上认识，两人一见钟情并缔结了婚姻，两人婚后生活非常甜蜜，并生育了一个男孩。结婚后第三年，林某在外出差期间，由于住所内的煤气泄漏，严重损害了其神经系统，处于深度昏迷状态，成了植物人。妻子夏某不离不弃，一心一意照顾了林某五年。林某的母亲亲眼看到儿媳夏某因为照顾病人和孩子的辛苦、工作的压力，日渐消瘦，决定代表儿子林某与夏某协议离婚，好让夏某可以重新寻找幸福。

【问题】

林某成为植物人后还是民法主体吗？其与夏某的婚姻关系还存在吗？他的母亲能够作为他的代理人与夏某协议离婚吗？

【法理分析与参考结论】

一、自然人概念的界定

自然人，是指依自然规律产生，具有自然生命，区别于其他动物的人。

自然人首先是生物学意义上的概念，凡活着出生的有生命的人类个体都称为自然人；自然人也是法律概念，在文明社会中自然人是最典型的民事主体。

从人类的历史来看，自然人并非必然就是民事主体。在古代社会，并非生物学意义上的人这种生命体都能够成为民事主体。例如在罗马法中，取得权利主体的人必须取得自由民的身份，必须是市民。奴隶虽然是自然人，但并不是民事主体，不得与他人进行诸如订约之类的民事活动。近代资产阶级革命主张人人平等，因此，民法确认凡活着出生的自然人，当然享有民事权利能力，都自动成为民事主体。

二、自然人概念与公民概念的区别

《民法通则》第2章确立了自然人的民事主体地位，但是在表述上，使用了“公民（自然人）”的方法。这表明了立法者的立法意图，即公民就是自然人。应当看到的是，这种立法方式存在不足，因为公民的概念与自然人的概念是存在差异的。主要的差别是：

第一，公民是一个公法的概念，是指具有一国国籍的自然人，往往与其所属国家所赋予的各项政治权利有关；而自然人纯粹是一个私法概念，传统民法和民法理论一般使用“自然人”的概念，而不使用公民的概念。

第二，自然人的外延更为广泛，它不仅包括本国公民，而且还包括外国公民和无国籍人。在民法中只使用公民的概念，则将使我国公民之外的自然人难以获得民法赋予的民事主体资格，这与现代人权观念以及各国民事立法的趋势是背道而驰的，[1] 也不足以凸显各国民法在主体资格上的平等性这一特征。

因此，在民法中，应当使用自然人的概念，因为它的内涵和外延更为准确。

三、自然人的范围

（一）自然人的一般范围

在民法上，自然人的概念包括所有的自然人：既包括本国的自然人，也包括外国的自然人以及无国籍的自然人。

（二）特殊的自然人

在民法上，研究自然人的范围，还要注意研究特殊的自然人。这就是连体人和植物人。

---

[1] 王利明：《民法总则研究》，中国人民大学出版社2003年版，第235页。

1. 连体人

在民事主体中，连体人在所有的自然人当中为数极少，但他们却是独立的存在，民法较少关注他们的法律人格问题。人们对此问题缺少必要的研究，更缺少立法的规范。

研究连体人的法律地位和权利，首先要解决的就是连体人究竟具有几个人格。换言之，即连体人是一个人还是两个人。综合各种不同学界的学说，主要有以下四种观点："非人说"、"一人说"、"两人说"和"混合人说"。

对连体人法律人格基本定位的标准，必须综合"人"的生物学、心理学以及社会学的基本特性，即判断连体人法律人格的基本要素是：第一，连体人的各个个体是否具有一个健全的人脑；第二，连体人的各个个体是否具有独立的意志；第三，连体人的各个个体是否能够充当特定的社会角色。当连体人的各个个体具备这三个条件的时候，应当由连体人的各个个体独立地享有法律人格：

第一，连体人的个体各自拥有独立的人脑。无论连体人的身体、肢体是何种表现形式，他们的身体连接得如何不同，只要连体人的个体各自拥有独立的大脑，能够独立进行思维，就可以将连体人的个体定位为独立的人格。

第二，连体人的个体各自具有独立的意志。无论连体人个体之间的身体如何相连，只要他们各自拥有独立的意志，能够对事务作出自己的判断，他们就有各自独立的法律人格。如果连体人个体没有自己的独立意志，不能将其认为具有独立的法律人格。

第三，连体人的个体各自充当一定的社会角色。连体人的个体必须有独立的社会角色。只要他们在各自独立意志的支配下，以独立的社会角色与他人发生联系，具有作为人的必备的社会性基础，他们就具有独立的法律人格。反之，则具有一个人格。

事实上，只要连体人个体有独立的、正常的人脑那么，他们的独立意志以及独立的社会角色则不难实现。因此，连体人的个体尽管身体相连、独立行为受限，但其只要具备了独立的、正常的人脑以及具有独立的意志和扮演独立的社会角色，那么他就应当具有独立的法律人格。这是人的生物学、心理学、社会学关于"人"的特质的界定的必然结果，是不可剥夺的。反之，如果连体人尽管身体、四肢分开为个体，却共同拥有一个人脑，只有一个意志，只扮演一个社会角色，那么他就不能享有两个法律人格，而只能有一个法律人格。确定了这一点，民法就可以更好地保护连体人的民事权利，解决连体人个体的权利冲突问题。

2. 植物人

相对比之下，植物人的数量尽管也不多，但远远超过连体人的数量。从民法的角度观察植物人，主要涉及的问题是：第一，植物人是否具备民事主体地位。自近代以来，民法将民事主体资格赋予所有的人。但是，作为人的最基本判断标准是健全的人脑、自主的意识和一定的社会角色及互动能力。[1] 而植物人并不具备或者并不完全具备这些要素。第二，植物人的民事行为能力如何定性、如何补正。由于植物人与精神病人在医学上不能等同，因此难以将其纳入以年龄和精神状态作为界定标准的无民事行为能力人；能否采用传统监护制度来补正植物人的法律人格，是一个亟待解决的问题。第三，植物人的法律人格何时终结？正常的自然人的法律人格终结于心脏、呼吸的停止。而植物人在进入永久性植物状态时，其意识的恢复几乎为不可能，如果脑死亡，则无论如何也不能恢复意识。那么，这时可否推定其自然死亡，或者适用传统的宣告死亡制度，或者重新界定死亡的标准？

我们认为，尽管植物人丧失自我意志能力以及与社会互动能力，丧失了作为社会的人的基本条件，但他们仍然是生物学层面上的人，仍然具有社会价值和社会意义，所以他们应该具有比一般的生命物质更高的道德和法律地位。我们不能将他们视为是个空的“躯壳”生命，不能像处理死者一样去处理和操纵植物人，必须确定他们的主体地位，并给予他们特殊的法律规则来补正他们作为民事主体的缺陷。只有这样，才能够更好地保护植物人的民事权利的正当行使；当其受到侵害时，能够得到妥善的保护。

四、参考结论

自然人是一种重要的民事主体类型，是出生后的具有生命的人。本案中，虽然林某因为神经系统受损而处于植物人状态，但是其生命仍然存在，因此仍然属于自然人的范畴，仍然是民事主体。因此其所具有的各种法律关系并不因为其处于植物人状态而受到任何影响，其与夏某的婚姻关系仍然存在并受法律保护。由于林某丧失了认识能力，不能实施法律行为，因而其母亲可以作为其法定代理人，代其实施法律行为，与夏某达成离婚协议。

第二节　自然人的民事权利能力与民事行为能力

案例2. 胎儿代位继承纠纷案

【案情】

王某经营饭店非常成功，身价上百万元。王某妻子早年死亡，王某将三个儿子养大。2007年9月王某的第三个儿子因车祸死亡，此时王某第三个儿子的妻子李某已怀孕6个月。同年10月，王某也突然发病死亡。当将其安葬完毕之后，其长子与次子将王某遗留的90万元的现金和一栋价值160万元的楼房进行了分割。李某得知后，遂向两位哥哥提出异议，认为其怀孕胎儿应分得一份遗产。为此，两位

[1] 杨立新、张莉：“连体人的法律人格及其权利冲突协调”，载《法学研究》2005年第5期。

哥哥反对，认为弟弟已去世，李某腹中胎儿不具有继承权。李某诉至法院，要求保护腹中胎儿的合法权益。

【问题】

胎儿具有权利能力吗？其能够享有继承权吗？

【法理分析与参考结论】

一、民事权利能力

民事权利能力，也称为民事主体资格，简称为人格，是指作为民事主体，可以享受民事权利、承担民事义务的资格。

在民法中，无论是有生命的人类个体，还是无生命的组织团体，只有具有民事权利能力，才具有成为民事主体的资格，从而才能成为民事主体，才能够享受权利、承担义务。因此，简言之，民事权利能力就是人格，就是在民法上作人的资格。

二、自然人的民事权利能力及特征

（一）自然人的民事权利能力

所有的自然人都具有民事权利能力，都具有法律上的人的资格。在当代社会，自然人作为民事主体，一律享有平等的做人资格，都具有民事权利能力。

（二）自然人民事权利能力的特征

自然人民事权利能力具有以下特征：

（1）自然人的民事权利能力具有属人性。民事权利能力首先是自然人的人格。早期市民法中的人格，只是讲人类个体的人的资格，也就是生物学意义上的人才具有人格，享有民事权利能力。与此相对应的，是动物不具有民事权利能力，从而也不能成为民事主体。在理论上有人主张动物应当具有人格或者准人格，应当享有人所应当享有的民事权利；这并不是一种正确的意见，是应当得到批驳的。[1] 动物是不同于一般物的特殊物，不是民事主体，不能积极实施某项民事法律行为，他人即使向动物实施诸如遗赠、赠与之类的法律行为，也应属无效。为适应动物保护的潮流，《德国民法典》第90a条第1款规定："动物不是物。"但是又同时在第2款中规定："它们受特别法的保护。法律没有另行规定时，对于动物适用为物确定的相关规则。"因此，也并不排除动物的物的属性。

（2）自然人的民事权利能力具有普遍性。任何人因其出生而当然取得民事权利能力，除死亡外不得加以剥夺。这是自然人民事权利能力普遍性的集中表现。换言之，所有的自然人皆享有民事权利能力，任何人自出生至死亡均具有享受权利、

---

[1] 杨立新、朱呈义："论动物法律人格之否定——兼论动物之法律'物格'"，载《法学研究》2004年第5期。

负担义务之资格。[1] 即使是植物人，已经不能感知外部世界，但是作为自然人，其仍然具有民事权利能力。

（3）自然人的民事权利能力具有平等性。自然人的民事权利能力是普遍的，因此，就派生出了自然人的民事权利能力具有平等性的特征。由于人人皆享有权利能力，这说明在权利能力的享有上，人人都处于同等地位，而不分男女、种族、阶级、财富、宗教等的不同，仅凭其自然出生的事实就取得民事权利能力。这就是自然人民事权利能力的平等性。我国《民法通则》第10条规定“公民的民事权利能力一律平等”，就表达了立法者对自然人民事权利能力平等性的确认。

（4）自然人的民事权利能力不得让与和抛弃。民事权利能力是人的价值及主体性的基础，与自然人的人身须臾不可分离；因此，法律特别强调自然人的民事权利能力不得转让或者抛弃。自然人如果丧失民事权利能力，就会失去享有民事权利的机会与可能，难以安身立命，不啻复归为动物。

三、自然人民事权利能力的开始

（一）自然人民事权利能力始于出生

自然人的民事权利能力始于出生。我国《民法通则》第9条明确规定：“公民从出生时起到死亡时止，具有民事权利能力，依法享有民事权利，承担民事义务。”

何为出生，历来有不同的主张。诸如：“阵痛说”主张产妇阵痛开始为出生；“一部露出说”主张胎儿身体的一部分露出母体之外为出生；“全部露出说”主张胎儿身体全部露出母体之外为出生；“断带说”主张胎儿的身体与母体分离，脐带剪断为出生；“独立呼吸说”主张胎儿的身体产出母体并开始独立呼吸为出生；“发声说”则主张胎儿离开母体后发出第一次声音为出生。[2]

一般认为，出生应具备两个要件，一为“出”，二为“生”，二者缺一不可。“出”即指胎儿的身体与母体分离，“生”则是指脱离母体的婴儿应有生命而不论其生命所能保持时间的长短。[3]“出”与“生”的标准是：出，为胎儿须与母体完全脱离，以完全露出为标准，则脐带虽尚与母体连络，不妨谓之出生；生，则以有活存的必要，即全部露出时须有呼吸能力。[4] 按照当代医学公认的出生标准，出生应为胎儿完全脱离母体，独立存在，并能自主呼吸。

（二）胎儿的例外规则

1. 胎儿及其准人格

胎儿，是指自然人未出生但在受胎之中的生物体状态。为了保护胎儿的利益，

---

[1] 刘得宽：《民法诸问题与新展望》，台北商务印书馆1980年版，第80页。

[2] 杨立新：《人身权法论（第3版）》，人民法院出版社2006年版，第385页。

[3] 郑玉波：《民法总则》，台湾三民书局1979年版，第68~69页。

[4] 史尚宽：《民法总论》，台北正大印书馆1980年版，第73页。

民法实行预先保护主义，规定胎儿以将来非死产者为限，关于其个人利益之保护，视为既已出生。[1] 其含义是，在胎儿出生时是活体的情况下，法律将其出生时间提前，视胎儿为已出生，使胎儿取得民事权利能力，从而得以享受权利。因此，可以说，胎儿出生时为活体的，其在胎儿期间具有准人格。

由于胎儿取得权利能力系以“出生时为活体”为条件，那么，胎儿的民事权利能力即准人格究竟产生于何时呢？对此，存在法定解除条件说与法定停止条件说两种学说。法定解除条件说认为，胎儿于出生前即取得民事权利能力：如果出生时为活体，则其民事权利能力延续；如果是死产的，则溯及地丧失其权利能力，等于其没有取得民事权利能力。法定停止条件说认为，胎儿于出生前并未取得民事权利能力：如果为死产时，则当然不取得权利能力；如果为活体时，则溯及于受胎时起取得民事权利能力。

对于上述两种学说，法定解除条件说尽管可以使胎儿提前取得民事权利能力，目的仅止于使胎儿取得民事权利而非承担民事义务，因此对胎儿的利益保护较为周全。但是这种学说与实际情况相差较大，因此，本书赞成法定停止条件说的主张，应当从胎儿出生的事实推溯于其出生前享有准人格，具有民事权利能力。在胎儿出生前，可以享有的一切权利，包括损害赔偿请求权、抚养费请求权、继承权、受赠与权、非婚生胎儿对其生父的认领请求权等，均已存在，尚未享有，待其出生成为法律上的“人”的时候，即可当然地以自己的名义享有和行使这些权利。

2. 胎儿享有的权利

一是继承权。胎儿的继承权是法律强制赋予的权利。为了保护胎儿的利益，被继承人应当在遗嘱中为胎儿保留必要的份额；如果没有遗嘱，则应当按照《中华人民共和国继承法》第 28 条关于“遗产分割时应该保留胎儿的继承份额”的规定，保留胎儿的继承份额，待其出生时继承；如果出生时为死胎的，则该份额由其他继承人继承。

二是受赠与权和受遗赠权。胎儿的受赠与权、受遗赠权与胎儿的继承权不同，并不是来源于法律的强制性规定，而是取决于赠与人或遗赠人的意愿。他人以胎儿为赠与对象，赠与其财产或者遗赠其遗产，胎儿享有这样的权利，待其出生后取得这些财产。

三是人身损害的赔偿请求权。胎儿在受胎后至出生前，其人身受到侵权行为的损害，同样享有向加害人请求人身损害赔偿的请求权。胎儿因母体输血而受病毒感染的，亦得向加害人请求人身损害赔偿。

四是抚养损害赔偿请求权。加害人不法侵害胎儿的法定抚养人致死，胎儿出生

---

[1] 这是我国台湾地区“民法”第 7 条的规定。其他国家的规定与此类似，如《日本民法》第 721 条规定‘胎儿，就损害赔偿请求权，视为已出生”。

后，享有对加害人请求抚养损害赔偿的请求权，可以向加害人行使抚养损害赔偿请求权。

五是身份权请求权。胎儿在其出生后，对于其生父享有抚养费给付请求权；如果其拒绝认领，还享有认领请求权。

3. 胎儿权利的行使

胎儿享有的民事权利能力是准人格；因此，他们在母体中尚未出生前并不能行使这些权利，须待其出生后享有完全的民事权利能力时方可行使。胎儿行使这些权利，应当以自己的名义行使，但应由其亲权人以法定代理人的身份代理。

4. 胎儿为死产的法律后果

如果胎儿为死产，尽管其曾经享有准人格，但是其权利能力在事实上并未取得，因此，以上各项请求权均未发生，因此，并不享有其权利的继承问题。

应当处理的后果是：第一，保留的胎儿继承份额，由其他继承人继承。第二，赠与或者遗赠，其法定代理人已经受领给付的，因无法定原因而构成不当得利，应予返还；未受领的，赠与合同和遗赠遗嘱无效。第三，胎儿的人身损害赔偿请求权未发生，视为对母体的侵害，发生母亲的损害赔偿请求权。第四，抚养损害赔偿请求权不发生，胎儿的母亲可以适当请求增加人身损害赔偿数额。

四、自然人民事权利能力的终止

（一）自然人的民事权利能力终止于死亡

自然人的死亡包括生理死亡和宣告死亡。生理死亡也称为自然死亡，是指自然人生命的自然终结。至于自然死亡的原因是什么，如因罹患疾病、被人杀害、意外事故而死，对民事主体的资格丧失并无影响。宣告死亡是基于法律的规定而宣告自然人死亡，这种死亡也发生自然人民事权利能力终止的后果。自然人死亡，将产生重要的法律效果：首先，该自然人不再具有民事权利能力，从而不能再作为民事权利主体；其次，将发生继承开始、婚姻消灭、遗嘱继承或遗赠发生效力、委托关系终止等效果。

（二）死亡时间的确定

生理死亡的时间在民法上具有重要的法律意义。

何为死亡，学说也有不同主张。“脉搏停止说”认为脉搏停止为死亡；“心脏停止说”认为心脏停止跳动为死亡；“呼吸停止说”认为呼吸停止为死亡；“脑死亡说”认为大脑机能停止活动为死亡；“生活机能丧失说”认为生活机能遭到损害不能复生为死亡。[1] 一般认为，死亡是人的生活机能的绝对终止，一般以呼吸及心脏鼓动的停止时，为死亡的时间。[2]

---

[1] 杨立新：《人身权法论（第3版）》，人民法院出版社2006年版，第387页。

[2] 史尚宽：《民法总论》，台湾正大印书馆1980年版，第75页。

确定死亡，在理论上应采生活机能丧失的主张作为判断标准。在实践中，应遵医学上的死亡确定为标准，以死亡证书上记载的时间为准；如果死亡证书上记载的时间与自然人死亡的真实时间有误差的，则以查明的实际死亡为准。自然人死亡，其生命即时结束。

自然人死亡以后应当由医院和有关部门开具死亡证明书，自然死亡的时间一般应以死亡证书上记载的时间为准。当然，如果死亡证书中记载的时间与自然人死亡的真实时间有出入时，则应以自然人死亡的真实时间为准。

在当代，更多的立法例主张采取“脑死亡说”作为判断死亡的标准。脑死亡，是指脑干或脑干以上中枢神经系统永久性地丧失功能。脑死亡概念有别于传统以心跳和呼吸停止为标准的心肺死亡判断标准。许多学者认为，随着医学科技的发展，病人的心跳、呼吸、血压等生命体征都可以通过一系列药物和先进设备加以逆转或长期维持。但是如果脑干发生结构性损伤破坏，无论采取何种医疗手段，最终必然导致心脏死亡。因此，与心脏死亡相比，脑死亡显得更为科学，标准更可靠。不过，我国法律尚未采取脑死亡的标准。❶

（三）数人在同一事件中死亡

数人在同一事件中死亡，不能确定各自死亡时间的先后，需要在法律上确定死亡的先后顺序，其意义主要在于确定继承的问题。

数人在同一事件中死亡，能够确定先后死亡时间的，按照实际的死亡时间确定。不能确定各自死亡时间先后顺序的，则需要采用推定的办法确定。对此，《最高人民法院关于贯彻执行〈中华人民共和国继承法〉若干问题的意见》第2条规定：“相互有继承关系的几个人在同一事件中死亡，如不能确定死亡先后时间的，推定没有继承人的人先死亡。死亡人各自都有继承人的，如几个死亡人辈分不同，推定长辈先死亡；几个死亡人辈分相同，推定同时死亡，彼此不发生继承，由他们各自的继承人分别继承。”这些规定是明确的，应当按照这样的规定认定死亡的先后顺序。

（四）死者人格利益的保护

自然人死亡，即丧失民事权利能力，不再是民事主体，也就不能再享有民事权利。但是，法律规定，对于死者的人格利益仍然进行一定时间的保护，以维护人的尊严和民法社会的秩序。

对于死者人格利益的保护，学理有不同看法：（1）权利说。认为自然人死亡以后，其某些民事权利并不因此而丧失，但该权利以及权利包含的利益应当由其近亲属来行使。如著作财产权在作者死后50年内仍然受到保护，但署名权等著作人

---

❶ 目前已有80余个国家和地区承认了脑死亡标准。中国医学界自20世纪80年代开始讨论建立“脑死亡”标准，起草的中国脑死亡诊断标准初稿已完成，正在广泛征求各方意见，进行修改和完善。

身权则不受保护期限的限制。（2）利益说。认为任何权利因主体消灭而不存在，因为在法律上不可能存在无主体的权利，否则权利所体现的利益就没有归属；人死亡以后受法律保护的，应当是利益而非权利。（3）反射利益说。认为一般情况下权利因主体的死亡而消灭；但在特殊情况下，为保护公共利益，仍需要对死者的名誉、肖像、隐私等利益以及著作权进行保护，因此种公共利益保护的反射而使其近亲属享有一定的利益。（4）延伸保护说。认为自然人死亡后，其人格利益还要延伸保护一段时间，其延伸保护的是利益而非权利。本书采取第四种学说。

《精神损害赔偿司法解释》规定，死者受到保护的人格利益为六项，即姓名利益、肖像利益、名誉利益、荣誉利益、隐私利益和遗体遗骨。另外，《著作权法》特别规定，死者的著作权受到法律保护，这是一项特例。

五、参考结论

虽然法律对于权利能力进行了明确规定的是其自然人，胎儿由于尚未出生不属于自然人，但是胎儿即将出生成为自然人，而且已经具有了人类的生命，具有了人格尊严，因而胎儿应当在部分法律关系中具有限制的权利能力。而且按照最高人民法院的有关司法解释，在活着出生的前提下，胎儿的继承权应当得到保护。因而，本案中王某的遗产的分割应当为李某的胎儿保留继承份额，使胎儿活着出生后获得这些遗产；如果胎儿没有活着出生，这些遗产再分配给王某的另两个儿子。因此，李某的主张应当得到法院的支持。

案例3. 未成年人接受赠与纠纷案

【案情】

王某是一个年满10周岁的男孩，上小学四年级，聪明伶俐，活泼可爱，而且学习成绩优异。因此在其10周岁生日的第二天，王某的爷爷送给他一辆高级山地自行车作为礼物。王某的叔叔知道后，一方面埋怨父亲没有送给自己的孩子同样的礼物，另一方面对王某非常记恨。于是，王某的叔叔向法院主张要求确认该赠与自行车的行为无效，因为王某只是一个刚刚10周岁的孩子，根本没有认识能力，并不具有行为能力，在法律上没有接受赠与的能力，因而不能接受其爷爷的赠与。

【问题】

王某具有行为能力吗？王某接受的赠与有效吗？

【法理分析与参考结论】

一、民事行为能力的概念和意义

（一）民事行为能力的概念

民事行为能力，是指民事主体以其行为参与民事法律关系，取得民事权利，承担民事义务和民事责任的资格。从另一个角度上说，民事行为能力是民事主体独立从事民事活动的资格。

自然人具有民事权利能力，就有资格享受权利、负担义务。但是，享有权利与负担义务的来源并不一样，有的是基于法律的规定，有的是基于人的行为。如果是基于法律规定而享有权利和负担义务，只要具备法律规定的要件，权利人即与他人发生权利义务关系；如果是基于人的行为而取得权利负担义务，则不仅要具有民事权利能力，而且还必须具备民事行为能力，即具有独立从事民事活动的资格，权利人才能通过自己的行为与他人发生权利义务关系。正因为如此，民事行为能力在本质上并不是民事主体进行任何民事活动的资格，而只是实施以意思表示为基本要素的法律行为的资格或能力。所以，民事行为能力是指得为民事法律行为的能力或资格；[1] 只有具有民事行为能力，才能独立实施民事法律行为。

（二）民事行为能力与民事权利能力的关系

民事行为能力与民事权利能力密切相关。民事行为能力以民事权利能力为前提，民事行为能力也是民事权利能力实现的条件。但是，民事行为能力与民事权利能力不同：民事权利能力是享受权利、负担义务的资格，而民事行为能力则是依行为人的民事法律行为而取得某些权利、履行特定义务的资格。凡人皆有民事权利能力；民事权利能力因人的出生而当然取得，非因人的死亡而不得剥夺。但并非人人皆有行为能力，只有具有一定条件才能具有民事行为能力。

（三）民事行为能力制度的意义

民法之所以要设立民事行为能力制度，其根本原因在于，保护无民事行为能力人和限制民事行为能力人的利益。民事行为能力其实就是民事主体独立地进行民事活动的能力。行为人欠缺民事行为能力，就意味着他不具备独立从事民事活动的能力。如果贸然从事民事活动，该行为人在交易中其利益就非常容易受到损害。所以，法律限制这部分人独立从事交易活动，从而保护这些不具有民事行为能力或者民事行为能力受限制的人的利益。

在民法上，民事行为能力制度主要是通过全部或部分否定这些欠缺民事行为能力的人所实施的行为的效力的方式，使他们免受其行为的约束来实现这一目的的。在现代社会，对动态的交易安全的保护是优先于对静态的交易安全的保护的；但是，由于要保护这些欠缺民事行为能力人的利益，民法把对无民事行为能力人和限制民事行为能力人的保护优先于对交易安全的保护。因此，与无民事行为能力人或限制民事行为能力人发生交易行为，即使其在主观上是善意无过失的，善意交易者也不能据此主张交易有效。同时，民事行为能力制度还具有保护交易安全的作用；如果任何人皆可以其无民事行为能力为由而主张交易无效，这对交易安全的保护是极为不利的。所以，民法对民事行为能力规定严格而明确的标准：凡是具有民事行

---

[1] 陈自强：《民法讲义Ⅰ·契约之成立与生效》，法律出版社 2002 年版，第 171 页。

为能力的自然人，假借自己没有民事行为能力或者自己的民事行为能力受限制而否定其实施的民事法律行为的效力，法律确认他们之间的法律行为有效。

（四）民事行为能力制度的强制性

民法有关民事行为能力的规定，均具强行性，废除或限制民事行为能力人的意思表示或约定应属无效。[1] 这是因为民事行为能力制度具有以上的制度价值，是为保护民事行为能力欠缺者的利益。因此，不容许无民事行为能力人或者限制民事行为能力人以自己的意思全部或部分抛弃以及让与其民事行为能力，否则，就完全背离立法意欲保护无民事行为能力人或限制民事行为能力人的初衷。而民事行为能力健全者也不得抛弃或者让与民事行为能力；否则，不但使其不能依其意思享受权利、负担义务从而营造社会生活，而且也会有害于交易安全。因此，与民事权利能力具有不可让与性、不可抛弃性是一样的，民事行为能力也不得转让与抛弃。

二、自然人民事行为能力的分类

（一）民事行为能力的判断标准及其缓和

民事行为能力是民事主体包括自然人和法人独立从事民事活动的能力。就自然人而言，是否具有民事行为能力或者其民事行为能力是否受限制，要以自然人对事务具有正常识别能力及能预见其行为所可能发生的效果（意思能力）为前提。

但是，自然人对事务的识别能力和对其行为效果的预见并不相同，法律不能根据个别人的识别能力与预见能力来判断其是否具有民事行为能力；因此，民法采取民事行为能力类型化或阶段化的制度，即以自然人的年龄为标准，确定行为人有无民事行为能力以及在多大范围内具有民事行为能力。这是因为，自然人的识别能力与预见能力往往随着年龄的增大而增长，以年龄作为标准，大体上可以判断自然人的识别能力与预见能力是否健全。各国国家和地区的立法基本上都是以年龄为标准，将人的民事行为能力划分为若干阶段。只是有的国家和地区将人分为无民事行为能力人、有民事行为能力人两种，如法国和意大利；有的国家和地区的立法则将人分为无民事行为能力、限制民事行为能力和完全民事行为能力三种，如德国、日本和我国台湾地区。

完全以年龄作为判断民事行为能力的标准虽然较为客观，但是不免失之僵硬，不能被作为唯一的标准。因此，多数国家的民法往往通过设置例外规定来将其予以缓和。例如规定一般原则是满20岁为成年，成年人具有完全行为能力，同时又规定例外，即未成年人已结婚者，有民事行为能力，或者规定虽非有民事行为能力，而其意思表示系在无意识或精神错乱中所为者，亦属无效等。我国现行民法承认民事行为能力标准的缓和，但是并没有未成年人已经结婚者，为有民事行为能力的规定。

---

[1] 王泽鉴：《民法总则（增订版）》，中国政法大学出版社2001年版，第121页。

我国《民法通则》将自然人的民事行为能力分为无民事行为能力、限制民事行为能力和完全民事行为能力三种类型，采纳的是德国法立法例。

（二）无民事行为能力

无民事行为能力，是指自然人完全不具有独立进行有效民事法律行为、取得民事权利和承担义务的能力。

无民事行为能力的自然人，我国立法规定为不满 10 周岁的未成年人和不能辨认自己行为的精神病人。《民法通则》第 12 条第 2 款规定："不满十周岁的未成年人是无民事行为能力人，由他的法定代理人代理民事活动。"《民法通则》第 13 条第 1 款规定："不能辨认自己行为的精神病人是无民事行为能力人，由他的法定代理人代理民事活动。"

不满 10 周岁的未成年人，年龄尚小，处于生长发育的最初阶段，虽然其中有些也有一定的智力，但不能理性地从事民事活动，如果法律准许其实施民事行为，既容易使他们的利益蒙受损害，也不利于交易的安全，因此，规定他们为无民事行为能力人。如果他们需要进行民事活动，不能由他们自己实施，而应由他们的法定代理人代理进行。

完全不能辨认自己行为的精神病人，这些人因为心智丧失，完全不具有识别能力和判断能力。法律将其规定为无民事行为能力人，就是为了保护他们的利益。但是，认定精神病人为无民事行为能力人必须经过利害关系人申请，并由人民法院通过特别程序进行，防止以精神病人恶意宣告他人为无民事行为能力人而侵害他们的合法权益。

（三）限制民事行为能力

限制民事行为能力，是指自然人不具有完全民事行为能力，其只能在法律限定的范围内，进行有效的法律行为并取得权利、承担义务的能力。

我国民法规定了两种限制民事行为能力人。一是 10 周岁以上不满 18 周岁的未成年人；二是年满 18 周岁不能完全辨认自己的行为的精神病人。他们具有受限制的民事行为能力，可以实施与其年龄、智力、精神健康状况相适应的法律行为；而其他民事活动的实施，则应由他们的法定代理人代理进行，或者征得他们的法定代理人的同意。《民法通则》第 12 条第 1 款规定："十周岁以上的未成年人是限制民事行为能力人，可以进行与他的年龄、智力相适应的民事活动；其他民事活动由他的法定代理人代理，或者征得他的法定代理人的同意。"《民法通则》第 13 条第 2 款规定："不能完全辨认自己行为的精神病人是限制民事行为能力人，可以进行与他的精神健康状况相适应的民事活动；其他民事活动由他的法定代理人代理，或者征得他的法定代理人的同意。"

界定限制民事行为能力人的范围的意义，在于有些民事活动他们可以独立实施，有些民事活动他们不能独立实施，应当由他们的法定代理人代理或者征得法定代理人的同意。因此，必须确定限制民事行为能力人可以独立实施的民事法律行为的范围。下面列举的是限制民事行为能力人可以独立实施的行为：

（1）纯获法律上利益的行为。纯获法律上利益，是指单纯取得权利、免除义务，即限制民事行为能力人不因其法律行为而在法律上负有义务。这样的行为，限制民事行为能力人可以独立实施，如对限制民事行为能力人为无负担的赠与、对限制民事行为能力人为债务的承认等都是这样的行为。限制民事行为能力人当然可以接受。而无偿的借用、借贷等，虽然获得利益，但因限制行为能力人须负返还义务，而违反此项义务时应负损害赔偿责任，因而不是纯获法律上利益的行为。《最高人民法院关于贯彻执行〈中华人民共和国民法通则〉若干问题的意见（试行）》第6条规定："无民事行为能力人、限制民事行为能力人接受奖励、赠与、报酬，他人不得以行为人无民事行为能力、限制民事行为能力为由，主张以上行为无效。"这一规定承认限制民事行为能力人可实施接受奖励、赠与等纯获法律上利益行为的效力。但是，在确定限制民事行为能力人实施接受报酬行为的效力时，应当特别慎重。因为接受报酬往往是双务合同中履行义务所获的对价，如果限制民事行为能力人接受报酬须以其履行义务为前提，则不是纯获法律上利益的行为，不能认定其为有效的民事法律行为；否则，就是认许了限制民事行为能力人所实施的非纯获法律上利益行为的有效性，侵害了限制民事行为能力人的合法权益。

（2）日常生活必需的行为。限制民事行为能力人可以从事一些日常生活所必需的交易行为；否则，不仅会限制他们的行为自由，而且也会给其生活造成不便。因此，限制民事行为能力的未成年人有权实施理发、购买零食或文具用品、看电影、到游乐场游玩等交易行为。英美法规定，未成年人交易行为的范围，应遵循"必需品规则"，即"与未成年人的生活条件……和与其在出售和交付时的实际需要相适应的物品"，对此，应依未成年人的经济能力、身份、地位、职业等各种情况为标准来判断。[1]

（3）在法定代理人确定的目的范围内对自己财产的处分行为。法定代理人事先为其子女确定目的范围，允许子女在该范围内处分财产，是事先授权未成年子女从事某种行为，因此该子女的处分行为有效。

（四）完全民事行为能力

完全民事行为能力，是指自然人可以独立进行有效民事法律行为，并取得权利、承担义务的能力。我国《民法通则》第11条第1款规定："十八周岁以上的公民是成年人，具有完全民事行为能力，可以独立进行民事活动，是完全民事行为能力人。"该条第2款规定："十六周岁以上不满十八周岁的公民，以自己的劳动

[1] 杨桢：《英美契约法论》，北京大学出版社1997年版，第264页。

收入为主要生活来源的，视为完全民事行为能力人。”

按照上述规定，我国的完全民事行为能力分为两种：一是年满18周岁的成年人；二是以自己的劳动收入为主要生活来源的已满16周岁不满18周岁的未成年人。前者是完全民事行为能力人，后者是视为完全民事行为能力人。

法律规定视为完全民事行为能力人，就是民事行为能力缓和的表现，主要是考虑到与《劳动法》第15条规定的协调。该条规定，16周岁以上的自然人享有劳动权，并可能具有一定的收入；据此，如果完全否定其具有完全的民事行为能力，这些人就无法行使劳动权，无法参加劳动获得报酬，因此也就无法保障自己的生活。

判断视为完全民事行为能力人的标准在于“以自己的劳动收入为主要生活来源”。这个标准包括两个方面的内容：(1) 具有一定的劳动收入，即依靠自己的劳动获得了一定的收入；并且这种收入应当是固定的，而不是临时的、不确定的。(2) 其劳动收入构成其主要生活来源，也就是其劳动收入能够维持其生活，不需要借助其他人的经济资助，也可以维持当地群众的一般生活水平。❶

三、参考结论

本案中，王某已满10周岁，按照我国法律的规定，属于限制行为能力人。虽然限制行为能力人的行为能力受到限制，很多法律行为需要法定监护人的事前授权或者事后同意，但是对于纯获利益的法律行为可以独自实施。本案中，王某接受其爷爷赠与山地自行车的行为，并未给其带来任何负担，属于纯获利益的行为。因而王某自己可以独自予以接受，合法有效。因而王某可以合法地获得他的爷爷赠与的自行车；其叔叔主张该赠与无效没有任何法律根据，法院不会予以支持。

案例4. 擅自主张无行为能力案

【案情】

王某为自己即将开业的公司办公需要，准备在北京市二环附近的某大厦购买房屋一套，因此王某与开发商某房地产公司签订了购房协议，购买位于大厦一层东北角的商业门面房一套，门面房建筑面积230m^2，当时销售单价为每平方米2.5万元。协议约定，王某一次性付款，当日交付房款的85%，其余的于入住后交纳。双方约定，任何一方违约应当赔偿房款总额。后来房价高涨，开发商准备将该房子以高价卖给另外的客户，但是又不想承担对于王某的违约责任，于是该房地产公司主张王某是精神病人，无行为能力，其签订的合同无效，因而不需要承担违约责任。

❶ 柳经纬：《民法总论》，厦门大学出版社2000年版，第85页。

【问题】

本案中，房地产公司能够随意主张王某是精神病人而无行为能力吗？

【法理分析与参考结论】

一、欠缺民事行为能力宣告的范围

欠缺民事行为能力宣告的范围，仅仅包括精神病人，不包括其他未成年人。《民法通则》第19条规定："精神病人的利害关系人，可以向人民法院申请宣告精神病人为无民事行为能力人或限制民事行为能力人。"

二、欠缺民事行为能力宣告的条件

宣告自然人为无民事行为能力人或者限制民事行为能力人，须具备以下要件：

（一）被宣告人确为精神病人

精神病人包括精神病患者和痴呆人。我国现行民事立法并没有规定禁治产宣告制度，因醉酒、服用麻醉品等致家庭经济状况发生严重困难的人，并不在被宣告之列。

（二）须由利害关系人申请

精神病人的利害关系人，是指与被申请宣告的精神病人有利害关系的人，如精神病人的配偶、父母、成年子女以及其他近亲属。如果没有利害关系人的申请，则宣告程序不能启动，法院不得主动进行宣告。

（三）须经人民法院宣告

由于欠缺民事行为能力的宣告在后果上将会限制自然人的民事行为能力，所以，只有由人民法院依法作出。利害关系人要求宣告某人因精神病人而宣告其为无民事行为能力人或者限制民事行为能力人，并要为其指定监护人，法院应当受理。审查属实的，予以宣告并指定监护人。被人民法院宣告为无民事行为能力或者限制民事行为能力的精神病人全部或者部分恢复民事行为能力的，亦应经本人或者利害关系人申请，人民法院应当依法撤销宣告。

（四）欠缺民事行为能力宣告的程序

宣告精神病人欠缺民事行为能力的案件，经由精神病人的利害关系人申请，由人民法院依照法律规定的特别程序进行。

三、欠缺民事行为能力宣告制度的完善

我国现行立法的欠缺民事行为能力宣告的范围仅仅是精神病人。在现实生活中，还有一些欠缺民事行为能力的自然人需要宣告其民事行为能力欠缺，这就是老年人、成年连体人、植物人以及经常处于心神丧失状态的人。随着社会的进步和科技的发展，人的寿命越来越长。世界进入老年社会，老年人问题成为世界性的问题。因此，民法针对老年人处于民事行为能力不充分甚至丧失的情况，规定了对此也可以经过老年人本人或者利害关系人的申请，为其进行欠缺民事行为能力宣告。对于连体人和植物人，其民事行为能力也受到限制或者丧失，必要的也应当进行民事行为能力欠缺宣告。而“经常处于心神丧失状态”的人，为保护其利益、维护其家庭关系和社会秩序的安定，也应当进行欠缺民事行为能力宣告。对此，应当加强理论研究和实务经验的总结，尽早建立相关的制度。

四、参考结论

对于精神病人宣告无行为能力，必须由利害关系人向人民法院提出宣告申请，由人民法院作出相关精神状况鉴定后，依法作出宣告。本案中，房地产公司未经向法院提出申请，且在未经过判决宣告的情况下，单方面宣布王某是无行为能力人，并因此宣布与其签订的合同无效，没有任何法律根据。必须向法院提出申请，由法院作出宣告。在未经法定程序宣告王某无行为能力前，房地产公司应当履行与王某签订的房屋买卖合同；房地产公司如果违约，则应当按照合同约定向王某承担违约责任。

第三节　监　护

案例 5. 金某诉监护纠纷案

【案情】

王某居 A 市，丈夫早逝，独子张甲在外地工作。一人独居的王某十分孤单，就从其原作为知青曾下放过的 B 县收养了一名女童，取名张乙，母女关系十分融洽。王某悉心培养张乙，在张乙念完初中以后，送其到自己退休前的工作单位，即本市的戏曲学校学习艺术。张甲为此十分眼红，在探亲期间，总是对张乙横眉冷对、恶语相加。王某多次劝诫张甲也不见起效。在张乙念书期间，王某病故，未留下任何遗嘱，不过遗留下一张 20 万元的存单。由于张乙只有 13 岁，必须给她找一个监护人。张甲见其母亲留下了大额存款，表示愿意担任监护人，而张乙在 B 县也有一个哥哥李某愿意担任监护人。张甲对此表示反对，认为 B 县离 A 市有近千公里，李某不方便照顾张乙，而自己可以让妹妹转学到其所在城市来照顾她。张乙就读的戏曲学校是王某生前的工作单位，单位工会的负责人金某与王某素来要好，十分喜爱张乙，也提出表示愿意担任监护人。她认为，张乙长期住校，并且张乙还不到 2 年就可以毕业了，有困难学校可以解决。三方当事人就究竟由谁来当然张乙的监护人争执不下，遂诉至法院。

【问题】

监护人应当如何确定？

【法理分析与参考结论】

一、监护的概念和目的

（一）监护的概念

监护，是指对于不在亲权照护之下的未成年人、精神病人等无民事行为能力人、限制民事行为能力人、以及民事行为能力不充分的老年人、连体人、植物人等，为其人身权利、财产权利的照护而设置的民事法律制度。

我国民事立法将监护制度置于民事主体制度之中，是民事主体制度中的一个具体制度。在对无民事行为能力人、限制民事行为人以及民事行为能力不充分的人按照监护制度进行监护时，在监护人与被监护人之间即产生监护民事法律关系。监护人依据监护权，对被监护人实施监护行为。

（二）监护的目的

设置监护的目的，是保护无民事行为能力人、限制民事行为能力人以及民事行为能力不充分的人的合法权益，防止被监护人的合法权益受到非法侵害，保障被监护人的正常生活。它的具体内容，包括监护被监护人的人身、管理被监护人的财产、代理被监护人进行民事活动、承担被监护人致人损害的民事法律后果以及代理被监护人参加诉讼活动等。

在理论上，有的认为监护制度是为“维护社会的正常经济秩序而设置的一种法律制度”，❶ 监护就“是代理被监护人进行民事活动”，❷ 这种观点值得商榷。我们认为，监护制度有维护社会正常经济秩序的作用，但它显然不是设置监护制度的主要目的。不仅如此，就是把保护被监护人的合法权益与维护经济秩序并列在一起作为监护制度的目的，也是对监护制度立法目的的误解。同样，代理被监护人进行民事活动也不是监护制度的目的，只是监护制度的一个具体内容。即使是将代理被监护人进行民事活动也作为监护制度的目的，也是对监护目的的一个误解。

二、监护的种类

对于监护的种类，我国民法只规定了对未成年人的监护和对患有精神病的无民事行为能力人或者限制民事行为能力人的监护两种。借鉴德国、日本等国的立法经验，还应当增加对民事行为能力不充分的老年人等的监护制度。

（一）对未成年人的监护

1. 对未成年人的监护的概念

对未成年人的监护，是指对于没有亲权人即父母的未成年人以及对于虽然有亲权人但其亲权人均不能行使亲权的未成年人而设立的监护。

---

❶ 马原主编：《中国民法教程》，人民法院出版社1989年版，第55页。

❷ 陈国柱主编：《民法学》，吉林大学出版社1987年版，第40页。

2. 监护与亲权的关系

在立法上，我国《民法通则》关于监护的规定存在将监护等同于亲权的问题。

亲权与监护是有严格区别的。监护“是对于不能得到亲权保护的未成年人”“设定专人以管理和保护其人身和财产利益的法律制度”，[1] 这种说法已经区分了监护与亲权之间的区别。处于亲权保护之下的未成年人，其利益已能得到充分保护，而无需叠床架屋，再设置监护制度。《民法通则》第16条第1款称父母是未成年人的监护人，是基于父母的亲权而发生的监护，仅仅是在借用意义上使用监护概念而已，无非说明他们依其亲权，应当管教和保护未成年子女。对于不能得到亲权保护的未成年人，才需适用监护制度。[2]

（二）对精神病人的监护

对精神病人的监护，是指对无民事行为能力或者限制民事行为能力的精神病人设立的监护。这些精神病人由于丧失或者缺少识别能力，无法或者不能完全认识自己行为的后果，因而不具有民事行为能力或者民事行为能力受限制。因此，必须对其设立监护人，对他们的行为进行监督和保护。

（三）对民事行为能力不充分的人的监护

对民事行为能力不充分的人的监护，是指对于老年人、连体人、植物人以及经常处于心神丧失状态的人设立的监护。对于欠缺民事行为能力老年人以及连体人、植物人和轻度的智力或者精神障碍人，应当借鉴其他国家整合成年人监护制度，建立对老年人以及精神衰弱人监护制度的立法经验诸如德国的保护人制度、奥地利的代办人制度、日本的任意监护制度，确立了对民事行为能力不充分人的监护。其含义，就是对于民事行为能力不充分但是并没有丧失民事行为能力或者行为能力受限制的人设置保护。我国目前还没有设立这种监护，应当借鉴国外的立法，尽早建立这种监护制度。

三、监护人

（一）法定监护人

法定监护人，是指依照法律规定确定的监护人。法定监护应依照法律规定的监护顺序，以顺序在先者为监护人，在前一顺序的法定监护人缺格或缺位时，依次由后一顺序的法定监护人担任。其顺序如下：

对未成年人设定监护的监护顺序：（1）祖父母、外祖父母；（2）兄、姐；（3）关系密切的其他亲属、朋友。

对精神病人设定监护的监护顺序：（1）配偶；（2）父母；（3）成年子女；（4）其他近亲属；（5）关系密切的其他亲属、朋友。

---

[1] 张俊浩主编：《民法学原理》，中国政法大学出版社1991年版，第120页。

[2] 张俊浩主编：《民法学原理》，中国政法大学出版社1991年版，第120～121页。

依照法定监护方式设定监护人，按照上述法定顺序，由顺序在先的监护人自动担任，监护人设定之后，即发生监护法律关系。

（二）意定监护人

意定监护人分为以下几种：

1. 委托监护人

监护人将监护职责部分或者全部委托给他人，称作监护委托。委托监护人的设立分为两种情况：一是由亲权人即父母委托他人做子女的监护人；二是由法定监护人把自己的监护职责委托他人实施。监护委托可以是全权委托，也可以是专门委托。如父母将子女委托祖父母、外祖父母全权照料，或者把精神病人委托精神病医院或者福利院全权照料。

委托监护原则上不改变原监护人的地位，其不同于法定监护人以内部协议确定监护人的情形，也不同于监护变更。

2. 遗嘱监护人

遗嘱监护人，是指通过遗嘱委任的监护人。父母通过遗嘱选定的监护人，应当具备以下资格：（1）遗嘱人须是亲权人。遗嘱指定监护人，遗嘱人必须是父或母，即亲权人。非亲权人不得以遗嘱指定监护人。即使是亲权人，如果亲权丧失或者被剥夺的，也不能遗嘱指定监护人。（2）遗嘱人须是后死的亲权人。先死的亲权人由于尚有亲权人在世，因此无权指定监护人。（3）遗嘱须符合法律要求。违反遗嘱法律要求的，不发生遗嘱委任监护人的效力。

3. 民事行为能力不充分的人的意定监护人

对于民事行为能力不充分的老年人、连体人、植物人以及精神衰弱的人，可以通过委托监护合同，确定意定监护人。

设定意定监护人，应当在本人具有完全的判断能力时，依自己的意思选任监护人，并且与其订立委托监护合同，将有关自己的监护事务全部或者部分代理权授予意定监护人，在本人因年老、精神障碍或者其他丧失判断能力的事实发生后，发生监护的效力。

作为意定监护人，应当具有完全的民事行为能力，可以是法定监护人，也可以不是法定监护人的其他任何人。

（三）自愿监护人

自愿监护人也称为无因监护人，是指不负有法定监护义务的人自愿担任监护，并经主管组织同意的监护人。自愿监护人与法定监护人的最大区别，就在于没有法律规定的监护义务。自愿监护人应以主管组织同意为必要，非经同意不能作为监护人。《民法通则》第16条第2款第3项和第17条第1款第5项分别规定："关系密切的其他亲属、朋友愿意承担监护责任，经未成年人的父、母的所在单位或者未成年人住所地的居民委员会、村民委员会同意的"；"关系密切的其他亲属、朋友愿意承担监护责任，经精神病人的所在单位或者住所地的居民委员会、村民委员会同意的”，都可以成为自愿监护人。

作为自愿监护人的资格是：（1）须被监护人不存在法定监护人和意定监护人；（2）须属被监护人的其他亲属或者朋友，且关系密切；（3）须监护人出于自愿；（4）年满10周岁以上的被监护人，须征求其意见。

（四）公职监护人

按照《民法通则》的规定，由未成年人的父母所在单位或者未成年人住所地的居民委员会、村民委员会，精神病人的所在单位或者住所地的居民委员会、村民委员会，或者民政部门担任监护人，就是公职监护人。担任公职监护人，须被监护人没有法定监护人、意定监护人和自愿监护人。上述机关作出监护的意思表示的，即为监护人。

四、被监护人

我国《民法通则》规定了未成年人、无民事行为能力人或者限制民事行为能力人为被监护人，根据实际情况还应当增加民事行为能力不充分的人为被监护人。

（一）未成年人

未满18周岁的未成年人，为被监护人。其中未满10周岁的未成年人是无民事行为能力人，已满10周岁未满18周岁的未成年人为限制民事行为能力人，都需要依法进行监护。

未成年人作为被监护人，具有以下条件之一的，即具备资格：

1. 不在亲权照顾之下

未成年人不在亲权照顾之下，是指未成年人没有父母。可能是父母均已死亡，也可能是父母不明，如弃儿。

2. 亲权人不能行使亲权

未成年人的父母均不能行使亲权的，应当为未成年人设立监护人。行使亲权不能，包括父母的亲权被剥夺或者丧失导致的不能父母、失踪导致的不能以及父母被判刑、患病、吸毒以及与子女相距遥远不能直接行使亲权的不能。

（二）无民事行为能力或者限制民事行为能力的精神病人

按照国外的立法例，成年人的监护分为禁治产人和准禁治产人。对于禁治产人应当设立监护，对准禁治产人应当设立保佐。当代亲属法的发展趋势是否定禁治产人和准禁治产人的概念，代之以被监护人的概念。我国没有采用禁治产人和准禁治产人的概念，当属有先见之明。对于无民事行为能力和限制民事行为能力的精神病人，应当设立监护人。

（三）民事行为能力不充分的人

对于无民事行为能力或者限制民事行为能力的精神病人的法定认定要件严苛，而那些没有达到这种程度的轻度痴呆、智力残疾和身心障碍者以及行为能力不充分的老年人、连体人、植物人，无法得到监护制度的救济。因此，当代监护制度对被监护人的范围加以扩大，将这些人作为被监护人，规定对其可以设立监护。

五、监护的设立、变更和消灭

（一）监护的设立

设立监护，就是确立监护法律关系的权利主体，通过为监护法律关系的义务主体即被监护人设立监护人，而使监护法律关系正式确立。

具有监护人消极资格的人不能作为监护人。监护人的消极资格，也叫作“监护人缺格”，就是不得作为监护人的人。监护人的消极资格包括以下几种：（1）无民事行为能力人和限制民事行为能力人；（2）受刑罚处罚的人；（3）有危害被监护人合法权益可能的人；（4）显然无支付能力的人；（5）去向不明的人；（6）外国人。

设立监护人的方式，分为三种：

（1）法定监护的设立。

第一，当然设立。如果第一顺序的监护人只有一人，或者虽然有数人但是全体担任监护人的，为当然设立。

第二，协议设立。协议设立应当有书面协议。协议要符合法律的要求。

第三，指定设立。指定监护适用的条件是对担任监护人有争议。指定监护分为两种：一是有关组织指定；二是法院指定。

（2）意定监护的设立。

第一，委托设立。委托设立监护人，应当有委托合同以及授权委托书。监护委托合同应当由委托人和受委托人双方合意，委托人授予受委托人以监护的权利。

第二，遗嘱设立。这种设定监护人的方式，适用于未成年人的监护，即由未成年人的后死父或母以遗嘱指定特定人为监护人。在实务中有遗嘱指定监护人的，应承认其效力。

第三，民事行为能力不充分的人的委托设立。民事行为能力不充分的人在其具有完全的判断能力时，依照自己的意思能力，选择监护人，并与其签订委托监护合同，将本人的监护事务诸如生活照料、疗养看护和财产管理等事务，全部或者部分代理权授予监护人，约定该合同和代理的授权在本人因年老或者精神障碍或者丧失判断能力的事实发生后生效。对连体人设立委托监护的，则依其约定的时间生效。

（3）自愿监护和公职监护人的设立。

设立自愿监护人应当符合自愿监护人的资格。自愿监护人提出监护的意愿之后，监护的权力机关应当对其进行资格审查。经过审查合格的，其作出同意的表示，自愿监护人才被设立，自愿监护人才可以行使监护职责。

设立公职监护人由有监护人资格的监护机关决定。未成年人的父母所在单位或者未成年人住所地的居民委员会、村民委员会，精神病人所在单位或者住所地的居民委员会、村民委员会，或者民政部门，都具有监护人资格。由它们决定作为监护人的，即为设立监护人。

（二）监护的变更

监护法律关系设立之后，可以依据一定的事实而发生变更。

监护法律关系变更的首要条件是，被监护人尚须进行监护。如果监护人发生变更，而被监护人已经不再需要监护的，则发生监护关系消灭的后果。

监护法律关系变更的事实是：（1）监护人死亡或丧失监护能力；（2）监护人辞职；（3）监护人撤销。

（三）监护的消灭

监护法律关系的消灭，是该法律关系的绝对消灭，是指监护法律关系因某些法定原因的存在而永远地消灭。

对于引起监护消灭的原因，《民法通则》没有具体规定，只在第19条第2款规定："被人民法院宣告为无民事行为能力人或限制民事行为能力人的，根据他健康恢复的状况，经本人或者利益关系人申请，人民法院可以宣告他为限制民事行为能力人或者完全民事行为能力人。"这是指精神病人恢复健康，其中宣告为完全民事行为能力的，即监护关系消灭。

监护法律关系消灭的法定原因是：（1）被监护人已成年具有完全的民事行为能力；（2）被监护人死亡；（3）被监护的未成年人被生父母认领或者被他人收养；（4）被监护的未成年人的父母不能行使亲权的原因已消失；（5）被监护的精神病人恢复民事行为能力。

监护法律关系消灭，发生法律上的后果：一是使被监护人脱离监护，可以独立行使民事权利，独立承担民事义务；二是在财产上，监护关系的消灭引起财产的清算和归还。

六、参考结论

在我国，监护制度系为保护无行为能力人或限制行为能力人合法权益而设的制度。在本案中，张乙年仅13岁，为限制行为能力人，处于被监护人的地位。在王某去世以前，作为其养母的王某当然是其监护人；但在王某去世以后，究竟由何人来担任监护人就颇费思量。根据我国《民法通则》第16条的规定，在未成年人的父母已经死亡的情况下，由下列人员担任监护人：（1）祖父母，外祖父母；（2）成年兄、姐；（3）经未成年人的父、母所在单位或者未成年人住所地的居民委员会、村民委员会同意的关系密切的其他亲属、朋友。而《最高人民法院关于贯彻执行〈中华人民共和国民法通则〉若干问题的意见（试行）》第17条规定，前一顺序有监护资格的人对被监护人明显不利的，人民法院可以根据对被监护人有利的原则，从后一顺序有监护资格的人中择优确定。在本案中，张乙被收养后，她与其生父母、兄弟姐妹等的关系即告终结，而与王某建立拟制血亲的父母子女关系，并与王某的亲属建立起亲属关系。因此，张乙不再与李某具有亲属关系，从而李某并不属于上述得以担任监护人的适格主体之列。无论是由张甲还是金某担任监护人都是合法的。但是，鉴于张甲与张乙素来交恶，而张甲之所以积极主张担任监护人，在很大程度上是为了侵占遗产，因此，让金某担任监护人是一个不错的选择。

第四节　宣告失踪与宣告死亡

案例6. 请求宣告失踪案

【案情】

李某与张某于1998年结婚，婚后生育一女孩。张某自2000年2月外出打工，但此后再也没有回来，也未跟家中有任何联系。期间，张某的债权人经常找李某索要欠款。李某的收入根本没有能力清偿债务，而张某以个人名义在银行存有10万元存款，存折由李某保管。2003年4月，张某的债权人刘某向人民法院提出宣告张某失踪的请求，并要求其财产代管人以张某的财产来清偿债务。

【问题】

刘某要求宣告张某失踪的请求能否获得支持？其债权应当由谁来清偿？

【法理分析与参考结论】

一、宣告失踪的概念和意义

宣告失踪，是指自然人离开自己的住所下落不明达到法定期限，经过利害关系人申请，人民法院依照法定程序宣告其为失踪人的民事主体制度。我国《民法通则》第20条规定："公民下落不明满二年的，利害关系人可以向人民法院申请宣告他为失踪人。战争期间下落不明的，下落不明的时间从战争结束之日起计算。"

法律规定宣告失踪的目的，是通过人民法院确认自然人失踪的事实，结束失踪人财产无人管理及其应履行的义务不能得到及时履行的非正常状态，以保护失踪人和利害关系人的利益，并维护社会经济秩序的稳定。

二、宣告失踪的条件

宣告失踪应当具备以下条件：

（一）必须自然人下落不明满两年

下落不明，是指自然人离开自己最后的居所和住所后没有音讯，并且这种状况为持续不间断。只有从自然人音讯消失起开始计算，持续地、不间断地经过两年时间，才可以申请宣告失踪。

下落不明与生死不明不同。生死不明是指不知自然人是否仍然生存；而下落不明既包括不知自然人是否仍然生存的状态，也包括知道自然人仍然生存，但不知其住所或居所的状态。

下落不明起算的时间，应当从最后获得该自然人消息之日起算。如果是在战争期间下落不明的，则从战争结束之日起算。

（二）必须由利害关系人向人民法院提出申请

宣告失踪必须经由利害关系人向人民法院提出申请。利害关系人的范围，应当按照最高人民法院《民通意见》第24条规定的范围确定，即申请宣告失踪的利害关系人，包括被申请宣告失踪人的配偶、父母、子女、兄弟姐妹、祖父母、外祖父母、孙子女、外孙子女以及其他与被申请人有民事权利义务关系的人。其中“其他与被申请人有民事权利义务关系的人”主要是指失踪人的合伙人、债权人等，因为宣告失踪的目的主要是了结债权债务关系，将合伙人和债权人作为利害关系人应属当然。

宣告失踪的申请可由这些利害关系人中的一人提出或数人同时提出。如果由数人中的一人或者部分人提出，利害关系人没有先后顺序的区别。即使是各利害关系人就是否宣告失踪发生分歧，只要符合受理条件，人民法院应当受理。

（三）必须由法院根据法定程序宣告

宣告失踪只能由人民法院作出，其他任何机关和个人无权作出宣告失踪的决定。

人民法院在收到宣告失踪的申请以后，应当依据《民事诉讼法》规定的特别程序，发出寻找失踪人的公告。公告期满以后，仍没有该自然人的音讯时，人民法院才能宣告该自然人为失踪人。

三、宣告失踪的法律后果

在自然人被宣告为失踪人以后，由于其民事主体资格仍然存在，所以不产生婚姻关系解除和继承开始的后果，只在以下两个方面产生法律效果：

（一）为失踪人的财产设定代管人

法院判决宣告自然人失踪的，应当同时指定失踪人的财产代管人。《民法通则》第21条第1款规定：“失踪人的财产当由其配偶、父母、成年子女或关系密切的其他亲属、朋友代管。代管有争议的，没有以上规定的人或者以上规定的人无能力代管的，由人民法院指定的人代管。”其中“关系密切的其他亲属”，是指失踪人的兄弟姐妹、祖父母、外祖父母、孙子女、外孙子女。法院应当从上述人员中为失踪人指定财产代管人。如果失踪人是无民事行为能力人或者限制民事行为能力人，则由其监护人作为财产代管人。

代管人应当管理失踪人的财产。代管行为是一种无偿行为。因此，仅当代管人因自己的故意或重大过失造成失踪人财产的损害时，才承担赔偿责任，而无须对因一般的过失所造成的损害承担损害赔偿责任。

（二）清偿失踪人的债务并追索其债权

代管人的另一项职责是代理失踪人履行债务和受领他人的履行。代管人有权从失踪人的财产中支付税款、债务和诸如赡养费、抚养费之类的其他应当支付的费用；代管人也要尽力追索失踪人的债权，代理失踪人受领他人所作的清偿。代管人不能代理失踪人从事清偿债务和追索债权以外的其他民事活动。

四、失踪宣告的撤销

《民法通则》第22条规定："被宣告失踪的人重新出现或者确知他的下落，经本人或者利害关系人申请，人民法院应当撤销对他的失踪宣告。"宣告失踪的撤销，同样要由人民法院依据法定程序进行。

失踪宣告经撤销，则财产代管随之终止。代管人应当将其代管的财产交还给被宣告失踪的人，并向宣告失踪人报告在其代管期间对财产管理和处置的情况。只要代管人非出于恶意，其在代管期间支付的各种合理费用，失踪人无权要求代管人返还。

五、参考结论

本案中张某已经离开住所下落不明满两年，符合了我国《民法通则》关于宣告失踪的规定，在这种情况下，张某的利害关系人可以向法院申请宣告张某失踪。利害关系人包括张某的近亲属和债权人、合伙人等。刘某作为张某的债权人是利害关系人，他可以向法院申请宣告失踪。人民法院经过公告后应当宣告张某失踪，并为其指定财产代管人。在本案中，法院应当指定张某的配偶李某作为代管人管理张某的财产。李某应当按照刘某债权的数额从张某的10万元存款中支取相应数额向刘某进行债务清偿。

案例7. 王某宣告死亡案

【案情】

王某于1998年去外国打工，从此杳无音信。2005年其妻林某向当地人民法院申请宣告王某死亡，人民法院经审理判决宣告王某死亡。由于年幼的女儿一直身体不好，林某又没有足够的经济能力给她治疗，2007年林某将女儿送给膝下无子的姚某收养，并办理了合法的收养手续。2009年，失踪多年的王某突然返回，经其申请法院撤销了对他的死亡宣告。王某要求与林某恢复夫妻关系，并提出女儿的收养未征得他的同意，要求撤销收养合同。姚某与林某都不同意，王某诉至法院。

【问题】

王某要求与林某恢复夫妻关系的主张能够成立吗？王某女儿的收养合同应当被撤销吗？

【法理分析与参考结论】

一、宣告死亡的概念

宣告死亡，是指自然人下落不明达到法定期限，经利害关系人申请，人民法院经过法定程序，在法律上推定失踪人死亡的一项民事主体制度。

宣告死亡与宣告失踪都是民法的民事主体制度的内容，两者有密切的联系。在很多情况下，利害关系人往往是先申请宣告失踪，而后又申请宣告死亡。看起来，好像宣告失踪是宣告死亡的前置程序，但这样理解是不对的。宣告失踪并不是宣告死亡的必经程序，不管利害关系人是否曾申请过宣告失踪，都可以直接申请宣告死亡。

二、宣告死亡制度的意义

法律规定宣告死亡制度的意义，在于消除自然人长期下落不明所造成财产关系和人身关系的极不稳定状态，及时了结下落不明人与他人的财产关系和人身关系，从而维护正常的社会秩序。

三、宣告死亡的条件

我国《民法通则》第23条规定："公民有下列情形之一的，利害关系人可以向人民法院申请宣告他死亡：（一）下落不明满四年的；（二）因意外事故下落不明，从事故发生之日起满二年的。战争期间下落不明的，下落不明的时间从战争结束之日起计算。"按照这一规定，宣告死亡应当具备以下条件：

（一）自然人下落不明达到法定期限

宣告一个自然人死亡，必须是其下落不明，并且必须达到法定期限。最高人民法院《民通意见》第26条第1句规定："下落不明是指公民离开最后居住地后没有音讯的状况。"此处所说的下落不明，是指生死不明；如果知道某人还仍然活着，只是没有和家人联系或者不知道其确切地址，不能认为是下落不明。

由于宣告死亡比宣告失踪对被宣告人及其他相关当事人要产生更为严重的影响，因此，宣告死亡所要求的下落不明的时间应当长于宣告失踪所要求的下落不明的时间。因此，《民法通则》规定，只有自然人下落不明满4年，或者因意外事故下落不明从事故发生之日起满2年的，才能宣告该自然人死亡。

（二）必须由利害关系人向法院提出申请

宣告死亡的利害关系人的范围与宣告失踪的利害关系人的范围相同。

但是，由于可以申请宣告死亡的利害关系人的范围较为广泛，如果他们之间没有一定的顺序，就会出现诸如父母要求宣告死亡但配偶并不希望宣告死亡而愿意继续维持婚姻关系之类的纠纷。因此，最高人民法院《民通意见》第25条规定："申请宣告死亡的利害关系人的顺序是：（一）配偶；（二）父母、子女；（三）兄弟姐妹、祖父母、外祖父母、孙子女、外孙子女；（四）其他有民事权利义务关系的人。申请撤销死亡宣告不受上列顺序限制。"按照这一规定，前一顺序的利害关系人不申请宣告失踪人死亡的，后一顺序的利害关系人不得申请死亡宣告；而同一顺序的利害关系人之间则无顺序先后之分，如果部分利害关系人申请宣告死亡而部分利害关系人不同意宣告死亡的，则应当宣告死亡。[1]

法律对利害关系人作出顺序的规定，也可能会带来一定的问题。例如，顺序在先的利害关系人如果不申请，则顺序在后的利害关系人就无法提出申请，失踪人就会长期不能被宣告死亡，这将使财产关系长期无法稳定，如继承不能发生、遗产不能分割，对利害关系人的利益损害很大。因此，有人认为，法律以不规定利害关系人的顺序为宜。我们认为，对利害关系人的顺序做出规定，利大于弊，能够更好地协调不同的利害关系人之间的关系；同时，顺序在后的利害关系人如果想要了结财产之间的关系，可以采取宣告失踪的方法解决，并非一定要宣告死亡。同时，宣告死亡的利害关系人之间的顺序要有一定的强制性，否则也会出现更多的纠纷。因此，应当坚持宣告死亡利害关系人顺序的制度。

（三）必须由人民法院依法定程序作出宣告

法院在受理死亡宣告申请后，应当依照《民事诉讼法》规定的特别程序进行审理，发出寻找下落不明的人的公告；在公告期届满，没有其音讯的，人民法院才能作出死亡宣告的判决。

应当注意的是，宣告失踪不是宣告死亡的必经程序；无论自然人是否曾经被宣告失踪，其利害关系人都可以直接到法院申请宣告其死亡。

四、宣告死亡的法律后果

自然人被宣告死亡后，发生与自然死亡相同的法律后果：被宣告死亡的自然人在法律上被认定为已经死亡，其财产关系和人身关系都要发生变动。

宣告死亡的法律后果是：

（一）财产继承关系开始

自然人被宣告死亡之后，其生前所有的财产变为遗产，将由他的继承人继承。被宣告死亡人的债权人有权要求其继承人清偿债务。

（二）婚姻关系终止

自然人被宣告死亡后，其与配偶的婚姻关系终止，双方当事人之间的婚姻关系不再存在，原配偶可以再婚。

五、宣告死亡判决的法律效力

宣告死亡判决发生被宣告人死亡的法律后果，那么，该判决的法律效力的空间范围是什么？这就涉及宣告死亡判决具有绝对的空间效力，还是具有相对的空间效力问题。失踪人尽管被宣告死亡，但死亡宣告只是一种推定，失踪人有可能还在异地生存。因此，此地的死亡宣告判决是否在彼地也能发生效力呢？这就是

---

[1] 柳经纬主编：《民法总论》，厦门大学出版社2000年版，第97页。

死亡宣告的空间效力问题。如果坚持绝对的空间效力，就会否定被宣告死亡人在异地法律行为的效力；如果坚持相对的空间效力，就应当承认其在异地实施的法律行为的效力。

笔者认为，宣告死亡的目的并不是要绝对地消灭或剥夺被宣告死亡人的主体资格，而在于结束以被宣告死亡人原住所地为中心的民事法律关系；因此，被宣告死亡人在其存活地的民事权利能力并不终止，其仍可依法从事各种民事活动。对此，我国《民法通则》第24条第2款规定："有民事行为能力人在被宣告死亡期间实施的民事法律行为有效。"

六、死亡宣告的撤销

被宣告死亡的人重新出现或者确知他没有死亡，经本人或者利害关系人申请，人民法院应当撤销对他的死亡宣告。我国《民法通则》第24条第1款和我国《民事诉讼法》第169条对此均有规定。

（一）死亡宣告撤销的要件

死亡宣告的撤销需具备以下要件：

（1）必须被宣告死亡人仍然生存。宣告死亡只是一种法律上的推定死亡，被宣告死亡人未必已经死亡。如果被宣告死亡人仍然生存，应当撤销此宣告。

（2）必须由本人或利害关系人提出申请。宣告死亡的利害关系人范围，与申请宣告死亡的利害关系人的范围是一样的，但没有顺序的限制。

（3）必须由人民法院作出撤销宣告。既然死亡宣告必须由人民法院作出，那么，撤销其死亡的宣告也必须由人民法院作出。

（二）死亡宣告撤销后的法律效果

死亡宣告撤销后具有以下法律效果：

（1）财产关系恢复原状。不管利害关系人是因继承、受遗赠还是其他原因取得财产，都应当向被撤销死亡宣告的人返还财产。返还财产以返还原物为原则；如果原物不存在，则应当作出适当补偿。在确定返还义务人应补偿的数额时，主要考虑返还义务人所取得的财产的价值、其返还能力等因素。

（2）人身关系不能自动恢复。如果配偶没有再婚，婚姻关系可以自动恢复。如果配偶再婚，即使再婚后又离婚或再婚后新配偶死亡的，也不得因为撤销死亡宣告而自动恢复婚姻关系。被撤销死亡宣告人有子女的，父母子女间的权利义务关系应当恢复；但如果子女已被他人依法收养的，该收养关系则不得单方解除。

七、参考结论

本案中，王某离开住所下落不明满4年，经其妻子申请，人民法院按照我国《民法通则》的规定宣告其死亡。宣告死亡后其与妻子林某的夫妻关系终止，其女儿也因被送养与其终止父女关系。王某后来又活着出现，因此法院撤销了他的死亡宣告。王某死亡宣告被撤销后，由于林某没有再婚，因此其与林某的夫妻关系自动恢复。其女儿已经被他人依法收养，所以王某与其女儿的父女关系不能恢复。本案中，收养人和送养人都不同意解除收养关系，因此，王某主张撤销收养的要求不能成立。

第五节 合 伙

案例8. 合伙债务清偿纠纷案

【案情】

甲、乙、丙三人签订了一份合伙协议，合作成立“图书批发公司”，分别出资30万元、20万元和10万元，盈余与亏损均按出资份额分配。领取营业执照后，该公司正式营业。其间，三人决定向丁借款32万元，以扩大经营规模。但购进的大批图书滞销，经削价处理后，合伙企业剩余资产仅20万元，三人决定关闭该企业。丁多次讨债未获清偿，故向法院提起诉讼。

【问题】

甲、乙、丙三人因合伙经营向丁某所借款项应当由谁来清偿？

【法理分析与参考结论】

一、合伙的概念和法律特征

（一）合伙的概念

合伙，是指两个以上的自然人，按照协议各自提供资金、实物、技术等合伙经营、共同劳动的行为或组织形式。

（二）合伙的法律特征

1. 合伙由两个以上的自然人组成，以合伙人的意思表示一致为基础

合伙必须由两个以上的自然人组成。合伙内的自然人，是基于共同的目的和利益而集合到一起的，并且形成了一个较为稳定的联合体。因此，合伙人的意思表示一致构成合伙成立和存在的基础。自然人之间就出资数额、盈余分配、债务承担、入伙、退伙、散伙等问题，经过充分协商达成协议并订立书面合伙合同，才能成立合伙。

2. 合伙由合伙人共同投资成立，其财产属于合伙人共有

共同投资是合伙成立的物质前提和形成合伙财产的初始方法。投资的种类和数量应当由合伙人协议确定。因此，合伙人既可以资金和实物投资，也可以技术或劳务等投资；并且合伙人投资的数量既可以均等，也可以不均等。合伙人对共同投资的财产和在合伙经营中积累的财产，共同享有所有权；其性质为共同共有，合伙组织并不独立享有所有权。

3. 合伙由合伙人共同经营管理，共担经济利益和风险

合伙是基于合伙人的共同经济目的而紧密联合在一起进行经营活动，由此决定了合伙人既要共同出资，也要共同参加经营决策和日常经营活动。当然，在实际经济生活中，不参与合伙经营劳动的也为数不少。对此，笔者认为，在合伙中，对于那些只出资金、实物或技术而不参与合伙的经营劳动，但参与合伙盈余分配和承担亏损的人，也应作为合伙人，享有合伙人的权利，负担合伙协议约定的义务。

合伙经营的目的是获得经济利益，因此，合伙经营的好坏、盈亏，就与各合伙人有直接的利害关系，从而使各合伙人的利害具有一致性，应当共享经济利益，共担经营风险。

4. 合伙以其名义独立从事民事活动，合伙人对外承担无限连带责任

合伙在对外关系上须以合伙的名义独立从事民事活动，参加民事法律关系，取得民事权利和承担民事义务。合伙还可以起字号，以体现其相对独立的民事主体资格。对于合伙债务，则以全体合伙人为共同债务人，对外须承担无限连带清偿责任。

二、合伙协议

（一）合伙的性质

合伙在民法上的性质如何，并没有定论。一般认为，合伙是合同关系，是两个以上的自然人基于共同的经济目的建立合伙合同，并且依照合同关系进行经营活动。因此，合伙就是合同关系。也有的认为，合伙是一种民事主体，是独立于自然人、法人之外的第三民事主体。还有的认为，合伙也不是合同关系，也不是法人，而是准民事主体，相当于其他组织。

我国民法对于合伙的态度不够明确：既不规定其是合同关系，又不规定其为法人，但是又规定其在民事主体的部分。因此，很难界定合伙的性质。

按照最高人民法院的司法解释，有相当的组织形式的合伙，可以认定为其他组织；而组织不够稳定，具有临时性特征的合伙，则作为自然人组合。这样的规定比较灵活，区分了合伙的不同情况，基本上是可以的；但是并不完善，应当在制定民法典总则时，作出完善的规定。

（二）合伙协议

合伙协议是合伙人为共同出资、共同经营和达到共同经济目的而达成的书面协议。无论是作为其他组织的合伙，还是作为自然人组合的合伙，成立合伙都必须签订合伙协议，依照合伙协议的约定，确定合伙的一切事宜。《民法通则》第 31 条规定：“合伙人应当对出资数额、盈余分配、债务承担、入伙、退伙、合伙终止等事项，订立书面协议。”因此，成立合伙必须有合伙协议，而合伙协议就合伙而言，相当于公司的章程，具有重要的意义。

按照《民法通则》的规定，合伙协议应当是书面形式的。但是，根据司法实

践经验，最高人民法院《民通意见》第50条规定："当事人之间没有书面合伙协议，又未经工商行政管理部门核准登记，但具备合伙的其他条件，又有两个以上无利害关系人证明有口头协议的，人民法院可以认定为合伙关系。"这样的规定是正确的。在司法实践中，对于具有其他组织性质的合伙，应当采用书面形式订立合伙协议；而对于自然人组合的合伙，对于合伙协议的形式，则不必苛求。尽量要求有书面合伙协议；但是，不具有书面协议，但符合上述规定的，也应当认定为合伙。

三、入伙和退伙

（一）入伙

入伙，是指在合伙存续期间，非合伙人申请加入合伙并取得合伙人身份的行为。

入伙，首先要由入伙申请人申请。入伙申请是否被准许，则应按照最高人民法院《民通意见》第51条的规定，在合伙经营过程中增加合伙人，书面协议有规定的，按照协议处理。书面协议未约定的，须经全体合伙人同意；未经全体合伙人同意的，应当认定入伙无效。

（二）退伙

1. 退伙的概念和种类

退伙，是指合伙人退出合伙从而丧失合伙人的资格。

退伙的原因包括自愿退伙、自然退伙和开除退伙三种。自然退伙，是指合伙人自愿要求退出合伙，不再作为合伙人。自然退伙，也叫作当然退伙、法定退伙，是指合伙人基于法律的直接规定而退伙。《合伙企业法》规定了自然退伙的援引，即合伙人死亡或者被依法宣告死亡，合伙人丧失民事行为能力，合伙人丧失偿债能力，被人民法院强制执行在合伙组织中的全部财产份额。这些法定的事由一经出现，当然导致该合伙人的退伙。开除退伙，也叫作强制退伙，是指合伙人违反合伙协议，具有合伙协议约定的具体事由，其他合伙人将其予以除名，强制该合伙人退伙。例如违反竞业禁止的约定，其他全体合伙人一致决议将其除名。被除名的合伙人如果对除名决议有异议的，可以在接到除名通知之日起30日以内向人民法院起诉。

2. 退伙的要求

根据最高人民法院《民通意见》第52条、第53条和第54条的规定，退伙应当遵循以下法律要求：

第一，退伙自愿。合伙人退伙，应当提出申请。合伙的书面协议对于退伙有约定的，按书面协议的约定处理；书面协议未约定的，原则上应予以准许。因其退伙而给其他合伙人造成损失的，应当考虑退伙的原因、理由以及双方当事人的过错等情况，确定其赔偿责任。

第二，合伙债务分担。合伙经营期间发生亏损的，合伙人退伙时，未按约定分担或者未合理分担债务的，退伙人对合伙的债务应当承担清偿责任；退伙人已分担合伙债务的，对其参加合伙期间的全部债务仍负连带责任。

第三，合伙财产分割。合伙人退伙时分割的合伙财产，应当包括合伙时投入的财产和合伙期间积累的财产以及合伙期间的债权和债务，入伙的原物在退伙时原则上应予以退还；一次清退有困难的，可以分批分期清退；退还原物确有困难的，可以折价处理。

四、合伙财产

（一）合伙财产的构成

合伙财产由两部分构成：一是合伙成立时由各合伙人按照合伙协议确定的出资数额向合伙投入的资金、实物等，即合伙投资；二是合伙经营过程中积累起来的财产，即合伙经营盈利。从性质上来说，这两部分财产都是全体合伙人的共有财产。但由于合伙人仅限于自然人个人，他们既是生产资料的私有者，又是从事个体经营的劳动者，因此，合伙财产仍属于个人财产。

（二）合伙财产的性质

合伙财产属于全体合伙人共同共有，因此，必须按照财产共有关系的法律要求，由全体合伙人对合伙财产进行统一管理和使用。未经全体合伙人的一致同意，任何合伙人都不能使用和处分合伙的财产。如果合伙人对合伙财产的使用和处分无法达成一致意见，则应当按多数合伙人或多数出资份额者的意见进行。

五、合伙事业经营与合伙事务执行

合伙事业经营，包括合伙的经营决策、决策的执行和合伙负责人三个方面的内容。

依照《民法通则》第 34 条的规定，合伙的经营活动，由合伙人共同决定，合伙人有执行和监督的权利。合伙人可以推举负责人。合伙负责人和其他人员的经营活动，由全体合伙人承担民事责任。

（一）合伙经营决策

合伙的经营活动，包括经营计划、经营项目、经营收益分配等，都必须由全体合伙人共同协商决定，但也不排除按照多数合伙人或多数份额原则来决定。

（二）合伙事务执行

合伙的经营决策作出后，其执行方式可以有两种：一是由全体合伙人共同执行；二是由全体合伙人经过充分协商，从合伙人中推举一人或者数人具体负责执行，而其他合伙人则有权对执行人的经营活动进行监督和控制。合伙事务执行不论是由哪种方式进行，都应由全体合伙人共同承担责任，而不是由合伙事务执行人个人承担民事责任。

（三）合伙负责人

合伙负责人，是由全体合伙人推举产生的对外代表全体合伙人的利益，对内组织经营管理的合伙人。合伙负责人执行合伙的经营决策所产生的经营亏损、意外损失和所欠债务等民事责任，由全体合伙人承担。但如果能够证明这些义务和责任是由合伙负责人超越合伙的经营决策所引起的，则由合伙负责人个人承担民事责任。

六、合伙的债务清偿

合伙债务的清偿应当遵循以下要求：

（一）以合伙人个人财产承担责任

合伙债务应当由合伙财产清偿。合伙财产不足以清偿合伙债务的，合伙人对合伙的债务应按照其出资比例或合伙协议的约定，以其个人财产承担责任。

（二）无限连带清偿

合伙人承担合伙债务的方式是无限连带清偿责任，这就是在对外关系上各合伙人对合伙债务承担无限连带清偿责任。每一个合伙人对于合伙债务都负有全部清偿义务，而合伙的债权人也有权向合伙人中的一人或数人要求其清偿债务的一部分或全部。这实质上就是合伙人之间互为担保。因此，每个合伙人都负有用自己的全部财产清偿全部合伙债务的义务，而不受各合伙人对合伙财产的出资比例或合伙协议中约定的债务承担份额的限制。当然，根据《民法通则》第35条的规定，偿还了全部合伙债务的合伙人，对超过自己应当承担的债务数额，有权向其他合伙人追偿。

七、散伙

（一）散伙的概念和事由

散伙，是指合伙的解散。

按照《合伙企业法》第57条的规定，合伙有以下情形之一的，应当解散：(1) 合伙协议约定的经营期限届满，合伙人不愿意继续经营的；(2) 合伙协议约定的解散事由出现；(3) 全体合伙人决定解散；(4) 合伙人已经不具备法定人数；(5) 合伙协议约定的合伙目的已经实现或者不能实现；(6) 被依法吊销营业执照；(7) 出现法律、行政法规规定的合伙企业解散的其他原因。这些规定是针对合伙企业的散伙制定的，对于较为松散的个人合伙有些并不适用。

（二）清算

合伙散伙时，必须进行清算。合伙的清算，是对企业的债权、债务、资产进行清理的过程，是合伙退出市场的必经程序；未经清算，合伙不得散伙。

八、参考结论

甲、乙、丙三人签订合伙协议，共同投入财产以合伙形式进行图书批发经营；三人应当对于合伙事务进行共同管理，共同收益，共同承担风险。三人由于经营不善，造成严重亏损，对外所负债务为30万元。对于这30万元债务按照法律规定，应当首先由合伙财产进行清偿，清偿不足部分三人承担连带责任。那么，在本案中，30万元债务首先由合伙财产的20万元进行清偿，剩余的10万元债务由甲、乙、丙三人承担连带责任，任何一人对外均负有向债权人清偿该10万元债务的义务。但是在内部，三人之间应当承担的债务份额是相同的，每个人的份额都是三分之一。因此，任何一个对外承担了全部债务的人，均有权向其他两人追偿其代为清偿的部分。

第六节　住　所

案例9. 管辖权异议案件

【案情】

魏某户籍在湖南省某县，从出生时起便在该地居住生活，已经有50多年了。魏某经体检被确认患有胃癌，在县城医院治疗一段时间，效果不明显，便到儿子工作的长沙市某医院进行治疗，入院治疗已经一年半，病情基本得到控制，有明显好转。却也因此背负了沉重的债务负担，共欠外债20余万元。由于不能及时偿还债务，债权人徐某便向魏某户籍所在地的湖南省某县人民法院提起诉讼，而魏某认为自己最近一年多都在长沙治病，应当由长沙市地方法院受理该案，因而提出了管辖权异议。

【问题】

本案中，魏某的住所在哪里？何地的法院有权受理案件？

【法理分析与参考结论】

一、住所的概念

（一）住所概念的界定

住所，是指自然人长期居住生活的地点。换言之，住所是自然人所参与的各种法律关系发生的中心地域。

（二）住所的认定标准

在各国法律中，认定住所的标准不一，主要存在三种不同立法例：一是主观主义，认为住所应当以当事人长期居住的意思来决定。《瑞士民法典》采用这种立法例。二是客观主义，认为住所应当以客观上实际长期居住的地点为住所，住所为生活的中心地，《德国民法典》与《日本民法典》采用这种立法例。三是折中主义，将当事人长期居住的意思（主观要件）与客观上长期居住的事实（客观要件）结合起来加以考察，我国台湾地区“民法典”采纳折中说，即“依一定事实，足认以久住之意思，住于一定之地域者，即为设定其住所于该地”，“依一定事实，足认以废止之意思离去其住所者，即为废止其住所。”[1] 认定住所的要件有二：

---

[1] 参见我国台湾地区“民法”第20条和第24条。

（1）久住的意思，即长期居住的意思，当事人有无久住的意思，应依一定事实（如户籍登记、居住情形、家属概况及是否在当地工作等事实）予以探求认定，即依客观事实认定主观的意思。（2）居住的事实，即事实上住于该地的事实。住所的废止亦须具备废止的意思及离去的事实。[1]

我国现行法以户籍所在地的居住地为自然人的住所，采取的是客观主义立场，并不要求考察当事人是否具有久住的意思。《民法通则》第15条规定："公民以他的户籍所在地的居住地为住所，经常居住地与住所不一致的，经常居住地视为住所。"最高人民法院《民通意见》第9条规定："公民离开住所地最后连续居住1年以上的地方，为经常居住地。但住医院治病的除外。公民由其户籍所在地迁出后至迁入另一地之前，无经常居住地的，仍以其原户籍所在地为住所。"

户籍是指我国行政法上以户为单位记载自然人有关事项的行政管理的法律文件。它既是行政管理的文件，也是证明有关自然人身份的文件，同时也可用来确定住所。在住所地认定标准上，我国法律尽管采纳客观主义的立场较为便于识别，但是比较刻板，缺少灵活性。在制定民法典总则的时候，应当加以改进，以采纳折中主义立场较为妥当。

二、住所的法律意义

在法律上确定住所，具有以下法律意义：

（一）确定自然人的民事主体状态

住所对于确定自然人的民事主体状态，具有重要意义。如宣告失踪或者宣告死亡，都以自然人离开住所地下落不明为前提条件。

（二）决定债务的清偿地

债务人清偿债务，在没有其他标志确定债务履行地的时候，可以用债务人的住所地作为标志，确定债务清偿地。《合同法》第62条规定，当事人对地点约定不明确，依照本法第61条的规定仍不能确定的，适用下列规定：给付货币的，在接受货币一方所在地履行；交付不动产的，在不动产所在地履行；其他标的，在履行义务一方所在地履行。其中"履行义务一方所在地"就是债务人的住所。

（三）决定婚姻登记等身份事项的管辖地点

自然人结婚，应当进行登记，其婚姻登记地就是以自然人的住所为标志进行管辖。我国《婚姻登记条例》规定，依申请人住所管辖婚姻登记。根据《民法通则》第16条和第17条的规定，对未成年人指定监护人，由未成年人住所地的居委会、村委会等决定单位监护人。

（四）在涉外民事关系中确定法律适用的准据法

住所也是在处理涉外民事关系中，确定法律适用的准据法的标志。《民法通

[1] 王泽鉴：《民法总则（增订版）》，中国政法大学出版社2001年版，第140页。

则》第149条规定："遗产的法定继承，动产适用被继承人死亡时住所地法律，不动产适用不动产所在地法律。"

（五）决定诉讼管辖法院和司法文书送达地

法院决定民事纠纷案件的诉讼管辖以及司法文书送达，也以自然人的住所作为管辖的标志和送达的地点。

三、参考结论

本案的当事人对法院的管辖权存在争议，为此，需要确定究竟哪一或哪些法院对案件享有管辖权。我国《民事诉讼法》第22条规定："对公民提起的民事诉讼，由被告住所地人民法院管辖；被告住所地与经常居住地不一致的，由经常居住地人民法院管辖。对法人或者其他组织提起的民事诉讼，由被告住所地人民法院管辖。同一诉讼的几个被告住所地、经常居住地在两个以上人民法院辖区的，各该人民法院都有管辖权。"这是我国现行立法关于我国法院管辖的一般原则的规定。根据这一原则，被告住所地的人民法院对案件享有管辖权。

本案的关键在于确定魏某的住所地。根据《民法通则》第15条的规定，公民以他的户籍所在地的居住地为住所；经常居住地与住所不一致的，经常居住地视为住所。根据最高人民法院《民通意见》第9条的规定，公民离开住所地最后连续居住1年以上的地方，为经常居住地；但住医院治病的除外。本案中，魏某的户籍所在地的居住地为湖南省某县，该地应当为魏某的住所地。虽然魏某已经离开住所在长沙居住一年半之久，但是这种以治病为目的的住院并不能构成经常居住地。因此，还是应当以其户籍所在地的湖南某县作为其住所地，该县的地方法院有权管辖该案件。

第五章　法　人

本章知识点概要

法人，是指法律规定具有民事权利能力和民事行为能力，能够独立享有民事权利和承担民事义务的人合组织和财合组织。法人的本质，就是法人何以得与自然人同样具有民事权利能力，成为可以享有权利、负担义务的民事主体。

法人的民事权利能力，是指法人作为民事主体，享受民事权利并承担民事义务的资格。法人的民事行为能力，是指法人作为民事主体，以自己的行为享受民事权利并承担民事义务的资格。法人的民事责任能力，是指法人作为民事主体据以独立承担民事责任的法律地位或法律资格。

法人成立，是指法人开始取得民事主体资格，享有民事权利能力。法人的终止，也叫作法人的消灭，是指法人丧失民事主体资格，不再具有民事权利能力与民事行为能力。

法人机关，是指存在于法人组织体内部的担当法人行为和责任的机构。法人机关可以分为三类：意思形成机关即权力机关、意思表示机关即执行机关以及监督机关。就法人类型不同，此三类机关是否都应当具备也不同。就财团法人而言，由于其以财产为基础，所以没有社员，也无从产生意思形成机关，一般仅具有执行机关（如理事会）。而对于有限责任公司，我国公司法并不要求其必须设立董事会与监事会，可以只设立执行董事与一名监事。法人的活动有赖于机关，机关的活动即法人的活动，而机关又必须通过自然人而活动。机关或直接由自然人构成，或间接由自然人构成，无论如何最终皆由自然人构成。不同的法人，其内部机关的分化程度不同，股份有限公司机关的分化最为明显。法人的法定代表人是指依照法律或法人的组织章程的规定，代表法人行使职权的负责人。

法人的住所，是指法人主要办事机构及与他人发生法律关系的中心地域。其他组织，也叫作非法人团体，是指虽不具有法人资格，但可以自己的名义从事活动的组织。

第一节　法人的概念、特征与类型

案例 1. 法人分支机构债务清偿纠纷案

【案情】

天津某公司分公司项目部将其安装一座大厦玻璃幕墙的工程承包给个人张某施工。分公司授权项目部与其签订了一份承揽合同，合同上由项目部负责人汪某签字并加盖了项目部和分公司的公章。玻璃幕墙安装工程完工后，张某经与汪某结算，项目部需向张某支付工程款 120 余万元。后项目部和分公司未按照约定向张某支付该 120 余万元工程款，且分公司现有资产仅 50 余万元。张某经多次催告无果后将分公司、项目部、李某三方列为共同被告起诉至法院，要求立即支付工程款，并互负连带清偿责任。

【问题】

该分公司是否属于法人？其无力清偿的债务应当由谁来负责清偿？

【法理分析与参考结论】

一、法人的概念与特征

（一）法人的概念

法人，是指法律规定具有民事权利能力和民事行为能力，能够独立享有民事权利和承担民事义务的人合组织和财合组织。《民法通则》第 36 条对此作出了一般性的规定，只是没有强调法人具有人合组织和财合组织的特点。

（二）法人的特征

1. 法人具有独立的名义

独立的名义，是指民事主体能够以自己的名义参加民事活动，并能够在法院起诉、应诉。法人具有独立的名义，因而具有独立的民事主体地位，具有独立的民事权利能力和民事行为能力，可以独立地参加民事活动，独立地享受权利、承担义务，并能在法院起诉、应诉，通过诉讼活动保护自己。

2. 法人具有独立的财产

法人具有独立的财产，所拥有的财产独立于其成员的财产之外，享有所有权，自主支配其所有的财产，享有完整的占有、使用、收益和处分的权能。具有独立的财产，是法人能够享受民事权利、承担民事义务的财产基础，也是法人独立承担民事责任的财产保障。

3. 法人具有独立的意思

尽管法人与自然人不同，不具有自然人的思维和意志，但是，法人作为一个民事主体，也具有独立的意思，并且能够按照自己的独立意志参加民事活动，设定民事权利与民事义务。所不同的是，法人的意思是由法人的意思机关实现的。法人的意思机关依据法人种类的不同而有不同：在社团法人中其意思机关是社员大会，而股份有限公司或者有限责任公司的意思机关则是股东大会。

4. 法人承担独立的责任

法人以其全部财产独立承担民事责任，因此，承担独立的责任也是法人的特征之一。法人用它的全部财产，独立清偿对其他民事主体的债务，对自己的不法行为承担民事责任。在一般情况下，法人以其注册的全部财产承担民事责任，法人的创立人和成员对法人的债务不负责任；而在法律另有规定的情形，如无限责任公司，则法人的创立人员和成员应当以自己的财产承担无限责任。

二、法人的产生原因和本质

（一）法人的产生原因

民法在自然人之外，又把法人作为一类独立的民事主体，其最重要的原因有以下两点：[1]

1. 把法人作为民事主体能够便利交易

自然人是民事主体，能够参加任何民事法律活动。但是，个人的力量总是有限的，诸如设立公司、创办学校、设立医院等事业，单纯的自然人个人力所不及，必须依靠自然人的合作方能完成。合伙当然可以设定名称或者字号，也可以利用这一名称或者字号参与交易；但是由于缺乏一个独立于这些组织成员之外的载体，因此从事交易的法律后果最终仍然必须归属于利用这一名称或者字号从事交易的自然人。相对人只有知道对方当事人是谁或者相对人只有在以其他方式觉得万无一失的情况下，才会与合伙进行交易。随着合伙的人数增多，成员变更会越来越频繁。因此，它们从事交易的难度就会越来越大：不仅相对人越来越难以搞清楚究竟在和哪些人交易，而且这些人提起诉讼以及进行不动产登记都变得很麻烦。这样，在法律上就产生了创设一个独立于成员之外、具有独立民事主体地位的组织的需要。有了这个组织，就可以直接以自己的名义进行交易，并且独立承担责任。

2. 把法人作为民事主体适应了限制其责任的需要

法人作为一个独立的民事主体，不仅意味着其成员的出资归于法人所有，而且意味着法人的责任并非成员的个人责任。成员仅以在其出资范围内间接地对法人的债务承担责任，这就是有限责任的民事责任形式。法人有限责任形式的出现，能够通过财产的独立化，而使法人发起人的投资财产与自己的财产相区别。将法人的民事责任与发起人的民事责任相区别，这正是限制责任的效果，并构成了设立法人的本质动机。

也有人认为，承认法人民事主体地位的原因是借此可以产生一个得以受领某些

[1] ［德］迪特尔·梅迪库斯：《德国民法总论》，邵建东译，法律出版社2000年版，第814页以下。

政府权力与贸易特权的实体，估量法人公司的价值，其出发点与其说是团体成员的利益，不如说是行会组织与国家对外政策的利益；国家之所以确认商业社团的法人地位——一种以团体名义受领、行使和持有行业垄断权的资格，正是将商业社团改造成推行公共政策的工具。因此，用“政企合一”来描述法人的初始形态是最恰当不过的了。垄断是产生法人社团的原动力。[1]

（二）法人的本质

法人的本质，就是法人何以得与自然人同样具有民事权利能力，成为可以享有权利、负担义务的民事主体。[2] 关于“法人”本质的探讨，是19世纪德国法学上最具有争议的问题。当时许多著名的法学家多就这个题目，阐发各自的见解，形成了不同的学说。直至今天，也还有人在继续研究和争论。主要的学说有以下几种：

1. 法人拟制说

法人拟制说有一个发展的过程。这种主张为最古老的主张，最早提出于中世纪欧洲的教会法学；在此以前虽已有法人的存在，但对于法人的本质问题并没有进行讨论。例如当时的罗马教皇伊诺生徒四世认为，被视为法人的信徒团体，其与个人不同，因其不能接受洗礼，以不能因异端为理由受破门的制裁，故法人完全为法律上被拟制的一个观念的存在。而近代的法人拟制说认为，构成法人的本体者，为现实未存有的架空的东西，而是以法律上的力量把它拟制为实在的东西。换言之，为社会交易的需要，以法律拟制其存在，而在社会上成为一权利义务的主体。如德国学者萨维尼提出，唯有具备自由意思的自然人方为法律主体，要将自然人以外的东西使之能够成为权利义务主体，唯有依依赖法律将其拟制为自然人，因此，法人乃被法律所拟制的主体，其本身并无意思、自觉行为等，又不会为侵权行为亦不会犯罪，故其纯属于法律世界上的存在。[3] 至于这种法人与自然人的同等地位是否存在以及在多大范围内存在，取决于立法者的决定。[4]

2. 法人否认说

法人否认说彻底否认法人的拟制，而是将法人还原于多数个人的集合或者财产，认为除此之外并不存在任何实在的东西。法人否认说有不同的主张：有的认为法人的本体为特定目的的财产，如布林兹主张的目的财产说；有人认为法人的本质为借法律技术得享有利益的多数个人，如耶林主张的受益者主体说；有的认为法人的本体为其财产的管理者，如黑鲁达和宾达提出的管理人主体说。因此，有人认为，法人否认说乃是法人拟制说的理论在背面延伸，将它的观念上的障碍除去，以

---

[1] 方流芳：“中西公司法律地位历史考察”，载 http：//www. civillaw. com. cn/weizhang/default. asp？ id = 17405。

[2] 梁慧星：《民法总论（第2版）》，法律出版社2001年版，第125页。

[3] 刘得宽：《民法诸问题与新展望》，台北三民书局1991年版，第438页。

[4] 李永军：《民法总论》，法律出版社2006年版，第300页。

实证的态度否认法人的存在。[1]

3. 法人实在说

法人实在说承认法人在社会现实中得以独立的统一体而存在，法人并非单凭政府的权利来创造，而其本质就是适于而且必须赋予其人格的社会的实在体，因此与法人拟制说相区别；同时，法人制度又并非单是为使法律关系单纯化的立法技术，而是对着现实所具有的实际主体承认其法律人格而已，因此，也与法人否定说不同。故法人是依法承认的权利主体，其虽须待法律的承认方始存在，但法律所承认的法人人格的对象，本就是已经实际存在于社会的东西。[2] 在法人实在说中，有法人有机体说和法人组织体说两种主要主张。法人有机体说认为，法人的统一体因实存于人类结合的内部形成社会有机体而具有一个团体的存在性，同时还具有类似于个人意思的团体意思，因此构成一个社会的有机体。法人组织体说认为，法人存在的基础不在于其为社会有机体，而在于其具有权利主体的组织，这个组织就是基于一定目的的社团或者财团，以此承认组织体的意思形成，而对其实体赋予法律人格。

上述学说的不同，说明了“法人现象一经产生，其本质问题始终是一个至今悬而不决的法哲学争议，人们始终不能令人信服地回答法人是像自然人一样坚固的主体，还是只是技术性的主体或者说并没有真正独立结构的实体”[3] 的意见纷争。不过在今天，人们认为对法人性质的争论是没有意义的，现在人们更愿意采取中性的表述，即法人就其宗旨而言被视为归属载体。[4] 我国民法学通说采用法人实在说，在立法上按照《民法通则》第36条关于“法人是具有民事权利能力和民事行为能力，依法独立享有民事权利和承担民事义务的组织”的规定，采取的也是法人实在说，近似于法人组织体说的立场。

三、法人的分类

（一）公法人与私法人

依据法人设立的法律属于公法还是私法为标准，可以将法人分为公法人和私法人。

公法人是指依据公法设立的法人，如依据主权行为或者以单行法直接设立的，或者事后经过法律承认其为公权力主体的法人。私法人是指依据私法而设立的法人，即基于私法自治原则依设立行为而设立的法人。[5]

---

[1] 刘得宽：《民法诸问题与新展望》，台北三民书局1991年版，第438页。

[2] 刘得宽：《民法诸问题与新展望》，台北三民书局1991年版，第440页。

[3] ［德］拉德布鲁赫：《法学导论》，米健等译，中国大百科全书出版社1997年版，第63页。

[4] ［德］迪特尔·梅迪库斯：《德国民法总论》，邵建东译，法律出版社2000年版，第823页。

[5] 这种公法人与私法人的划分标准乃是目前德国民法学界的通说。参见黄立：《民法总则》，第111页。

公法人和私法人的区分是：

1. 产生的依据不同

设立公法人依据的是主权行为或者法律的规定，无须登记直接取得法人资格。例如，省、自治区、直辖市的人民代表大会以及人民政府的设立，直接依据《地方各级人民代表大会和地方各级人民政府组织法》；而设定私法人依据的是法律行为，即设立行为或者捐助行为，且需要办理法人登记。

2. 职责不同

公法人的职责在于完成国家的职能，如公共安全、国防、教育，因此具有为实现此种职能而必需的公权力；而私法人的职责在于实现私人的意愿，不具有公权力的内容。

3. 对成员的约束不同

公法人以国家的强制手段来约束其成员，并且对非成员进行管理；而私法人只能依据章程等对其成员加以约束，对他人没有管理的权力。

我国《民法通则》没有采取公法人与私法人的划分，而是将法人分为国家机关、事业单位、社会团体和企业法人。其中国家机关属于公法人。

（二）社团法人和财团法人

按照法人成立的基础为标准，私法人可以分为社团法人和财团法人。

1. 社团法人

社团法人，是指以人的结合作为其成立基础的法人。社团法人最为强调的是“人的组织体”，股份有限公司与有限责任公司均是典型的社团法人。没有社员则没有可能成立社团。因此，社员权既与社团法人的权利相分离，而又密切相关。例如研究公司法人就不可能不涉及公司股东的权益及其保护问题。

社团法人不同于《民法通则》规定的“社会团体法人”。“社会团体”是我国特有的概念，是指中国公民自愿组成，为实现会员共同意愿，按照其章程开展活动的非营利性社会组织，包括各种协会、学会、联合会、基金会等。其中有的社会团体具有国家机关的基本职能和属性，其财务管理、人员编制列入国家行政，所需经费也全部或部分由国家预算供给，如共青团中央、全国妇联，应视为“公法人”。基金会虽然也是社会团体，但是其性质属于财团法人。其他的大多数社会团体，如各种社会公益团体、学术研究团体、文学艺术团体以及宗教团体，其成立的基础仍然在于组成团体的“人”，因而属于社团法人。

2. 财团法人

财团法人，是指以某项捐助的财产为其基础而成立的法人。社团是“人的组织体”，而财团是“财产组织体”。对财团法人的概念尽管在《民法通则》上并未规定，但随着社会经济的发展，财团法人的重要性益显突出，人们乐于拿出财产或者死后捐出遗产进行公益目的使用。确认财团法人，有助于促进社会伦理道德的淳化，推进社会主义精神文明建设。[1]

3. 社团法人和财团法人的区别

第一，成立的基础不同。社团法人必须有社员，没有社员不能成立社团法人。而财团法人以财产为基础，因而没有社员。尽管财团法人也有管理人，但管理人不同于社员。在财团内仅存在行政管理机关成员；这些成员为创立人的意思和创立人所订的宗旨服务，[2] 并不是财团法人的成员。因此，社团法人的最基本要素是人的要素，而财团法人的最基本要素是财产要素。[3]

第二，设立的目的不同。社团法人的设立可以是为了营利，也可以是为了公益；前者称为营利社团法人，后者称为公益社团法人。[4] 而财团法人的设立则只能为了公益，所以财团法人只能是公益法人。

第三，设立的行为不同。社团法人的设立行为限于自然人的生前行为，并且是两人以上所为的共同法律行为，表现为以设立法人为目的订立章程的法律行为；而财团法人的设立行为不限于生前的行为，也可以是死因行为，一般是指行为人的捐助行为，所以仅有一人捐助财产设立法人也无不可。

第四，设立的程序不同。社团法人的设立符合法定的设定条件即可，大多不需要经过行政机关的批准；而财团法人的设立则一般要经过主管机关的许可。无论是社团法人还是财团法人，设立都需要进行登记。

第五，设立人的地位不同。社团法人在设立以后，其设立人将取得社员资格，如公司股东享有股东权，并能够行使自益权和共益权。而财团法人在设立以后，其设立人便与法人脱离关系，因为财团法人没有成员，其设立人不作为法人成员，也不直接参与或决定法人事务。

第六，组织不同。社团法人由于是人的组织体，因此以社员大会（如股份公司的股东大会）为其最高的意思机关，是自律的法人。财团则没有意思机关，是他律的法人。这种区别的意义在于，社团法人可以由社员大会变更其组织及章程；而财团法人因没有社员，仅有捐助财产的保管人或受托人，因而其组织与章程非经法院不得自行变更。

第七，解散不同。社团法人可以依照社员大会的决议，主动解散；而财团法人的目的、章程及组织的变更、管理方法的修改或者解散，均须由特定的机构依职权为之，不存在自愿的解散。

---

[1] 王利明主编：《民法学》，复旦大学出版社2004年版，第59页。

[2] ［葡］Carlos Alberto Da Mota Pinto：《民法总论》，法律翻译办公室、澳门大学法学院1999年版，第151页。

[3] ［葡］Carlos Alberto Da Mota Pinto：《民法总论》，法律翻译办公室、澳门大学法学院1999年版，第145页。

[4] 江平主编：《法人制度论》，中国政法大学出版社1994年版，第46页。

（三）营利法人、公益法人与中间法人

根据社团法人成立的目的不同为标准，可以将法人分为营利法人、公益法人与中间法人。

1. 营利法人

营利法人，是指以分配其经营获得的经济利益给社员为目的的法人。营利法人的宗旨就是获取利润并将利润分配于成员；因此一切以法人名义进行的商业活动，其最终的受益人都是股东。企业法人是明显的营利社团的法人。

2. 公益法人

公益法人，是指不以社员获得经济利益为目的，而以公共利益为目的而设立的法人。公益法人的宗旨是发展公益、慈善、宗教事业。它们即使是从事商业活动，赚取利润，也是为了实现与营利无关的目的；其成员不能分享法人通过商业活动所获得的利益。

3. 中间法人

中间法人，是指既非以营利为目的也非以公益为目的的法人，如同乡会、校友会、桥牌俱乐部。

（四）企业法人与非企业法人

《民法通则》并没有采取以上的法人分类，而是将法人分为企业法人和非企业法人，非企业法人又分为机关法人、事业单位法人和社会团体法人。

1. 企业法人与非企业法人的区别

第一，目的不同。企业法人是以营利为目的而设立的经济组织。企业法人都以营利为目的，可以从事广泛的经营活动。而非企业法人如机关、事业单位和社会团体法人并不是以营利为目的的经济组织，以从事非营利性活动（如行政管理活动、学术活动、宗教活动）为主。

第二，设立依据不同。企业法人的设立须依据特别法，要遵循发起程序；完成设立程序，经过登记才能成立。而非企业法人，有些依据特别法设立，有些依据民法的规定设立。尽管有些非企业法人也要登记，但不在工商行政管理机关进行登记，而需要在法定的其他部门进行登记。

第三，设立原则不同。企业法人大多是通过准则主义而设立：只要符合法定的设立企业的条件，通过登记便可以设立。而非企业法人的设立大多需要通过国家主管部门批准才能成立。

第四，机构设置要求不同。企业法人通常要求有健全的组织机构，具有决策机构、执行机构和监督机构。而非企业法人尽管也要求有一定的管理机构，但显然没有像企业法人要求那样严格。

第五，清算的程序要求不同。企业法人在终止前必须要经过清算，了结债权债务关系才能终止。但对非企业法人，因为其并没有从事广泛的交易活动，所以一般并不要求其完成清算程序。

2. 非企业法人的种类

非企业法人区分为机关法人、事业单位法人和社会团体法人。

第一，机关法人。机关法人是指依照法律和行政命令组建的、享有公权力的以从事国家管理活动为主的各级国家机关，分为国家权力机关、国家行政机关、国家审判机关与国家法律监督机关、国家军事机关。有独立经费的机关从成立之日起，即具有法人资格。机关法人的基本特征为：其一，代表国家行使公权力；其二，机关法人的独立经费来自中央或者地方财政拨款；其三，只能在因行使职权所必需时才能参与民事活动，如购买办公用品、租赁房屋、购买交通工具与房屋。

第二，事业单位法人。事业单位法人是指从事非营利性的社会公益事业的各类法人，如从事新闻、出版、广播、电视、电影、教育、文艺等事业的法人。国务院《事业单位登记管理暂行条例》规定，事业单位，是指国家为了社会公益目的，由国家机关举办或者其他组织利用国有资产举办的，从事教育、科技、文化、卫生等活动的社会服务组织。事业单位经县级以上各级人民政府及其有关主管部门（以下统称审批机关）批准成立后，应当依照《事业单位登记管理暂行条例》的规定登记或者备案。但是，法律规定具备法人条件、自批准设立之日起即取得法人资格的事业单位，或者法律、其他行政法规规定具备法人条件、经有关主管部门依法审核或者登记，已经取得相应的执业许可证书的事业单位，不再办理事业单位法人登记，由有关主管部门按照分级登记管理的规定向登记管理机关备案。事业单位法人的特点是：不以营利为目的，而是从事社会公益事业。

第三，社会团体法人。社会团体法人是指由其成员自愿组织的从事社会公益、文学艺术、学术研究、宗教等活动的各类法人，如工会、妇女联合会、工商业联合会。依据《社会团体登记管理条例》的规定，申请成立社会团体，应当经其业务主管单位审查同意，由发起人向登记管理机关申请筹备。成立社会团体，应当具备下列条件：一是有50个以上的个人会员或者30个以上的单位会员；个人会员、单位会员混合组成的，会员总数不得少于50个；二是有规范的名称和相应的组织机构；三是有固定的住所；四是有与其业务活动相适应的专职工作人员；五是有合法的资产和经费来源，全国性的社会团体有10万元以上活动资金，地方性的社会团体和跨行政区域的社会团体有3万元以上活动资金；六是有独立承担民事责任的能力。

机关法人、事业单位法人和社会团体法人的主要区别在于：第一，登记的要求不同。《民法通则》第50条规定："有独立经费的机关从成立之日起，具有法人资格。具备法人条件的事业单位、社会团体，依法不需要办理法人登记的，从成立之日起，具有法人资格；依法需要办理登记的，经核准登记，取得法人资格。"因此，机关法人一般不需要办理登记手续，但事业单位和社会团体法人一般都需要办理登记手续。第二，法人的能力不同。机关法人不能从事经营活动，其在从事民事活动方面的能力是受到严格限制的；而事业单位和社会团体的能力范围通常由其目的、性质和章程决定。

（五）企业法人的分支机构与职能部门

企业法人的分支机构与职能部门在我国具有特别的意义，应当对其加以区分。

1. 企业法人的分支机构

企业法人的分支机构，是指企业法人投资设立的、有固定经营场所、以自己名义直接对外从事经营活动的、不具有法人资格，其民事责任由其隶属企业法人承担的经济组织。[1] 具体包括企业法人或公司的分厂、分公司、营业部、分理处、储蓄所等机构。

依据我国《企业法人登记管理条例》等法律的规定，企业法人的分支机构必须履行法定的核准登记程序，进行营业登记，拥有一定的财产与经费，并有自己的名称、组织机构与场所。

2. 企业法人的职能部门

企业法人的职能部门，是指企业法人的内部机构，如销售科（部）、设备科（部）等部门。

企业法人的职能部门不是直接依照法律、法规设立的，而是根据企业法人的内部规章制度建立的，其并不单独领取营业执照，没有自己的名称，如车间、班组、办公室、科、处。[2]

四、参考结论

成立法人具有严格的条件。法人不但要有独立的名称、场所，还要有独立的财产，能够独立承担责任，除此之外还要经过登记。而本案中，某公司的分公司只是为了开展工作需要由某公司设立的分支机构。该分公司虽然对外以其名义从事经营活动，但是分公司并不符合法人的条件，其经营活动所产生的责任也是由设立它的公司来承担。因此，天津某公司的分公司并不具有法人资格，不属于法人。天津某公司的分公司因为开展经营活动所欠的120万元债务，由天津某公司承担责任。因此，张某可以要求天津某公司清偿其120万元债务。

---

[1] 1997年9月2日国家工商行政管理局《关于〈企业法人登记管理条例〉第35条第1款中分支机构含义界定的答复》（工商企字〔1997〕第222号）。

[2] 贾桂茹、杨丽、薛荣革：《市场交易的第三主体——非法人团体研究》，贵州人民出版社1995年版，第186～187页。

第二节 法人的民事能力

案例2. 法人工作人员致人损害责任承担纠纷案

【案情】

2009年10月的一天傍晚，曹某在自家小区附近的街道上散步，突然被从后边超速行驶的徐某驾驶的出租车撞到，造成双腿腿骨骨折，中度脑震荡，住院四个多月，花费医疗费两万余元，误工损失一万余元。曹某出院后，要求徐某所在的出租车公司承担赔偿责任，而出租车公司则认为虽然徐某驾驶的是自己公司的出租车，但是违反交通法规撞伤他人的行为是徐某自己的过错行为，因此，应当由徐某自己承担赔偿责任。

【问题】

本案中的侵权责任应当由徐某承担还是徐某所在的出租车公司承担？

【法理分析与参考结论】

一、法人的民事权利能力

（一）法人的民事权利能力的概念

法人的民事权利能力，是指法人作为民事主体，享受民事权利并承担民事义务的资格。

《民法通则》第36条第1款规定："法人是具有民事权利能力和民事行为能力，依法独立享有民事权利和承担民事义务的组织。"法人作为民事权利主体，与自然人一样，具有民事权利能力。

（二）对法人民事权利能力的限制

法人的民事权利能力是法人实施民事行为和从事民事活动的前提和基础。尽管与自然人一样，法人也具有民事权利能力，但是法人的民事权利能力毕竟不同于自然人的民事权利能力，受到各种限制。

1. 自然性质的限制

法人的民事权利能力受到其自然性质的限制，即不享有与自然人的人身不可分离的那些权利。法人是一个社会组织体，不是一个生命体。因此，某些与自然人的人身不可分离的人身权（如生命权、健康权、身体权、肖像权、隐私权以及身份权）不能由法人享有，以性别、年龄、身份及亲属关系等为前提的权利义务，也不能由法人享有和承担。例如，法人不能享有亲属权，不能享有继承权，但法人可以享有名称权、荣誉权、名誉权等人格权以及著作权。

2. 法律法规上的限制

法人只能在法律或行政命令的范围内，具有享有权利和承担义务的能力。由于设立法人的法律规定不同，各种法人享有的能力也不相同。例如，依据《私营企业暂行条例》第 12 条第 1 款的规定，私营企业不得从事军工、金融业的生产经营；《证券法》第 130 条规定：“经纪类证券公司只允许专门从事证券经纪业务。”因此，法人的民事权利能力与自然人的民事权利能力不同，不具有自然人民事权利能力那种普遍性和平等性，也不能像自然人那样不因其种族、性别、年龄、财产等方面的原因而在民事权利能力方面具有差异。

3. 法人目的范围的限制

法人的民事权利能力要受到其设立人的意志的约束，其设立人在设立法人时确立的目的范围直接决定法人的民事权利能力的范围。由于每个法人的目的范围不同，因此法人的民事权利能力各不相同。

法人的目的范围是对法人的权利能力的限制，而不是对民事行为能力的限制。就公法人而言，由于其目的旨在实现国家行政管理、司法、国防安全等职能，如果其从事民事活动，就超越了它的目的范围，在这些目的范围之外应当视为其并不存在；所以，其从事的民事行为应属无效。就私法人而言，对于营利法人，因其以营利为目的，如果从事非营利活动，如参与政治活动、进行巨额的捐赠，则与其目的相悖，此种行为应认为无效。对于非营利法人，其主要从事公益事业或者学术研究、文学艺术活动；如果参与生产经营，则也超越了其目的范围，该种民事行为无效。

在研究法人的目的范围时，应当特别强调法人的经营范围问题。对此，应当特别强调以下三点：

第一，法人的目的范围与法人的经营范围是不同的。法人的目的是指法人的社会作用，法人的目的范围是指法人为了实现其社会作用而需要的活动范围。法人的经营范围，是指企业法人即公司从事的经营活动的范围。从这个意义上说，任何法人都具有目的范围，因而与自然人可以作为无任何目的的存在体不同，法人是出于特定的目的而存在的；但并非所有的法人都存在经营范围，只有企业法人即公司存在经营范围。

第二，研究企业法人经营范围的意义在于：首先，股东是根据经营范围来预测投资风险，作出投资决策的；其次，公司经营范围也是对公司的董事、经理的权力范围作出的限制，其权力范围应当与经营范围一致，超过的为越权行为；最后，第三人可以根据公司章程判断与公司签订的合同是否超越经营范围。从公司法的角度上来说，禁止公司超越经营范围是出于保护股东、债权人的利益和维护交易安全。

第三，营利法人即公司的经营范围问题，是我国特定历史阶段的产物。随着市场经济的发展与法治的进步，对于公司不应当强行要求其确定经营范围。其既不是对公司民事权利能力的限制，也不是对公司的民事行为能力的限制。经营范围作为章程的任意记载事项：公司可以明确经营范围以突出其特色与强项，也可以不明确经营范围而从事任何合法的经营活动。否定经营范围对于企业法人民事权利能力与民事行为能力的限制作用，首先是为适应市场经济的内在需要，赋予企业广泛的从事投资和交易的自由，将经营范围作为法人的民事权利能力或者民事行为能力的限制，都会限制企业法人的经营自由，不利于市场经济的发展；其次是为适应维护交易安全的需要，经营范围对于投资者是虚幻的保护，而对于不注意的第三人是一个陷阱，如果因超越经营范围而宣告企业法人的民事行为无效或者效力待定，都不利于对交易安全的维护。

（三）法人民事权利能力的开始和终止

《民法通则》第36条第2款规定："法人的民事权利能力和民事行为能力，从法人成立时产生，到法人终止时消灭。"这一条文明确规定了法人的民事权利能力和民事行为能力的开始和终止时间。

1. 法人的民事权利能力从其成立时产生

法人的民事权利能力从其成立时产生。第一，有独立经费的机关从其成立之日起，具有民事权利能力。第二，事业单位和社会团体法人，不需要办理法人登记的，从成立之日起具有民事权利能力；依法需要办理法人登记的，从办理完毕核准登记手续之日起，具有民事权利能力。第三，企业法人，依据《企业法人登记管理条例》第3条第1款的规定，申请企业法人登记，经企业法人登记主管机关审核，准予登记注册的，领取"企业法人营业执照"，取得法人资格，其合法权益受国家法律保护，具有民事权利能力。

法人的民事权利能力在法人的存续期间与法人是不可分离的。法人在筹建期间，只能以非法人团体的身份进行民事活动，不得享有法人的民事权利能力，不能以法人的身份进行活动。

2. 法人的民事权利能力从其终止时消灭

法人因依法被撤销、解散、依法宣告破产或其他原因而终止后，其民事权利能力即时消灭，民事主体资格不复存在。特殊的是，法人由于存在清算的问题，因此，其民事权利能力消灭有一个阶段性；根据《民法通则》第40条、第47条的规定，法人终止后，在依法进行清算的阶段，其民事权利能力仍然存在，但其民事权利能力仅限于清算范围内的活动，不得从事清算范围以外的活动。至法人清算完毕之日起，其民事权利能力最终消灭。至于法人的登记机关是否办理注销登记并公告，并不影响法人民事权利能力的消灭。注销登记的时间也不是法人民事权利能力终止的时间。

二、法人的民事行为能力

（一）法人的民事行为能力的概念

法人的民事行为能力，是指法人作为民事主体，以自己的行为享受民事权利并承担民事义务的资格。

法人是否具有如同自然人那样的民事行为能力，取决于对法人本质的认识。以拟制说为基础的代理人说认为，法人仅在观念上成为私法的主体，并不实际存在，因此只具有权利能力而没有意思表示能力或者民事行为能力。而以法人实在说为基础的机关说则认为，法人具有独立的意思即团体意思，其意思由法人的意思表示机关向第三人表示。法定代表人作为法人机关成员，其行为就是法人本身的行为。依照《民法通则》第 36 条的规定，法人享有民事行为能力，其采纳的是法人实在说。

（二）法人实施民事行为的代表人

由于法人拟制说和法人实在说的不同，因此，对于法人的民事行为能力也存在两种学说。法人拟制说采纳代理人说，认为法人的民事行为能力与未成年人一样，其行为必须由代理人加以完成。例如，就公司而言，董事或者董事长是公司的代理人，其法律后果依据民法上的代理关系由公司承受。法人实在说采取代表说，认为法人机关的行为就是法人的行为，法人机关成员从事的法律行为以及侵权行为，就是法人自己的法律行为或者侵权行为。

我国《民法通则》采纳的是机关代表说。因此，首先必须承认法人具有自身的独立意志，而团体的意志和其成员的意志、管理人的意志是分开的，法人机关只是法人组织体的构成部分，法定代表人对外代表法人，而法人的机关对内可以执行法人的事务，但机关的行为必须体现法人团体的意志。《民法通则》第 38 条规定，依照法律或者组织章程规定，代表法人行使职权的负责人，是法人的法定代表人；第 43 条规定，企业法人对它的法定代表人的经营活动，承担民事责任。据此，法定代表人的行为也就是法人自身的行为，所发生的权利义务和责任均归属于法人。在企业法人，公司设董事会作为执行机关，董事会设董事长一人，董事长为公司的法定代表人。

应当注意的是，法人对外实施民事行为，既可以由其法定代表人为之，也可以经由代理人为之。其区别在于：法定代表人与法人的关系为“名二而实一”，[1] 法人的法定代表人实施的行为不发生由法人授权的问题；而由法人的代理人实施的民事行为，则必须由法人授权，否则不发生法律效力。

三、法人的民事责任能力

（一）法人的民事责任能力的概念

民事责任能力，是指民事主体据以独立承担民事责任的法律地位或法律资格，也叫作侵权行为能力。

法人是否具备民事责任能力，理论上有否定与肯定二说。否定说认为，法人没有民事责任能力，所持理由诸如：法人无意思能力，所以无民事责任能力；法人仅

---

[1] 梁慧星：《民法总论（第 2 版）》，法律出版社 2001 年版，第 139 页。

于法律所认许目的内存在，超越此目的的行为即非法人行为，故法人无民事责任能力；董事等虽名为法人的代表人而实为法人的代理人，而代理仅限于法律行为，侵权行为无代理可言，故法人无民事责任能力。肯定说认为，法人有民事责任能力，所持理由诸如：法人有意思能力，因此有民事责任能力；法人机关的行为就是法人的行为，故法人有民事责任能力；法人有民事责任能力为法律所明定，因此法人有民事责任能力。[1]

我国民法采取法人实在说，承认法人的民事责任能力。《民法通则》第106条第2款规定："公民、法人由于过错侵害国家的、集体的财产，侵害他人财产、人身的，应当承担民事责任。"法人作为一个实在的组织体，其本身不可能从事侵权行为。法人的侵权行为指的是法人对其代表人在执行职务中的侵权行为承担侵权责任，即代表责任或者叫作替代责任。法人代表责任的根据在于：法人的代表人是法人的机关成员，是法人的组成部分。他们在代表法人从事经营活动时，其职权是由章程以及法律加以确定的，其活动的内容和范围主要是由法人规定的，其活动的目的是实现法人的职能。既然机关成员的经营活动就是法人的行为，他们在合法职权范围内从事经营活动，所产生的权利和义务理所当然地应由法人承担，那么，法人的机关成员在经营活动中实施的行为造成他人损害，构成侵权行为的，其侵权责任也当然由法人承担。

（二）法人承担民事责任的要件

法人侵权责任的构成要件包括以下几项：

1. 须有加害他人的侵权行为

构成侵权行为，应当按照《民法通则》第106条第2款和第3款的规定，适用过错责任原则的侵权行为，加害人应当具有过错的要件；适用无过错责任原则的侵权行为，加害人无须具有过错的要件。至于其他的侵权责任构成要件，则应按照侵权行为的一般规则确定，需具备违法行为、损害事实和因果关系的要件。

2. 须因法人的代表人以及其他工作人员的侵权造成损害

法人的代表人包括依据法律或者公司章程指定的对外代表法人的自然人以及依法享有对外代表法人权利的人。法人的代表人实施的侵权行为，造成他人损害的，应当由法人承担侵权责任。法人的其他工作人员实施的行为造成他人的损害，如公司的其他工作人员实施的侵权行为造成损害的，也构成法人的侵权责任。

3. 须因执行职务的行为所发生

法人的法定代表人或者其他工作人员实施侵权行为，只有在执行职务时，所造成的损害，才发生法人的侵权责任。超出执行职务的行为，即使是法定代表人或者其他工作人员的行为造成了他人的损害，这也不构成法人侵权责任，而是个人负责

---

[1] 梁慧星：《民法总论（第2版）》，法律出版社2001年版，第139~140页。

的侵权行为。

对于如何判断“执行职务”，有主观说、客观说和折中说的不同。通说为客观说，认为执行职务的行为是执行法人目的事业的职务内行为，包括两方面：(1) 执行职务本身的行为或者职务活动本身，即行为人从事的行为必须是依据公司章程或者法人的授权而有权实施的行为；(2) 与职务行为相关联的行为，该行为虽然本身并不属于职务行为，但与职务行为存在关联性，如内容的关联。

应当注意的是，法人的法定代表人或者其他工作人员的执行职务行为，主要是积极行为，即作为的行为方式；不作为的消极行为仅生应办事务不完成的后果，一般不可能加损害于他人，因此不能构成法人侵权行为。但在未尽安全保障义务的行为致人以损害中，消极行为也可能构成法人侵权责任。[1]

（三）法人侵权责任的承担

《民法通则》对法人就其机关成员侵权行为是否承担赔偿责任没有明确规定。最高人民法院《人身损害赔偿的司法解释》规定：法人或者其他组织的法定代表人、负责人以及工作人员，在执行职务中致人损害的，依照《民法通则》第121条的规定，由该法人或者其他组织承担民事责任。上述人员实施与职务无关的行为致人损害的，应当由行为人承担赔偿责任。这是处理法人侵权责任的基本规则。

按照这一规定，法人承担侵权责任，实际上是替代责任，即其法定代表人或者其他工作人员执行职务行为造成他人的损害，由法人承担责任。这是典型的替代责任。但是，从其他法律如《证券法》的规定来看，有些则要求法人对其代表人从事的侵权行为承担的是连带赔偿责任。例如《证券法》第63条规定：“发行人、承销的证券公司公告招股说明书、公司债券募集办法、财务会计报告、上市报告文件、年度报告、中期报告、临时报告，存在虚假记载、误导性陈述或者有重大遗漏，致使投资者在证券交易中遭受损失的，发行人、承销的证券公司应当承担赔偿责任，发行人、承销的证券公司的负有责任的董事、监事、经理应当承担连带赔偿责任。”《股票发行与交易管理暂行条例》第17条规定：“全体发起人或者董事以及主承销商应当在招股说明书上签字，保证招股说明书没有虚假、严重误导性陈述或者重大遗漏，并保证对其承担连带责任。”对此，适用法律的规则是：法律有特别规定的，依照其特别规定确定法人侵权责任；没有特别规定的，按照人身损害赔偿司法解释规定的替代责任规则，确定法人侵权责任为替代责任。

四、参考结论

法人作为一种独立的民事主体，具有权利能力、行为能力和责任能力，由法人机关所实施的行为就是法人的行为。法人机关在执行职务过程中实施侵权行为的，应当由法人承担责任。本案中，虽然实施侵权行为的是徐某，但是由于徐某是出租

---

[1] 例如，宾馆、饭店未尽安全保障义务造成顾客人身伤害，即构成此种不作为的侵权责任。

车公司的员工，其驾驶出租车载客的行为是在执行职务，属于职务行为，因此，对于曹某所遭受的损害，应当由出租车公司负责赔偿。

第三节 法人的成立与终止

案例3. 清算中企业诉讼纠纷案

【案情】

2008年上海市某建筑材料有限公司与某房地产公司签订了建筑装修合同，由建筑材料公司为房地产公司的50套房屋进行装修，合同总价款为300万元。建筑材料公司完成装修后，房地产公司支付了240万元工程款，而对于剩余的60万元款项房地产公司迟迟不予支付。于是，该建筑材料公司向法院起诉要求房地产公司支付剩余款项。而房地产公司则向法院提供证据证明公司因违法行为被撤销，正在清算中，建筑材料公司应当向清算组申报债权获得清偿，而不应当以房地产公司为被告提起诉讼。

【问题】

本案中，房地产公司能否作为被告？

【法理分析与参考结论】

一、法人的成立

（一）法人成立的意义

法人成立，是指法人开始取得民事主体资格，享有民事权利能力。《民法通则》第36条规定，法人的民事权利能力与民事行为能力从法人成立时产生。因此，法人的成立，表现为人合组织体或者财合组织体的法人开始具有人格，成为民事权利主体的始期。

法人的成立与法人的设立不同。设立是行为，成立是结果；设立尚未成立，成立必须设立。因此，法人的成立与法人的设立是不同的概念，应当加以区别。

（二）法人成立的条件

1. 须有设立行为

法人必须经过设立人的设立行为，才可能成立。

法人设立的原则有以下几种：第一，自由设立主义，即国家对法人设立完全听凭当事人的自由意志，不要求具备任何形式，不加以任何干涉和限制。第二，特许设立主义，对于法人的设立采取严格的限制，未经国家或者国家元首的特许，不得设立。第三，行政许可主义，法人的设立须经行政机关的许可，否则不得设立。第四，准则设立主义，法律对于法人的设立，预先规定一定的条件，可遵照该规定的条件设立，无须经过行政机关的许可，依照法定条件设立后，向登记机关进行登记，即为设立。第五，强制设立主义，国家对法人的设立采取强制的方法，适用于特殊产业或者特殊团体。

（1）非营利法人的设立

机关法人、事业单位法人以及社会团体法人都是非营利法人。机关法人的设立，取决于宪法和国家机关组织法的规定，采取特许设立主义设立。在事业单位法人和社会团体法人中，属于不需要办理登记的，从其成立之日起即具有法人资格；属于需要办理登记的，如各种协会、学会行业团体和基金会等，需要依照《社会团体登记管理条例》第 9 条的规定，经过业务主管部门审查同意，向登记机关申请登记。这种方法属于行政许可主义。应当注意的是，基金会等财团法人的设立，需要具有捐助行为，即捐助人向主管机关表示设立财团的单独行为。除以遗嘱捐助之外，在其他的捐助行为中，捐助人应当以书面形式订立捐助章程。捐助章程中应当明确设立财团的目的、所捐财产以及组织管理方法。[1]

（2）营利法人的设立

设立有限责任公司，除法律和法规规定须经有关部门审批的外，仅须向公司登记机关申请设立登记，采准则设立主义。法律、法规规定须经有关部门审批的，采取行政许可主义，经批准后设立。设立股份有限公司，必须经过国务院授权的部门或者省级人民政府批准，这显然是采取行政许可主义。非公司的企业法人的设立，依照《企业法人登记管理条例》第 15 条的规定，首先须经主管部门或者有关审批机关批准，然后才向登记机关申请登记，采取的是行政许可主义。

2. 须有法律依据或经主管机关的批准

中国的法人设立不采取自由设立主义。因此，凡是成立法人，均须依据相关的法律，以法律作为成立的依据。例如，企业法人的设立需有《公司法》或者《民法通则》的依据，机关法人需有机关组织法的依据。财团法人的设立需要获得有关主管机关的批准，公益法人成立也需获得批准。

3. 须经登记

法人的设立，原则上均需经过登记，方能取得法人资格。例如财团法人的设立必须经过登记才能设立。机关法人成立不需登记。事业单位法人和社会团体法人，除法律规定不需要登记的外，也要办理登记。

（三）设立中的法人

设立中的法人，是指法人从设立开始至法人成立之前，专门负责法人设立的组织体，如公司筹备处。

设立中的法人不同于筹备前的法人。筹备前的法人，是指发起人开始筹备成立某个法人组织，但还没有成立筹备机构从事实际的设立行为，此时的组织体称为筹

---

[1] 梅仲协：《民法要义》，中国政法大学出版社 1998 年版，第 76 页。

备前的法人。而设立中的法人必须成立筹备机构，实际地从事设立行为。

设立中的法人在从事设立行为过程中也要从事一些民事行为，如借款、购买建筑材料，从而发生一定的债权债务关系。对此，必须在法律上明确规定应当由谁承担责任。从性质上看，设立中的法人不同于合伙组织，因为设立人之间并没有订立合伙协议，而且设立中的法人在设立期间所享受的权利和所承担的义务都要转移给设立后的法人，其自身也不独立享有和承担此债权债务，因此与合伙不同。

设立中的法人是一个具有相对的民事权利能力的特殊团体，其民事权利能力受到限制，具有准人格。其受到限制主要表现在两个方面：一是其民事权利能力的范围仅限于从事必要的设立行为，凡是超出设立行为的民事行为都不得实施。必要的设立行为应当根据法律的规定、设立法人的协议以及根据行为的性质等来加以认定。二是应当以将来法人成立为条件而享有民事权利能力。尽管设立中的法人具有特殊的民事权利能力，但因为其是为了将来法人的成立而存在的，所以将来法人不能够有效成立，其权利能力要溯及既往地消灭，而应当由筹建人和设立人承担法律后果。[1]

二、法人的终止

（一）法人终止的概念

法人的终止，也叫作法人的消灭，是指法人丧失民事主体资格，不再具有民事权利能力与民事行为能力。[2]

法人终止后，其民事权利能力和行为能力消灭，民事主体资格丧失。终止后的法人不能再以法人的名义对外从事民事活动。

（二）法人终止的原因

法人终止的原因主要包括以下几种情形：

1. 依法被撤销

法人被撤销，是指法人在存续期间内，违反有关法律的强制性规定，如利用法人名义从事走私、贩毒等违法犯罪行为，依法被有权机关予以撤销。

2. 自行解散

法人解散，是法人终止的主要原因。法人解散的主要原因有：（1）因设立法人的目的已经实现或者确定无法实现而解散。成立特定的法人是出于完成特定的目的。当目的实现后，该法人没有必要继续存在；如果法人的目的已经确定无法实现，法人也应当解散。（2）因法人成员的共同意志而解散。法人如果是由于其成员的共同意志而成立，则可以因其成员的共同意志而解散。如经全体股东大会决定解散法人，或经出资人全体会议决定歇业，都是法人解散的原因。如果法人章程规定不许对法人解散，而全体成员共同决定解散，则应当对原章程进行修改，之后再

[1] 魏振瀛主编：《民法》，高等教育出版社、北京大学出版社2000年版，第116页。

[2] 江平主编：《法人制度论》，中国政法大学出版社1994年版，第154页。

解散。(3) 因章程所规定的存续期届满或所规定的解散事由出现而解散。

法人的解散和法人的被撤销是有区别的。法人的解散通常是由法人自己决定的，解散法人一般要体现法人的自主意志；而法人的撤销一般不由法人自己决定，而由法律规定或由行政命令决定。

3. 依法宣告破产

企业法人在其全部资产不足以清偿到期债务的情况下，经企业的法定代表人、主管部门或者企业法人的债权人等提出申请，由人民法院宣告企业法人破产。企业法人被宣告破产后，由清算组织负责对企业法人的财产、债权和债务进行清理，并变卖企业的财产清偿债务。对于破产企业，应仅以其资产清偿其债务。从宣告破产之日起，企业法人终止。

由于企业法人的终止直接关系到企业法人和利害关系人的利益，因此，根据《民法通则》第 46 条和《企业法人登记管理条例》第 20 条的规定，企业法人歇业、被撤销、宣告破产或者因其他原因终止营业，应当向登记主管机关办理注销登记。

(三) 清算

1. 清算的概念

清算，是指法人在终止前，应当对其财产进行清理，对债权债务关系进行了结的行为。《民法通则》第 40 条规定："法人终止，应当依法进行清算，停止法等范围外的活动。"

法人的清算有两种形式：(1) 依破产程序进行的清算。这是指法人在宣告破产以后，由主管机关或人民法院组织有关人员成立清算组织，依照破产程序进行清算，其程序应适用《破产法》的相关规定。(2) 非依破产程序进行的清算。法人除因宣告破产而被解散外，应按法律规定（如《民法通则》、《民事诉讼法》等有关规定）的其他程序而不按照破产程序进行清算。

2. 清算法人

清算法人，是指在清算期间的已经终止法人资格的法人。《民法通则》第 40 条规定："法人终止，应当依法进行清算，停止清算范围外的活动。"清算法人在清算期间，可以进行清算范围以内的活动；只有在清算完毕并办理注销登记之后，其法人资格才最终归于消灭。在清算期间，法人在清算的必要范围内视为存续。这是因为，如果清算法人在清算期间内不具有主体资格，那么就难以清理并了结清算法人与他人之间的法律关系。但清算法人仅仅在清算范围内享有民事权利能力；超过清算范围，清算法人无民事权利能力。

在清算期间，清算法人可以从事清算范围内的活动，包括清理财产、清偿债务，从事清算活动所必要的资金借贷、变卖法人的财产、追回被他人占有的财产、在法院起诉和应诉等。其间，法人应停止清算范围外的活动，不能实施超出清算范围的活动；已经实施的，应立即停止。清算法人不得擅自处理财产、抽逃资金、隐匿财产、逃避债务，否则，将依法追究法人及其法定代表人的法律责任。

3. 清算人

《民法通则》第47条规定，“企业法人解散，应当成立清算组织，进行清算。企业法人被撤销、被宣告破产的，应当由主管机关或者人民法院组织有关机关和有关人员成立清算组织，进行清算。”清算组织，也叫作清算人，是指在法人清算中专门从事清算活动的人，如清算委员会、清算小组。

法人在清算期间，其人格并不消灭；清算组织就是法人在清算期间的意思机关和执行机构，故应当由清算组织代表法人行使职权。

清算组织的职权是：对内清理财产，处理法人的有关事务；对外代表法人了结债权债务，在法院起诉和应诉。

4. 清算人的职责

依照清算程序的目的，清算人的职责是：第一，了结现务，将法人于解散前已经着手而未完成的事务予以了结。第二，收取债权，清算人应将属于法人的债权一一收取；对于尚未到期的债权或者条件未成就的债权，应当予以转让或者变价处理。第三，清偿债务，清算人对法人所负债务应当予以清偿；对于未到期债务，应当抛弃期限利益，提前清偿。第四，移交剩余财产，清算人负责移交于有权获得此财产的人。第五，代表法人参加民事诉讼。

5. 清算终结

清算终结，是指清算人完成了清算职责。清算终结之后，应由清算人向登记机关办理注销登记并予以公告。完成注销登记和公告之后，法人即告消灭。

按照公司法的规定，公司清算结束之后，应当制作清算报告，报告股东会或者主管机关确认。之后报送登记机关申请注销公司登记，公告公司终止。

三、参考结论

本案涉及的问题主要是清算中的法人是否具有主体地位的问题。法人的成立和终止都要经过登记；只有注销登记后，法人才最终消灭。清算阶段是法人注销登记前的必要阶段。通过清算，了结法人现务，进行债权债务的了结以及财产的分割，为最终的注销登记做好准备。因此，清算阶段的法人仍然是法人，并未丧失主体资格。本案中，虽然房地产公司被撤销，处于清算阶段，但是并未办理注销登记，因而该公司仍然存在。虽然清算阶段法人终止清算外的一切事务，由清算组进行清算；但是清算组并非独立的法人，它只是法人的执行机关。因此，建筑材料公司可以以房地产公司作为被告提起诉讼，由清算组代表公司参加诉讼。

第四节 法人的机关与住所

案例4. 法人被诉管辖法院确认纠纷案[1]

【案情】

某洁具公司与某科技公司发生买卖合同纠纷，洁具公司将科技公司告上法庭。科技公司在提交答辩状期间对管辖权提出异议，其认为公司住所地在太原市的另一城区尖草坪区汇丰苑小区某号，洁具公司起诉状中所诉的科技公司的住所地小店区不是该公司的主要营业地或主要办事机构所在地，而是该公司一库房所在地，且双方在合同中约定“双方当事人在履行本合同过程中出现争议时，应本着互谅互让的原则协商解决。协商不成的，可向被告住所地人民法院提起诉讼”。因此，科技公司认为受诉法院没有管辖权。

【问题】

本案中应由哪个的法院进行管辖？一般应当由科技公司的哪个机关代表公司进行诉讼？

【法理分析与参考结论】

一、法人的机关

（一）法人机关的概念和意义

法人机关，是指存在于法人组织体内部的担当法人行为和责任的机构。

自然人作为民事主体是通过自己的大脑形成意思，然后通过喉舌加以表达，最后通过行动加以实现。法人作为与自然人并列的一类独立的民事主体，也必须能够形成自己的意思，表达自己的意思并实现该意思；法人形成意思、表达意思并实现意思的机构就是法人机关。

（二）法人机关的分类

法人机关可以分为三类：（1）意思形成机关即权力机关；（2）意思表示机关即执行机关；（3）法人的监督机关。

法人的类型不同，是否都具有这三类机关，并不相同。就财团法人而言，由于其以财产为基础，没有社员，因此也无从产生意思形成机关，一般仅具有执行机关（如理事会）。而对于有限责任公司，我国公司法并不要求必须设立董事会与监事会，可以只设立执行董事与一名监事。

法人的活动有赖于法人机关，法人机关的活动也就是法人的活动。应当看到的是，法人机关必须通过自然人进行活动，因此，法人机关或者直接由自然人构成，

---

[1] 案情来源于新浪网新闻 http://news.sina.com.cn/o/2009-11-27/114916679067s.shtml。

或者间接由自然人构成，但无论如何最终皆由自然人构成。因此，需要区别法人的机关与法人的机关成员。

（三）企业法人的机关

依据我国《公司法》的规定，股份有限公司的机构包括股东大会、董事会与监事会。

1. 股东与股东大会

股份有限公司作为一个社团，由相应的社员组成。在股份公司中，社员被称为“股东”，由于社团是一个由变动不居的多数成员为进行统一的行动而组成的团体，因此原则上所有的成员都参与对社团事务的决定。为此，这些成员必须参加按照一定的规则召开的大会，以多数决的方式对社团的事务作出决定。在股份有限公司中，该规则就是公司章程，而社员组成的大会就是股东大会。

股东大会由全体股东组成，属于公司的最高权力机构。股东大会的主要任务就是在法律与公司章程规定的范围内，以团体自治的方式就公司内部的重大事务作出决策。股东大会主要的任务是决定公司的内部事务以及设置和监督公司其他的机构。股东大会一般不向公司之外的第三人作出意思表示，股东也并非法人机关成员，仅作为公司这一社团的成员。公司的行为并非全体股东的行为。

2. 董事会、董事与董事长

董事会是股份公司的一个机关，由股东大会选举产生，向股东大会负责。董事会由5~19名董事组成，设董事长1人，可以设副董事长1~2人，董事长和副董事长由董事会以全体董事的过半数选举产生。董事应以自然人为限。[1]

关于董事会、董事、董事长对内执行公司业务职权以及对外代表公司权利等问题上，我国《民法通则》与《公司法》规定实行单数的法定代表人制度，因此，在股份有限公司中，董事长一人为公司的法定代表人，有权对外代表公司。董事会的职权范围为：负责召集股东大会，并向股东大会报告工作；执行股东大会的决议；决定公司的经营计划和投资方案；制订公司的年度财务预算方案、决算方案；制订公司的利润分配方案和弥补亏损方案；制订公司增加或者减少注册资本的方案以及发行公司债券的方案；拟订公司合并、分立、解散的方案；决定公司内部管理机构的设置；聘任或者解聘公司经理，根据经理的提名，聘任或者解聘公司副经理、财务负责人，决定其报酬事项；制定公司的基本管理制度。董事长的职权范围是：主持股东大会和召集、主持董事会会议；检查董事会决议的实施情况；签署公司股票、公司债券。因此，不能认为董事长就公司与第三人的所有交易都有权代表公司作出意思表示，他只能在法律以及章程规定的事项范围内可以代表公司单独向第三人作出意思表示。至于董事会，则在其法定职权范围

---

[1] 江平主编：《新编公司法教程（第2版）》，法律出版社2003年版，第212页。

内的事项内，应以董事会决议的形式对第三人共同表示意思。

3. 监事会与监事

监事会是股份公司的监察机关。我国《公司法》规定，股份有限公司必须设立监事会；监事会是公司的监督机关，由股东代表与公司职工代表组成，最低人数不得少于3人。监事会享有的职权包括以下几项：检查公司的财务；对董事、经理执行公司职务时违反法律、法规或者公司章程的行为进行监督；当董事和经理的行为损害公司的利益时，要求董事和经理予以纠正；提议召开临时股东大会；公司章程规定的其他职权。因此，监事会的主要功能是对公司的经营者的活动进行监督检查，防止其滥用权力，以保障公司、股东及公司债权人的合法权益。

（四）法定代表人

法人的法定代表人是指依照法律或法人的组织章程的规定，代表法人行使职权的负责人。

法定代表人的概念最早由1982年的《民事诉讼法（试行）》首先使用，《民法通则》沿用了这一概念。依据《民法通则》第38条的规定，法人的法定代表人具有以下特征：（1）法定代表人是由法人的章程所确定的自然人。（2）法人的法定代表人有权代表法人从事民事活动。法定代表人依法代表法人行为时，法定代表人的行为就是法人的行为，因此，法定代表人执行职务的行为所产生一切法律后果都应由法人承担。（3）法人的法定代表人是法人的主要负责人。在民事诉讼中，应由法定代表人代表法人在法院起诉和应诉。

（五）非企业法人的机关

我国的国家机关基本上实行的是首长负责制，因此，机关的首长就是机关法人的机关。

我国的事业单位法人基本上是行单位首长负责制，其单位首长是事业单位法人的机关。

在我国的社会团体法人中，属于人合组织体的，如各种协会、学会、商会；设有成员大会的，成员大会为其权力机关和意思机关；理事会为执行机关和代表机关。属于财合组织体的，如各种基金会；设有理事会的，理事会为执行机关和代表机关。

二、法人的住所

（一）法人住所的概念和意义

法人的住所，是指法人主要办事机构及与他人发生法律关系的中心地域。

法人的住所，在法律上具有重要意义：一是决定登记管辖；二是决定债务履行地；三是决定诉讼管辖；四是决定法律文书的送达地点；五是决定涉外民事法律关系的准据法。

（二）法人住所的确定

确定法人住所的基本规则包括：法人以其主要办事机构所在地为住所；公司以其主要办事机构所在地为住所。

如果法人仅有一个办事机构，则无所谓主要次要之分，该办事机构的所在地就是法人的住所。如果法人有两个以上的办事机构，应当区分主要办事机构，该主要办事机构之外的办事机构为次要办事机构，而主要办事机构的所在地就是该法人的住所。

三、参考结论

按照《民事诉讼法》第 22 条第 2 款的规定，对法人或者其他组织提起的民事诉讼，由被告住所地人民法院管辖。因此，本案中管辖法院确认的关键在于法人住所的认定。法人的住所地应当是法人的主要办事机构所在地。本案中，科技公司在小店区的只是其一个库房，该公司的主要办事机构位于尖草坪区，因此，科技公司的住所应当是尖草坪区，应当由该区的法院对本案进行管辖。对于公司来说，其机关包括股东会、董事会和监事会，而执行公司事务的机关是董事会，因此，本案应当由科技公司的董事会授权有关人员参与诉讼。

第五节 其他组织

案例 5. 合伙企业责任承担纠纷案

【案情】

2008 年 9 月，王某、陈某、宋某共同设立一个合伙企业，并经登记成立。合伙协议约定：王某以 40 万元人民币出资，陈以房屋作价 60 万元出资，丙以专利技术作价 20 万元出资；各合伙人按相同比例分配赢利，分担亏损。合伙企业成立后，为扩大经营，于 2009 年 3 月向某外资银行贷款人民币 50 万元，期限为 1 年。2009 年 9 月，王某提出退伙，陈某、宋某表示同意。后来，合伙企业所欠银行的 50 万元贷款于 2010 年 3 月到期，此时合伙全部财产为 20 元。由于无人偿还债务，外资银行将合伙企业和王某、陈某、宋某起诉至法院。

【问题】

本案中银行的 50 万元债务应当由谁来清偿？

【法理分析与参考结论】

一、其他组织的概念和特征

（一）其他组织的概念

其他组织，也叫作非法人团体，是指虽不具有法人资格但可以自己的名义从事活动的组织。

现代各国民法大抵在自然人和法人之外，承认有非法人资格但有某些主体性的组织团体的存在。这种有非法人资格而具有某种主体性的组织体，在德国叫作无权利能力社团；在日本叫作非法人社团或者非法人财团；在我国台湾叫作非法人团体。[1]

在我国大陆，立法上将这种团体叫做其他组织，而在理论上中则称之为非法人团体。立法规定其他组织存在一个矛盾的现象，即《民法通则》规定民事主体只包括自然人和法人，但在《合同法》中规定了自然人、法人和其他组织为合同主体，在《民事诉讼法》中也规定了自然人、法人和其他组织为民事诉讼主体。这样的矛盾现象说明，我国法律有条件地承认其他组织在某些民事领域或者在民事诉讼领域的主体地位。因此，在民事主体中研究其他组织的民事现象，是有重要意义的。

（二）其他组织的性质

在民法的发展史上，民事主体有不断扩大、从单一主体到多元主体的发展趋势。早期的民法，只承认自然人为主体，并不承认法人的主体资格。在1804年的《法国民法典》中，也没有规定法人为民事主体，而仅仅规定自然人为民事主体。此后，随着市场经济的发展，为适应其需要，民法确认法人为民事主体，享有民事权利能力和民事行为能力。

随着市场经济的进一步发展，非法人团体日益发展，需要法律的确认。民法首先采取的方法，就是对于其他组织准用合伙的规定。因此，以这种社团名义对第三人所为的法律行为，由行为人自己负责；如果行为人有数人，负连带债务人的责任。[2] 这种规定，不利于非法人团体的活动。其目的在于促使这样的团体进行登记，从而享有社团法人的地位，以便进行监督管理。这种做法，不符合这类团体的性质，受到广泛的批评。“二战”以后，各国民法均强调非法人团体与合伙在本质上的区别，承认非法人团体具有民事权利能力、民事行为能力和民事诉讼能力，承认其主体性。

我国《合同法》规定其他组织，意味着在合同法领域承认其他组织的民事主体地位，具有从事部分民事活动的民事权利能力和民事行为能力，当然，按照《民事诉讼法》的规定，享有民事诉讼能力。

二、其他组织的要件

其他组织构成民事主体资格，须具备以下要件：

（一）须是由多数人组成的人合组织体

其他组织与其他法人一样，为人合的社会组织体。因此，必须是由多数人组成的组织体，具有团体性，即有稳定性的组织体。具体表现是，该人合组织体不是临

---

[1] 梁慧星：《民法总论（第2版）》，法律出版社2001年版，第141～142页。

[2] 参见《德国民法典》第54条规定。

时的、松散的，应有自己的名称、组织机构和组织规则，有业务活动的场所，应设有代表人或者负责人。

（二）须有自己的目的

设立其他组织，必须具有自己的目的。这种目的可以是非经济目的，如发展科学、学术、文化、教育、艺术、宗教等事业；也可以是经济性目的，如以获取经济利益的营利性为目的。

（三）须有自己的财产或者经费

其他组织虽然为人合组织体，但是，要实现自己的团体目的，从事经济的或者非经济的活动，都需要一定的财产或者经费不可。因此，其他组织也必须有自己的财产或者经费。与法人不同的是，其他组织的财产或者经费并不要求一定属于自己所有并且与其成员的财产分开，只要其他组织可以独立支配即可。

（四）设有代表人

其他组织既然属于人合组织体，有一定的目的，那么为实现设立目的，就须设立代表人，对外代表其他组织进行法律行为。其他组织的代表人就是其他组织的机关。其他组织的代表人与法人的法定代表人不同：其他组织的代表人仅有设立的要求，并不要求按照法律的规定和章程的约定组织形式，也没有关于董事会或者理事会的严格形式要求。

（五）须以团体的名义为法律行为

其他组织与法人一样，须对外以其他组织的名义为法律行为。这是其他组织区别于自然人以及松散的契约关系或者合伙的标志。如果不是以团体的名义为法律行为，也就不具有团体性和对外的独立性，也就没有作为其他组织而承认其团体性的必要。

三、其他组织的类型

（一）非法人企业

非法人企业是指不具有法人资格的其他所有制性质的企业，例如，依照《乡村集体所有制企业条例》设立的不具备法人条件经核准领取营业执照的乡村集体企业，依照《私人企业暂行条例》设立并经核准领取营业执照的个体企业即非法人私营企业，不具备法人条件的中外合作企业和不具备法人条件的外资企业，按照《合伙企业法》设立的由各合伙人共同出资、合伙经营、共享收益、共担风险，并对合伙债务承担无限连带责任的非法人合伙企业。

（二）非法人经营体

非法人经营体，是指不具有法人资格，也不具有企业性质的经营体，如个体工商户、农村承包经营户、领取营业执照的个人合伙、领取营业执照的合伙型联营、领取营业执照的法人分支机构、行政单位或者企业事业单位开办的不具有法人资格的经营实体、筹建中的公司。

（三）非法人公益团体

除了以上非企业法人和非法人经营体等非法人经营团体之外，不具有法人资格的机关、事业单位和社会团体，都是非法人公益团体。

四、其他组织的民事能力

对于其他组织的民事能力，存在否定说和肯定说两种不同主张。在立法上则《民法通则》没有规定其主体地位，而在《合同法》上，则规定了其他组织具有合同法的民事主体地位。

从社会生活实际出发，承认其他组织具有一定的民事权利能力，因而在一定的范围内具有民事行为能力，是符合实际情况的，也能够较好地解释《民法通则》与《合同法》规定的矛盾之处。因此，其他组织具有一定的民事权利能力，享有名称权、荣誉权等人格权，也享有物权、经营权等财产权，在一定的范围内具有民事行为能力，可以从事与其民事能力相适应的民事活动；在营业执照核准的经营范围内，通过实施民事法律行为，享有民事权利，负担民事义务，实现经营或者公益目的。

应当注意的是，其他组织的民事责任能力并不完全，在自己有能力承担民事责任的时候，可以自己承担民事责任；如果其不能清偿全部债务，应当由其设立人或者开办人承担连带责任。如果是个体工商户和农村承包经营户以及合伙或者合伙型企业，则应当由其成员承担无限连带责任。

五、参考结论

本案中，王某、陈某和宋某三人共同投资成立了合伙企业，以合伙企业的名义对外从事各种活动。合伙企业可以作为合同主体与第三人订立合同，因此合伙企业与银行签订的借款协议是合法有效的。虽然合伙企业可以对外参与法律关系，但是合伙企业的责任能力并非完全和独立，合伙企业的财产不足以清偿债务的，合伙人应当对于不足部分承担连带责任。因此，本案中，合伙企业所欠银行的债务首先由合伙企业的20万元财产清偿，剩余的30万元债务和利息由王某、陈某和宋某三人承担连带清偿义务。

第三编　民事客体论

本编要点：本编介绍民事法律关系的客体制度。民事法律关系的客体是民事利益，包括人身利益和财产利益。其中，人身利益包括人格利益和身份利益；而在财产利益中，最重要的是物。随着社会的发展和科技的进步，人们对物的认识不断深化，因而使物的类型不断丰富和发展。民法应对的新手段，就是对物进行类型化研究。

第六章　民事利益

本章知识点概要

民事法律关系的客体应当是民事利益。利益是一种人与人之间为满足自己的生存和发展而产生的对一定对象需求的利害关系。民事利益，是指民事主体之间为满足自己的生存和发展而产生的对一定对象需求的人身利害关系和财产利害关系。民事利益能够满足民事主体的生存和发展的需求，民事利益表现的是民事主体之间的利害关系，民事利益包括民事主体之间的人身利害关系和财产利害关系。

民事利益可以表现为物、行为、智力成果以及人身利益等。民事利益作为民事法律关系客体，可以分为最基本的类型，就是人身利益和财产利益。

人身利益，是指民事主体在人格关系和身份关系上所体现的与其自身不可分离的利益，包括人格利益和身份利益。人格利益，是指民事主体对于自己的作为构成民事主体资格的各个要素上所享有的利益。身份利益，是指民事主体就其在亲属相互之间，以及其他非亲属的社会关系中所处的稳定地位中所享有的利益。

财产利益，是指财产中对民事主体物质生活和精神生活所具有的价值和有用性。财产包括积极财产、消极财产和无形财产。

第一节　民事利益概述

案例1. 人跪狗案

【案情】

10岁男孩刘某和姐姐刘某某从南湖边公园玩耍归来，经过小区大门口，手中拿着一根竹枝碰到了站在一边的一条狗，惹恼了狗的主人言某。言某冲上前，对着刘某就是一顿拳脚，又用两只手掐其脖子拖出十几米，然后又拉起来，再打两个耳光，把刘某的鼻孔打出血。他又让刘某给狗跪下，刘某不跪，他一脚踢在刘某的腿上，强令刘某跪下，还逼着给狗磕了两个头，给狗赔礼道歉。事后，刘某经上海市第六人民医院诊断为癫痫，司法鉴定所鉴定构成6级伤残。

【问题】

本案中侵害的是何种民事法律关系客体？

【法理分析与参考结论】

一、民事法律关系客体的确定

（一）对民事法律关系客体的不同意见

在民法的学说中，对于什么是民事法律关系客体的问题，历来意见分歧，没有统一的意见。其中最为主要的观点是：

1. 物说

德国学者温德夏特认为权利的客体就是与权利相联系的物。在我国学者中，单一主张物是民事法律关系客体的较少。

2. 行为说

奥斯丁认为，权利的客体就是作为或者不作为的行为，是民事主体应当受到约束的行为。我国有的学者认为，体现一定物质利益的行为，就是民事法律关系的客体，[1] 采纳的基本上是行为说。

3. 物、行为和智力成果说

我国多数学者认为，民事法律关系的客体是指民事权利义务所指向的事务，应当区分各种不同的法律关系而定，各种民事法律关系的客体分别为物、行为和智力成果。[2]

4. 物、行为、智力成果、人身利益和有价证券说

我国有的学者认为，民事法律关系客体概括起来，包括物、行为、智力成果、

---

[1] 佟柔主编：《中国民法》，法律出版社1990年版，第36页。

[2] 李由义主编：《民法学》，北京大学出版社1988年版，第35页。

人身利益和有价证券。[1]

这些意见都是有道理的，但是都不够全面、概括。仅仅将物作为民事法律关系的客体，过于狭窄，不能概括人身权法律关系的客体。仅仅将行为作为民事法律关系的客体，能够将民事权利和民事义务所指向的对象全部概括，但更多的是从民事义务角度进行概括，也有一定的局限性。至于将民事法律关系的客体采取列举式的方式进行描述，总是挂一漏万，难以穷尽民事法律关系客体的全部内容。

（二）能够概括民事法律关系客体的基本范畴是民事利益

笔者认为，民事法律关系的客体，应当用更为抽象、概括的方法进行界定，而不宜采用具体列举的方式，也不能仅仅包括财产权里的客体而忽略人身权利的客体。

因此，民事法律关系的客体应当是民事利益。

第一，民事利益概括了民法社会的全部利害关系。民法社会的主体是人，包括全体自然人和法人，以及其他组织。民事主体的生存，依赖于民法社会提供的财产，同时自己也享有人格利益，以及相互享有身份利益。这一切，都构成了民法社会的利害关系。民事主体在整个活动中，就是在支配这些利害关系，分配这些利害关系，因此而保障自己的生存以及社会的发展。这些利害关系，都可以被民事利益的概念所概括，因此，民事利益是能够概括民法社会全部利害关系的概念，因此，具备了作为民事法律关系客体的基本要素。

第二，民事利益所概括的利害关系是民事权利和民事义务所指向的对象。民事法律关系客体所研究的，就是民事权利和民事义务所指向的对象，而民事利益所概括的利害关系，恰好都是民事权利和民事义务所指向的对象。例如，无论是物，还是行为以及智力成果等，都是所有的民事权利和民事义务所指向的对象。因此，用民事利益作为民事法律关系的客体，完全符合民事法律关系客体的要求。

第三，民事利益能够概括所列举的各种客体，并且具有补充的余地。民事利益既包括人身利益也包括财产利益，能够概括一切民事法律关系的客体。即使是民事法律关系的客体具有多样性，且随着现代社会中财产及具有财产价值的东西日益扩张，民事权利客体的多样性日益复杂，民事利益也能够涵盖全部的民事法律关系客体。

二、作为民事法律关系客体的民事利益

（一）民事利益的概念

利益，有的认为是人们受客观规律制约的，为了满足自己的生存和发展而产生

[1] 王利明：《民法总则研究》，中国人民大学出版社2003年版，第190页。

的，对于一定对象的各种需求；[1] 有的认为利益就是好处，或者说是某种需要或者愿望的满足；[2] 有的认为利益实质上是人与人之间的一种利害关系。[3] 笔者认为，利益，就是一种人与人之间为满足自己的生存和发展而产生的对一定对象需求的利害关系。

民事利益，是指民事主体之间为满足自己的生存和发展而产生的对一定对象需求的人身利害关系和财产利害关系。民事利益可以表现为物、行为、智力成果以及人身利益等，但是，将这些具体的对象概括起来，就是民事利益。

（二）民事利益的特征

1. 民事利益能够满足民事主体的生存和发展的需求

民事利益的基本作用，就在于满足民事主体的生存和发展需求。民事主体存在于民法社会，不仅要有物质条件的保障，还必须有精神利益的保障，只有这样，民事主体才能够生存和发展。民事利益对民事主体的生存和发展提供保障，因此，能够满足民事主体的生存和发展，也是民事主体生存和发展的必要条件。

2. 民事利益表现的是民事主体之间的利害关系

在民法社会中，民事利益是一个整体，要分给每一个民事主体具体的民事利益，民事主体才能够保证自己的生存和发展。而民事利益并不是无限的，而是有限的，是特定的，因此，具体的民事主体和具体的民事利益的结合，就具有利害关系。民事利益表现的正是这种民事主体之间需求的利害关系。

3. 民事利益包括民事主体之间的人身利害关系和财产利害关系

民事利益不仅仅包括的是物，因为物仅仅表现的是物质的利害关系，并不能包括全部的财产利害关系，因为还有债的关系的客体即行为、知识产权的客体即智力成果；更为重要的，是民事利益要包括人身利益，即人格利益和身份利益。因此，民事利益的完整构成，是人身的利害关系和财产的利害关系。

（三）民事利益的类型

民事利益作为民事法律关系客体，可以分为最基本的类型，就是人身利益和财产利益。

人身利益概括的是人格利益和身份利益。财产利益概括的是静态财产利益、动态财产利益和无形财产利益。静态财产利益集中体现为物，动态财产利益主要表现为交易中的行为，而无形财产利益表现为智力成果。

三、参考结论

本案中言某殴打刘某，对于刘某的身体和健康予以侵害，侵害的客体是人身利

---

[1] 付子堂：“对利益问题的法律分析”，《法学家》2001 年第 2 期。

[2] 沈宗灵：《法理学》，法律出版社 1994 年版，第 50 页。

[3] 王伟光：《利益论》，人民出版社 2001 年版，第 74 页。

益。后来又强迫刘某给狗下跪，侵害了刘某的人格尊严，侵害的客体也是人格利益。因此，刘某可以向言某主张人身损害赔偿，主要是医疗费、护理费、营养费、残疾赔偿金等，还可以主张精神损害赔偿。

第二节 人身利益

案例2. 拔牙造成脸部损伤侵害身体权案

【案情】

江西省景德镇汪某到深圳市打工，1993年到一家医院拔牙，拔掉三颗槽牙。三个月后，汪某感觉自己的右脸小了一点，就意识到是不是因为拔牙造成的。到了1997年，发现自己的右脸越来越凹陷下去，变得丑陋，经过某大学附属医院神经科鉴定，认为属于右口轮匝肌肌电图所示为神经性损害。经上海市某医院检验，认为可以考虑起始原因为：局部麻醉、拔牙所造成的后遗症。

【问题】

本案中，拔牙医院侵害了汪某的何种权益?

【法理分析与参考结论】

一、人身的概念和内容

（一）人身

人身，在古代汉语中有两个涵义，一是指人体，[1] 二是指人的品性；[2] 现代汉语则“指个人的生命、健康、行动、名誉等（着眼于保护或损害）”，[3] 侧重于法律学意义的揭示，大致包括人体和人格。

从民法的意义上说，人身，是指民事主体在物质上和精神上的人格和亲属之间的身份。

因此，人身包括人格和身份，前者是以物质性的人体和精神性的人格为其表现形式，后者是以亲属之间的身份、地位为表现形式。

（二）人格

古代汉语中的人格是指以人事为范围，[4] 现代汉语中的人格分别指人的性质、气质、能力等特征的总和，个人的道德品质，人的能力作为权利、义务主体的资

---

[1] 如《梵纲经·菩萨戒序》：“一失人身，万劫不复。”这里的人身就是指的人体。

[2] 如《世说新语·贤媛》：“王郎，逸少（羲之）之子，人身亦不恶，汝何以恨乃尔?”王郎即王羲之之子王凝之，人身亦不恶即指王凝之的人品不坏。

[3] 《现代汉语词典》，商务印书馆1978年版，第952页。

[4] 《辞海》，中华书局1936年版，第194页。

格，[1] 以及具有自我意识和自我控制能力，即具有感觉、情感、意志等机能的全体，[2] 具有社会学、伦理学、哲学、心理学以及法律学上的不同含义。

人格作为法律概念，来源于拉丁语的 Persona 和罗马法的 caput，一般是指作为一个法律上的人的法律资格，因此，也是指作为民事主体的必备条件的民事权利能力。

在民事利益的意义上说，人格，是指作为构成民事主体资格的各个要素，包括人格独立、人格自由、人格尊严、人身安全，以及生命、健康、身体、姓名、名称、肖像、名誉、信用、荣誉、人身自由、隐私和性。

（三）身份

古代汉语中的身份亦称身份，是指人在社会上的地位、资历的统称，以及人的模样、体态，[3] 现代汉语的身份，一是指人的出身、地位和资格，[4] 二是指人在社会上或法律上的地位，三是指受人尊重的地位。[5]

法律意义上的身份，在古代和中世纪体现的是家族中的权力和特权，如家父权、家长权等。经过资产阶级革命，身份概念排斥其原本所包括的权力因素，注入义务中心的观念，变狭隘的特权为普遍的权利，变目的的社会结合的财产法上的支配为本质的社会结合的身份法上的支配，变单方的支配为相互的支配，[6] 产生了现今的科学内涵。

因此，身份，是指民事主体在亲属相互之间，以及其他非亲属的社会关系中所处的稳定地位。

身份包括两种。一种是亲属相互之间的稳定地位。另一种是非亲属的社会关系中，例如作者与自己的作品、发明人与自己的发明专利、商标权人与自己的注册商标，民事主体所处的稳定地位。这些都表明一种社会地位，表示民事主体在某种特定的法律关系中的地位。

二、人身利益的概念和特征

（一）人身利益的概念

人身利益，是指民事主体在人格关系和身份关系上所体现的与其自身不可分离的利益。

---

[1] 《现代汉语词典》，商务印书馆 1978 年版，第 950 页。

[2] 《汉语大词典》，上海辞书出版社 1989 年版，第 344 页。

[3] 《辞源》，商务印书馆 1991 年合订版，第 1637 页。

[4] 《辞海》（缩印本），上海辞书出版社 1979 年版，第 1973 页。

[5] 《现代汉语词典》，商务印书馆 1978 年版，第 1008 页。

[6] 王利明主编：《人格权法新论》，吉林人民出版社 1994 年版，第 196 页。

（二）人身利益的特征

1. 人身利益是与民事主体的自身不可分离的利益

人身利益基本上是民事主体的固有利益，尽管人身利益中的身份利益是基于法律事实取得的，但是其也不能与民事主体的人身相分离，人身利益与民事主体的不可分离性，与财产利益具有严格的区别。一个民事主体没有财产可以生存，但是，如果没有人身利益则无法生存，就丧失了民事主体资格。

2. 人身利益包括精神利益和财产利益

人身利益主要的是精神利益，其中也包括相当的财产性利益。应当看到的是，人身利益并不是通常所说的非财产利益。这是因为，人身利益的非财产性并不是它的本质属性，同时，容易与前苏联民法的人身非财产权的概念相混淆，以至于曲解我国的法律。[1]

3. 人身利益包括人格利益和身份利益

人身利益包括两大体系，就是人格利益和身份利益，这两种利益构成完整的人身利益。仅仅强调人身是人格利益，则有失全面。

4. 人身利益的享有者不仅包括自然人也包括法人和其他组织

人身利益的主要享有者为自然人，特别是亲属身份利益更是如此，只能由自然人所享有。但是，法人也必须具有人格，也享有人格利益，并且基于其创作等，也可以享有著作人身权等身份利益。

三、人身利益的内容

（一）人格利益

1. 人格利益的概念

人格利益，是指民事主体对于自己的作为构成民事主体资格的各个要素上所享有的利益。

人格利益分为物质性人格利益和精神性人格利益。

2. 物质性人格利益

物质性人格利益，是指自然人对于自己构成民事主体资格的物质性要素所享有的利益，主要表现为生命利益、健康利益和身体利益。其是人之所以为人的物质条件，维持生命、维持人体组织完整和人体器官正常机能，是人享有民事权利、承担民事义务的物质基础。

侵害自然人身体、健康、生命，所造成的损害为有形损害，表现为自然人的身体缺损、健康损伤和生命的丧失。

3. 精神性人格利益

精神性人格利益，是指民事主体对于自己的构成民事主体资格的精神性要素所

[1] 梁慧星：《中国民法经济法诸问题》，法律出版社1991年版，第49页。

享有的利益。精神性人格利益可以分为四种类型：第一，一般人格利益，概括的是人格平等、人格自由和人格尊严。第二，标表型人格利益，概括的是姓名利益、名称利益和肖像利益。第三，评价型人格利益，概括的是名誉利益、信用利益和荣誉利益。第四，自由型人格利益，概括的是人身自由、隐私利益和性利益。精神性人格利益均为精神性人格权的客体，这些人格利益在客观上没有实在的外在表象，只是表现为精神上的利益。例如，名誉利益表现的是他人对自然人和法人社会属性所给予的综合评价；隐私利益是自然人享有的与公共利益、群体利益无关的私人信息、私人活动和私人空间；人身自由则是自然人的行为、意志不受他人约束的状态。

侵害无形的人格权，所造成的损害为人格利益的无形损害，也叫做精神损害。

（二）身份利益

1. 身份利益的概念

身份利益，是指民事主体就其在亲属相互之间，以及其他非亲属的社会关系中所处的稳定地位中所享有的利益。

民事主体基于其特定的地位，而对其身份利益具有支配性。如配偶对其相互之间的配偶利益的支配，著作权人对自己的著作所体现的利益具有支配关系等。身份利益与民事主体的人身不可分离，受法律的保护。同时，身份利益必须处于特定的社会关系之中，离开特定的社会关系，不存在身份利益。如配偶利益必须处于夫妻关系之中，亲权利益、亲属利益必须处于亲属关系之中；即使是著作人身权中的著作身份利益，也必须处于著作权人对于著作的关系之中。

身份利益分为基本身份利益和支分身份利益。

2. 基本身份利益

基本身份利益，是民事主体对于特定身份关系的支配性利益，是为配偶、为父母、为亲属、为著作者的利益。

侵害基本身份利益，破坏了这种为配偶、为父母、为亲属、为作者等的基本身份关系，丧失了对这种基本身份关系的支配，因而失去或损害了为配偶、为父母、为亲属、为作者的地位。

3. 支分身份利益

支分身份利益，是指由基本身份利益派生的具体身份利益。支分身份利益具有多样性、复杂性的特点。配偶的支分身份利益诸如配偶之间共同生活、相互依靠、相互体贴的依赖关系，互相扶助扶养关系等。亲子的支分身份利益是父母对未成年子女的管理、教育、抚育以及相互尊重、爱戴关系。其他近亲属的支分身份利益是相互扶养、抚养、赡养关系。著作人身权的支分身份利益表现为署名、修改、发表、维护作品完整等利益。

四、参考结论

本案中，拔牙医院由于医疗过程中存在过失，导致汪某右脸神经损害，面部凹陷，留下后遗症，属于医疗侵权行为。这种侵权行为所侵害的是无法以财产价值予以衡量的汪某的人身权益，具体的是身体和健康利益。由于医院侵害汪某的人身权益，且有过失，符合侵权责任法的规定，因此，医院应当为汪某的损害承担赔偿责任。赔偿的范围包括汪某的医疗费、护理费、误工费等，除此之外还有精神损害赔偿。

第三节　财产利益

案例3. 故意违背善良风俗妨害经营案

【案情】

某工程队承揽某地下工程施工项目。在施工过程中，将埋藏在该区域地下的供电局的电缆挖断，造成大面积停电，致使该区域十一家工厂停工八小时，造成损失。供电局和该十一家厂家分别向法院起诉，请求工程队赔偿财产损害。

【问题】

本案中工程队侵害了何种民事利益？供电局和十一家工厂的利益有何不同？

【法理分析与参考结论】

一、财产和财产利益

（一）财产的概念

在民法中，经常使用财产的概念，例如在《民法通则》中，第73条规定的国家财产、第74条规定的集体财产、第75条规定的个人财产、第78条规定的共有财产、第82条规定的全民所有制财产，以及第106条和第117条规定的财产，均是。

财产，是指由具有金钱价值的权利所构成的集合体。[1]

（二）财产利益

财产利益，是指财产中对民事主体物质生活和精神生活所具有的价值和有用性。

由于财产利益包含在财产之中，因此，财产与财产利益具有统一性和一致性，笔者在谈及财产的时候，实际上就是在讲财产利益。

财产包括物权中的积极财产、债权中的消极财产和知识产权中的无形财产。所以，财产利益也包括积极财产、消极财产和无形财产，它们所指的就是三种不同的财产利益。

---

[1] 王泽鉴：《民法总则》，中国政法大学出版社2001年版，第233页。

二、财产利益的范围

（一）积极财产

积极财产，是指民事主体所拥有的具有现实价值的财富。积极财产的最典型表现是物，其次表现为纯粹财产利益。

积极财产的范围是：

1. 一般财产

一般财产是指依人的一般生活目的而结合的财产。例如自然人、法人通常的财产。

2. 特别财产

特别财产是指从一般财产中分离的财产。表现是一人除主财产之外尚有一个或者数个特别财产，例如未成年人的特有财产，夫妻各自的个人财产等。

3. 联合财产

联合财产是分别属于两个主体，依一定的目的而结合的财产。例如因结婚而形成的夫妻共同财产。

4. 独立财产

独立财产是指依独立的目的而结合，自一般财产独立管理的财产。例如破产财产，就是为着清算的目的，自破产法人的财产独立进行管理的财产。

5. 集合财产

集合财产是指为着特殊目的，属于多数主体的财产的一部分，经集合而形成一个独立的财产。例如因合伙经营而形成的合伙财产，因共同继承而形成的共同继承财产。

6. 纯粹财产利益

纯粹财产利益，是指没有物的财产外形而具有财产价值的民事利益。例如，甲工程队挖掘地下道而挖断乙电业公司的地下电缆，造成停电，致使丙公司不能营业，乙的电缆损失是物的损失，而丙的停业损失，就是纯粹财产利益损失。

（二）消极财产

消极财产，是指不是民事主体所拥有的现实财富，但是可以期待的、将来可以实现的财产价值。

消极财产的最基本形态，就是债权。

（三）无形财产

无形财产，是指智力成果。它是民事主体脑力劳动的产物或者结果，智力成果有的有其物质表现形式，例如著作、商标，有的没有物质表现形式，例如专利。但是，它们都表现了民事主体所拥有的财富。

三、参考结论

本案中，工程队施工过程中挖断了供电局的电缆，电缆属于一种物权中的积极财产。这种财产利益的特点是，它是一种法律所明确规定的权利所体现的利益，这种利益具有物的外形，因为电缆是一种有形体的物。而十一家工厂因为电缆被挖断所受到的损失是一种纯粹财产利益，这种利益并不体现在有形体的物之上，而且并不存在一个明确的权利对其进行保护。因此，这两种财产利益受到法律保护的程度有所区别，对于物权中的积极财产的保护程度要远高于纯粹的财产利益。本案中，供电局电缆损害依据侵权法可以要求施工队予以损害赔偿，而十一家工厂的纯粹财产利益损害不能要求损害赔偿，除非施工队是故意造成其损失的。

第七章　物

本章知识点概要

物，是民事法律关系客体中最重要的形式之一，体现的是民事法律关系客体主要中的财产利益。物具有下列法律特征：能够为人力所控制；能够满足人类的某种需要；须存在于人身之外；须为独立一体。

根据物的可移动性可以把物分为动产与不动产。不动产是指依其自然性质不能移动，或者一经移动便使其用途受到损害的物，包括土地、土地定着物等。不属于不动产的物，是动产。货币和有价证券，为特别动产。汽车等交通运输工具为准不动产。动产和不动产能够创设的物权类型不同，通过的法律行为进行的物权变动的法定要件不同，公示方式也不同。

根据物能否重复使用可以将之分为消费物与非消费物。非消费物可以作为租赁或者使用借贷的标的物，而消费物只能成立消费借贷，不可用于使用借贷或者租赁。

根据是否能够用同品种、规格、数量等的物加以替换，可以把动产分为代替物和不代替物。仅代替物方可为消费借贷的标的物。

根据物是否特定，可以将之分为特定物和不特定物。特定物与不特定物的区分在债的履行、风险负担、违约责任形态等问题上具有重要意义。

根据物能否分割以及分割是否损害其用途及价值可以将物分为可分物与不可分物。在共有财产分割时，可分物可以采取实物分割的方式，而不可分物只能采取变价分割或作价补偿；在多数人之债中，标的物为可分物或不可分物决定了该债是可分之债还是不可分之债。

根据物之间的相互关系可以将之分为主物与从物。从物，是指不是主物的组成部分，但根据交易观念从属于主物并常对主物发挥辅助效用的物。主物为能够独立发挥效用的物。如无没有法律的特别规定或当事人的特别约定，就主物进行的处分，效力及于从物；因标的物的主物不符合约定解除合同的，解除效力及于从物，但因标的物的从物不符合约定被解除的，解除的效力不及于主物。从物是一个独立的物，不是主物的组成部分。

孳息是指因物或权利而产生的收益。产生孳息的物或权利称原物，故原物亦可为权利。孳息包括天然孳息和法定孳息。如无法律特别规定或当事人特别约定，天然孳息的收取权归原物的所有人。法定孳息的收取人通常为债权人。

单一物是指在形态上能够独立成为个体的物，结合物是指由数个物结合而成，在社会观念上视为一个独立个体的物。集合物是指由多个单一物或结合物集合而成的物。对于单一物或者结合物，原则上权利应当存在于物的全部，其组成部分不能独立成为权利客体；而对于集合物，原则上应就组成集合物的各个物分别成立，一般不宜将其整体作为权利的客体。

以物在流转过程中所受限制的程度为标准可以分为流通物、限制流通物与禁止流通物。限制流通物作为交易的标的时，可能受到交易主体、须经审批程序等方面的限制；以禁止流通物作为合同标的物，合同因标的违法而无效。

物格，即物之格，即物的资格、规格。作为物权客体的物的物格，则是指物作为权利客体的资格、规格。物格就是物的类型化，是对物在其不同性质、形态的基础上，进行的统一划分，将物分成为不同的类型，并根据物的不同类型，将物确定为不同的物格，确定其不同的法律地位、人对其的支配力以及对其法律保护的程度。

第一节　物的概念和种类

案例1. 牛黄归属纠纷案

【案情】

1997年3月20日，农民张某与某肉联厂口头商定：由肉联厂将其两头黄牛宰杀，宰杀后按净得牛肉以每斤2元2角的价格进行结算，由肉联厂收购；牛头、牛皮、牛内脏归肉联厂，再由张某给付宰杀费7元，结算在5月1日进行。在宰杀过程中，肉联厂屠宰工人王某在一头牛的下水中发现牛黄70克，告知厂长。厂长决定将这些牛黄出售，得款2 100元。张某于5月1日去肉联厂结算款项时，听到工人们议论此事，去厂长那儿证实后，说："早知道牛下水中有牛黄，下水就不给你们了。"但之后张某并未问过此事，直到1999年4月20日，张去肉联厂要2 100元牛黄款被拒绝后，即向法院起诉。

【问题】

本案中，牛黄应当归谁所有？

【法理分析与参考结论】

一、物的概述

（一）物的概念

物，是民事法律关系客体中最重要的形式之一，体现的是民事法律关系客体主要中的财产利益。物，民法的基本范畴之一，与人相对应，是民法社会物质构成要素之一。

民法上的物，从广义上说，包括有体物、无体物（权利），也包括智力成果，工商业标记等无形财产；从狭义上说，物则仅指作为物权客体的物，原则上为有体物。在罗马法初期，就有有体物与无体物的区分，德国法系各国立法一般规定民法上的物为有体物。在学说上，学者通常所称的物也是指有体物。

因此，有体物是指除人体之外，能够为人力所控制并能够独立满足人类社会生活需要的有形物和自然力。

（二）物的特征

有体物具有下列法律特征：

1. 物能够为人力所控制

有体物必须能够为人力所控制。对于目前人力所不能控制的物，例如日月星辰等，由于其无法为人们所支配，因此，不能作为物权的客体，也不是民法上的物。随着人对自然力的控制能力的不断与时俱进，人们对物的控制力不断增加，因此，物的范围也在不断扩大。现代民法关于物的概念已经从罗马法上的有形物扩展到一切固体、液体、气体、热、光、电磁波、能量等自然力以及能够为人力控制并具有价值的特定空间。

2. 物能够满足人类的某种需要

权利的客体是民事利益，同样，权利的背后就是一定的民事利益。因此，作为物权客体的物应当能够为权利人带来一定的经济利益，或者能够满足其某种需要。物权法的功能之一，就在于确定特定财产的归属关系，因此，对人类没有意义、不能满足人类需要的物，也就没有必要纳入民法的调整范围并为其确定归属和利用的秩序。

3. 物须存在于人身之外

物必须存在人身之外，与人相对应，构成民法社会的两大基本物质构成要素。现代民法不再允许对人身进行支配，因此，人的身体或者身体的一部分不能认为是物，即便是以人工连接在身体上的物，如假肢、义齿等，如果不能自由拆卸，在生活习惯上认为已经构成身体一部分的，也不能认为是物。但人体组成部分一旦与人体分离，就可以成为民法上的物。自然人的器官、血液、骨髓、组织、精子、卵子、毛发等已经与身体分离的，以不违背公共秩序与善良风俗为限，可以作为物。尸体在民法上是一种特殊的物，其所有权人对其并不享有经济利益，而只承担安葬、祭祀的义务并享有相应的精神利益，在他人侵害死者遗体、遗骨的情况下，有权提出精神损害赔偿。

4. 物须为独立一体

物必须在物理上、观念上、法律上能够与其他的物相区别而独立存在，不依附于人或者其他物，因此，物必须为独立一体。只有如此，物才能够被人所支配，并能够满足人的某种需要。否则，就不能称之为物，而只是物的部分。

物必须在物理上、观念上能够与其他的物区别开而独立存在。物理上的独立性是指物必须在现实形态上与其他物相区分，传统民法观念认为物必须具有物理上的独立性，才能成为独立物。但随着社会的发展，物即使不具有物理上的独立性，也可以根据交易上的观念和法律规定作为标准来确定某物是否具有独立性。例如，一块土地虽然在物理上无法与其周围的土地分离，但在观念上可以通过确定其四至来使之独立，也可以通过法律规定的登记方法将分割的数块土地公示于众，因此，宗地也具有独立性。

（三）物的意义

在民法中，物具有极为重要的意义。在民事法律关系中，物作为权利客体，代表的是物质财富，体现的是民法社会的基本的财产形态。物不仅作为物权关系的客体，也可以成为继承权的客体。即使是在债权关系中，物也往往是给付的标的，如买卖、租赁合同中交付标的物，借用、保管合同中借用、保管的标的物。因此，物被视为权利客体的代表而规定在民法典总则中。

二、物的分类

（一）不动产与动产

根据物是否具有可移动性为标准，物可以分为不动产和动产。

1. 不动产

不动产，是指依自然性或者法律的规定在空间上占有固定位置，移动后会影响其经济价值的物，包括土地、土地定着物、与土地尚未脱离的土地生成物、因自然或者人力添附于土地并且不能分离的其他物。

土地有地籍，以市县为单位，市县分区，区内分段，段内分宗，按宗编号，每号为个别的不动产，即宗地。

土地定着物，是指房屋等建筑物、工作物，其附着于土地、固定而不易移动，因此为不动产。土地定着物并不是土地的附属部分，因其有独立使用价值，因而为独立的不动产。临时附着于土地的物，如艺术节期间临时搭建的舞台，或者可随时移动的物，如街头的流动厕所等，不能认为是定着物。

与土地未脱离的土地生成物，是指林木和农作物。因自然力或者人力添附于土地并不能分离的其他物，如人工渠道等。

我国法律承认土地和建筑物为相互独立的不动产，但通常情况下，土地和建筑物的权利应一并移转。

有两种特殊的不动产应当注意：一是企业用以从事经营活动的各项财产的整体或有能够从事独立经营活动的一部分，可以作为物权的客体，在整体上视为不动产。二是与不动产尚未分离的土地出产物，传统民法认为其与土地分离以前为土地的部分，但最高人民法院《关于适用〈担保法〉若干问题的解释》第52条规定：

"当事人以农作物和与其尚未分离的土地使用权同时抵押的，土地使用权部分的抵押无效。"这实际上承认了与不动产尚未分离的土地出产物并非土地的部分，而为独立的不动产。

2. 动产

动产，是指不动产以外的其他能在空间上移动而不会损害其经济价值的物。因此，不动产以外的其他的物都是动产。在法律上各种可以支配的自然力，也属于动产。货币和有价证券，为特别动产。

3. 区分不动产和动产的意义

区分不动产和动产的意义在于：第一，物权类型不同，用益物权限于以不动产为客体，而动产质权、留置权的客体则以动产为限；第二，以法律行为作为物权变动的法定要件不同，动产物权变动一般以交付为要件，而不动产物权变动则以登记为要件；第三，公示方式不同，不动产物权以登记为公示方式，而动产物权以占有为公示方式，通常不要求进行登记。具有特殊性的是，汽车等交通运输工具虽然可以移动且不损害其价值或用途，但一般法律规定其适用不动产的物权变动规则，因此也有的将其称为准不动产。

（二）主物与从物

按照物是否在交易观念上具有附属性为标准，可以将物分为主物与从物。

从物，是指从属于主物的物。它不是主物的组成部分，但根据交易观念从属于主物，并常对主物发挥辅助效用，因此叫做从物。

主物，是指从物以外的物，即能够独立发挥效用的物。

主物与从物是否需要同属于一人，各国立法规定不一。我国传统民法认为应当归属于一人，但在抵押物的主物和从物的关系上，最高人民法院持相反意见。[1] 一般认为，从物暂时与主物分离的，不改变其从物的性质。从物从属性质终止，不得对抗先前已经对主物享有权利的第三人。

区分主物和从物的意义在于：如果没有法律的特别规定或当事人的特别约定，就主物进行的处分，效力及于从物；因标的物的主物不符合约定解除合同的，解除效力及于从物，但因标的物的从物不符合约定被解除的，解除的效力不及于主物。

应当注意的是，从物不能是物的组成部分。物的组成部分包括物的重要成分和非重要成分。对物的整体性质和效能发挥决定作用的组成部分，为物的重要成分，如房屋的栋梁。其他组成部分则为非重要成分，如汽车的轮胎。重要成分和非重要成分区分的意义在于，重要成分，不得脱离物的整体而独立成为权利的标的；而对于非重要成分法律不作这样的要求。

---

[1] 最高人民法院《关于适用〈担保法〉若干问题的解释》第63条但书规定："抵押物与其从物为两个以上的人分别所有时，抵押权的效力不及于抵押物的从物。"

（三）原物与孳息

按照物的产生关系不同为标准，可以将物分为原物与孳息。

孳息，是指因物而产生的收益。产生孳息的物，就是原物。

孳息包括天然孳息和法定孳息。天然孳息，是指按照物的自然生长规律而产生的果实与动物等出产物。法定孳息，是指因法律关系而得到的利息、租金及其他收益，这种法律关系既可因法律行为而产生，如根据租赁合同而产生的租金，也可因法律规定而产生，如迟延履行的情况下，根据违约责任产生的对迟延利息的请求权。

区分原物和孳息的意义在于确定孳息的归属。对于孳息的收取，如无法律特别规定或当事人特别约定，天然孳息的收取权归原物的所有人。法定孳息的收取人通常为债权人，按照其权利存续期间的日数取得孳息。

（四）消费物与非消费物

按照是否可以进行重复使用作为标准，物可以分为消费物和非消费物。

消费物，是指不可重复使用，一经使用即改变其原有形态、性质的物。换言之，按照对该物通常的使用方法只可使用一次即不能再行同一使用的物，就是消费物。

非消费物，是指经反复使用不改变其形态、性质的物，即消费物之外的物即为非消费物。

柴、米、油、盐、墨、纸等均为消费物，一经使用即不复存在。金钱也为消费物，使用后即发生所有权的转移，不能再进行使用。而笔、砚、衣服、房屋等，均为非消费物。

区分消费物和非消费物的意义在于：非消费物可以作为租赁或者使用借贷的标的物；而消费物让与其使用权即须移转其所有权，因此只能成立消费借贷，不可用于使用借贷或者租赁。

（五）代替物与不代替物

按照物是否可以代替作为标准，物可以分为代替物和不代替物。

代替物，是指具有共同的特征，能以品种、规格、质量、数量等相互代替的动产。因此，代替物可以依据相同品种、规格、数量的物加以替换。

不代替物，是指不能以品种、规格、质量、数量等加以相互代替的动产。

区分代替物和不代替物的依据在于该动产的个性是否为社会所注重。其个性不为社会所注重的，为代替物，如金钱、米面等。反之，则为不代替物，如牛马、书画等。这种区分的意义在于仅代替物方可为消费借贷的标的物。

（六）特定物与非特定物

按照是否依据当事人主观意思具体指定为标准，物可以分为特定物和非特定物。

特定物，是指根据当事人的意思能够具体指定的物。不特定物是指不能根据当事人的意思具体指定的物，仅以品种、规格、质量、数量抽象指定的物。

应当注意特定物与不特定物、代替物与不代替物之间的界限。特定物与不特定物的分类标准在于根据当事人的主观意思具体指定，因此，是交易方法的区别，而不是物的本身的区别。而代替物与不代替物的区分的标准是根据一般交易观念而客观确定的。因此，尽管通常不代替物作为特定物交易，而代替物作为不特定物交易，但代替物也可以因当事人的意思而成为特定物，例如，金钱为代替物，但依最高人民法院的司法解释，封金即为特定物。而不代替物也可以因当事人的意思而成为特定物，例如赛马为不代替物，但如果当事人只是约定澳大利亚血统赛马 10 匹，则其只是不特定物。

既然特定物与不特定物的区分是交易方法的区分，因此，这种分类的意义主要体现在债法中债的履行、风险负担、违约责任形态等问题上。

（七）可分物与不可分物

根据物能否分割以及分割是否损害其用途及价值为标准，物可以分为可分物与不可分物。

可分物，是指经分割不改变其性质或者不影响其用途的物。如一吨大米。不可分物，是指经分割会改变其性质或者影响其用途的物。如一头牛。

法律区分可分物与不可分物，其意义在于：在共有财产分割时，可分物可以采取实物分割的方式，而不可分物只能采取变价分割的方法进行分割；在多数人之债中，标的物为可分物或不可分物决定了该债是可分之债还是不可分之债。

（八）单一物、结合物与集合物

按照物的表现形态的不同为标准，可以分为单一物、结合物和集合物。

单一物，是指在形态上能够独立成为个体的物。如一头牛。

结合物，是指由数个物结合而成，在社会观念上视为一个独立个体的物。如汽车、房屋。在结合物中，各个组成部分虽然没有丧失其个性，但形体上已经成为一个单一的个体，因此法律上将各个组成部分仅视为物的成分，而将结合物的全部视为权利的客体。因此，学者认为狭义的单一物与结合物共同构成广义的单一物。

集合物，是指由多个单一物或结合物集合而成的物。这种集合可能是因当事人的意思或经济上的目的等事实而发生的，如一个图书馆的全部书籍、一个商店内的全部商品、一个企业的全部机器设备；也可能是因法律而发生的，又称为权利义务的集合，指多数物和权利在法律上视为一体，例如遗产、夫妻共有财产。

区分单一物、结合物与集合物的意义在于：对于单一物或者结合物，原则上权利应当存在于物的全部，其组成部分不能独立成为权利客体；而对于集合物，原则上应就组成集合物的各个物分别成立，一般不宜将其整体作为权利的客体。但在例外情况下，如财团抵押，则集合物可以作为一个抵押权的客体。

（九）流通物、限制流通物与禁止流通物

按照物在流转过程中所受限制的程度为标准，可以将物分为流通物、限制流通物和禁止流通物。在计划经济体制下，物的流转受到计划的严格限制。随着我国市场经济的不断发展，对物的流转限制也逐渐宽松。因此，这种物的种类划分是动态的。

流通物，是指国家法律法规未作任何限制，可以作为交易标的物任意流通的物。

限制流通物，是指国家法律法规进行适当限制流通的物。限制流通物作为交易的标的时，可能受到交易主体、须经审批程序等方面的限制，如要求文物的买受人为国家指定的收购单位，否则交易无效。

禁止流通物，是指国家法律法规予以禁止，不得作为交易标的物的物。如淫秽书画、毒品等。禁止流通物作为合同的标的物，合同因标的违法而无效。但对可流通性的限制并不意味着其不得成为物权的客体。

区分流通物、限制流通物和禁止流通物的意义，主要体现在法律行为的效力方面。但应当注意，对物的可流通性的限制限于法律与行政法规的强制性规定。行政规章、地方性法规等规范性文件对物的可流通性进行的禁止性规定，并不妨碍合同的效力。

三、参考结论

本案中牛黄归属涉及物的分类和归属问题，具体来说就是孳息的归属。牛肉、牛头、牛皮和牛内脏都是牛的组成部分。而牛黄虽然是生长于牛下水中，但是在法律意义上，牛黄是牛的孳息而非牛下水的孳息，因为牛黄是牛作为一个整体的产物。本案中，张某与肉联厂约定，牛肉由肉联厂按照一定价格予以收购，而牛头、牛皮和牛下水归属于肉联厂，由于牛黄并不属于牛下水的孳息也不是牛下水的从物，而且牛黄是牛的孳息。因而，按照孳息归属于原物所有权人的规则，牛黄应当属于牛的所有权人张某。所以本案中，张某要求肉联厂返还出卖牛黄的2 100元所得应当得到支持。

第二节 物格——物的类型化

案例2. 死胎被随意处置案

【案情】

彩某某的妻子焦某怀孕7个多月，突患感冒，便在一家私人诊所进行治疗。20天后，焦某胎动减少，到另一医院就诊，发现胎儿已经死亡，建议其到医疗条件较好的医院进行引产。2005年3月4日，焦某到北京某医院剖宫产下一死胎。随后，彩某某向警方报案，控告私人诊所非法行医，造成死胎的损害后果。警方出具法医鉴定委托书，要求对死胎进行法医鉴定。彩某某找到医院提出给死胎做法医鉴定时，医院告知其死胎是病理性医疗废物，不需要按照一般尸体处理方法进行处理，死胎的父母也没有对死胎的处分权，因此，医院已经把死胎作为“医疗废物”处理了。故无法进行死胎检验，致使彩某某夫妇无法追究私人诊所的法律责任。彩某某夫妇将该医院诉至法院，要求医院赔偿损失，赔礼道歉。

【问题】

死胎能够作为民法上的物吗？能够将死胎与废弃的医疗器械同样处置吗？

【法理分析与参考结论】

一、物的类型化与物格

（一）物格与物的类型化

物格，即物之格，即物的资格、规格。作为物权客体的物的物格，则是指物作为权利客体的资格、规格。因此，物格是相对于人格而言的概念，是表明物的不同类别在法律上所特有的物理性状或者特征，作为权利客体所具有的资格、规格。

事实上，物格就是物的类型化，是对物在其不同性质、形态的基础上，进行的统一划分，将物分成为不同的类型，并根据物的不同类型，将物确定为不同的物格，确定其不同的法律地位、人对其的支配力以及对其法律保护的程度。

（二）物格的特征

与人格相比，物格具有以下法律特征：

1. 物格是权利客体的资格、规格

物格是物的资格、规格，因此是权利客体的资格、规格，而不是权利主体的资格、规格。人是权利主体，物是权利客体。权利主体对权利客体的关系，是支配与被支配的关系，权利主体永远支配权利客体，而不能是权利客体支配权利主体。人的人格是权利主体的资格，物的物格就是权利客体的资格或者规格。人具有法律人格，才能够成其为权利主体，享有权利、负担义务，成为民法社会的支配者。物具有物格，就使其成为权利客体，既不能享有权利，也不可能负担义务，因此也只能被人所支配，既不能支配权利主体，也不能成为权利主体。同样，人力所不能控制、对人不存在某种利益的日月星辰等“物”，不具有物格，因此，不是民法上的物。

2. 物格是不平等的资格

物格不是平等的资格，而人格则是一律平等的资格。物的物格不平等，主要是因为物的物理属性和基本特征的不同。一般的物与动物相比，动物具有生命，而一般的物不具有生命。即使是动物之间，也存在物格的不同，野生动物、宠物等动物，与人的关系最为密切，具有最高的物格；而饲养起来就是为了给人类提供食品的动物，其物格显然要比野生动物和宠物的物格要低。在其他物中，植物的物格，应当比一般物的物格要高，因为植物也是具有生命的物。在其他的物中，货币和有价证券，具有不同的法律特征，应当与一般的物的物格有所区别。物格的这一特征与法律人格完全不同。

3. 不同物格的物具有不同的法律地位

不同的物所具有的不同法律物格，表明不同的物在法律上的不同地位，其保护的程度和方法亦不相同。既然物的物格是不平等的，那么，物的法律地位就一定存在差异和不同，其保护程度和方法也完全不同。对于法律物格最高的野生动物和宠物，具有最高的法律地位，尽管它不能具有法律人格，不能成为权利主体，但是它受到民法的除了人之外的最高的法律保护，任何人都要尊重它的生存、尊重它的健康和生命，不得任意剥夺。而处于最低物格的一般物，则法律地位最低，权利主体可以任意进行支配。因此，物格和人格所表明的内容完全不同：人格平等表明人人的法律地位相同，没有任何差别，进行同等的法律保护。而物格所表明的正是物的不同法律地位，并且基于其法律地位的不同，而进行不同的法律保护。

二、确立物格制度的意义

确立民法上的物的物格制度的意义，就在于对物要根据物的物格的不同，规定权利主体对其行使权利的不同规则，主要表现在以下三点。

第一，确立物格制度，能够确定作为权利客体的物的不同法律地位。区别物的不同物格，就是为了表明不同的物在法律上的不同地位。作为同样的物，必然具有不同的物理属性和特征。其中最重要的区分，就是有的物有生命形式，有的物没有生命形式。即使是在有生命形式的物中，也存在是否能够自主运动的区别，动物就可以自主运动，而植物则不能自主运动。物的这种物理属性和特征体现在法律上，就使物具有了不同的法律地位。确立物格制度的意义之一，就是为了区分物的不同法律地位。

第二，确立物格制度，能够确定权利主体对具有不同物格的物所具有的不同的支配力。在民法上，法律确定人对物的支配力。任何民事主体对于作为权利客体的物都具有支配力，可以对物行使权利，决定物的法律命运。但是，既然物所具有的物格不同，所处的法律地位不同，法律就赋予人对不同的物以不同的支配力。对于一般物，也就是物格最低的物，权利主体完全可以自主地支配其命运，不加以任何限制。而对于物格最高的物，如野生动物和宠物，对权利主体的支配力则作较多的限制，不得任意剥夺其生命，不得危害其健康，“对动物、尤其是野生动物的处分，不得违反自然资源法和动物保护法的规定”。[1]

第三，确立物格制度，有利于对具有不同物格的物做出不同的保护。确定权利主体对不同法律物格的物享有的不同的支配力的目的，就是要对不同物格的物进行

[1] 梁慧星：《中国民法典草案建议稿》，法律出版社2003年版，第21页。

不同程度的法律保护，其中要突出的就是对动物的保护。必须加以突出保护的，是有生命的物，其中就包括动物和植物。即使是对动物的保护，也要区分动物种类的不同，而要对其进行不同的保护。野生动物和宠物，前者因其稀少性，不加以特别的保护将面临着物种灭绝的可怕后果。而宠物，则是与人类关系最密切、最亲近的动物。对这样的动物应当进行最密切、最完善的保护。对于为人类提供役使目的的动物，应当与其他动物的保护处于相当的地位，进行同样的保护。对于这些物，应当尊重它们的生命，不得随意处分。即使是需要它们死亡的时候，也不要以残酷的方式进行。不得虐待动物应当成为一个对动物进行保护的基本规则。

三、物权客体的具体物格

（一）生命物格

生命物格是概括具有人格特征或者生命特征的物的物格类型。生命物格是物权客体中的最高格，概括的是那些具有生命特征的特殊物，诸如人体变异物，动物尤其是野生动物和宠物，植物尤其是珍惜植物。

人体变异物包括脱离人体的器官、组织，在移植到或者输送到他人人体之前，为特殊的物的形式；尸体和人体医疗废物，都是人体变异物。它们作为特殊的物，应当受到特别的保护，不能作为一般的物对待。

动物特别是野生动物和宠物，是特殊的具有生命的物。尽管动物是物权的客体，但是在支配动物，尤其是在处分动物的物权时，应当符合对动物保护的特别规定。

植物尤其是珍惜植物也是具有生命的物，应当予以特别的保护，在行使这种物的物权时，也应当遵守特别的规则。

（二）特殊物格

特殊物格是概括那些不具有人格利益或者生命特征，但与一般物又有特殊之处的物的类型。特殊物格包括网络虚拟财产、空间、企业以及货币及有价证券等，这些物都是特殊物，转移或者处分这类特殊物，应当遵守特别的规则。

（三）普通物格

普通物格是概括最为一般的物的类型的物格。它所概括的，就是一般物，除去上述生命物格和特殊物格所概括的物之外的所有的物，包括其他不动产和动产。

四、参考结论

传统民法对于物不存在多种的类型化研究，但是随着社会的发展，尤其是人格尊严和人格价值观念的提升，以及科学技术的发展，民法对于物必须进行分类并对于不同种类的物设置不同的调整规则。具有生命的物或者尸体和人体的分离物，在它们之上体现了伦理价值，尤其是尸体和人体分离物，在它们之上仍然残留有人格尊严和价值。对于这些具有伦理价值的物，并不能像对待一般的没有伦理价值的物一样去随意对待。现代的伦理观念已经不能容忍随意虐待具有生命的物，也不能容忍无视人的尊严去随意处置尸体和人体分离物。本案中，死胎上仍然留存有人的尊严，并不能像普通的废弃医疗器械一样随意处置，本案中医院的做法已经侵害了死胎，其近亲属可以向医院主张精神损害赔偿。

第三节　物格的具体内容

案例3. 网络虚拟财产损害赔偿纠纷案

【案情】

游戏玩家李某某从2001年开始，花费了几千小时的精力和上万元的现金，在被告网络游戏运营商北极冰科技有限公司名叫“红月”的游戏里，积累和购买了各种虚拟“生化武器”几十种，这些装备使他在游戏中所向披靡。在2003年2月的一天，当他再次进入游戏时，却发现自己武器库里的所有武器装备都不翼而飞，其中包括自己最心爱的3个头盔、1个战甲和2个毒药。经查证，在2月17日12时55分左右，这些装备被一个叫SHUILIU0011的玩家盗走。李某某找游戏运营商交涉，该公司拒绝将盗号者SHUILIU0011的真实资料交给李某某，李某某便以游戏运营商侵犯了他的私人财产为由，将被告起诉，要求被告赔礼道歉、赔偿他丢失的各种装备，并赔偿精神损失费1万元。

【问题】

虚拟财产是否属于民法上的物，能否获得法律保护？

【法理分析与参考结论】

本案主要涉及民法上对于各种具体的物格的规则。下面就对各种物格的具体内容进行分析。

一、生命物格

（一）人体变异物

1. 人体变异物概述

人体变异物，是指从人的人体演化、变异而来的具有物的形态的物。民法认为，人体不是物，而是人格利益的载体，是人的表现形式，因此，不能将人体作为物对待。但是，它们一旦从人体脱离，或者从人体变异而来，或者就是人体本身的变异的物的形式，它们具有物的形态和物的属性，因此，法律应当将其作为物对待，赋予其物的资格。但是，人体变异物是从人格利益的载体变异而来，包含有人格利益或者人格利益因素，因此，并不是普通的物，是具有人格利益的物，将它们作为生命物格中的最高格，限制人对其的支配力，对其加以最高规格的保护，是十分必要的。

2. 脱离人体的器官和组织

随着生命科学的不断发展，推动了医学上对人体器官及组织的移植和利用。从民法的角度，最重要的，就是要解决对脱离人体的器官和组织的法律属性的认识，只有在这个基础上，才能够进一步研究如何对其进行民法的规制，确立民法对人体器官移植和人体组织利用的基本规则，以及发生纠纷的调处规则。

脱离人体的人体器官和组织，是指从人体分离后，在植入新的人体之前的人体器官和组织。在没有脱离人体之前，人体器官和组织属于人体；在输入或者植入新的人体之后，又成为人体的组成部分，具有了人格。在人体器官和组织脱离人体、尚未植入新的人体的此期间存在的人体器官和人体组织，是物的形态。

脱离人体的器官和组织具有物的一般特征，都是存在于人身之外，能够为人力所支配和控制，能够满足人们某种需要的财产，具有有用性和稀缺性。除此之外，脱离人体的器官和组织作为一种特殊物，还具有独特的特点：一是具有普遍的生命性，脱离人体的组织和器官必须具有生命力，必须是存活的，只有如此，它们才能够移植或者利用到另一个活着的人体上，成为新的人体的组成部分，变成为民事主体人格的组成部分，继续发挥其生理的功能。二是限定的独立性，脱离人体的器官及组织在其脱离人体后，到移植或者利用到新的人体之前，必须是独立存在的，但其独立性又须是限定的，只存在于特定的时间段，还必须是具有生理活性的存在。三是具有可利用性和价值性，主要表现在使需要移植器官和使用人体组织的患病者得到救治。四是不可再生性和易损性，其脱离人体后不能长期存活，缺乏适当的条件都会使其坏死、腐败，丧失其本质的功能和作用，因此与其他物相比，具有更多的不同。

脱离人体的人体组织和器官既然是物，又具有生命力和活性，因此是特殊的物的形态，是有生命的物，因此应当置于法律物格中的最高格即生命物格。人体器官和人体组织具有最高的物格地位，就使得脱离人体的器官和组织不同于一般的物，对其保护力度不同于一般物，其移转时有特殊规制的要求，这样才能既满足医学上抢救患病者的急需，又能够符合社会伦理、道德要求，维护文明社会秩序。

关于脱离人体的器官和组织的规则如下。

第一，身体权的基础作用。人体器官及组织，在没有脱离人体之前，是身体的组成部分，关系着人的生命与健康，与所拥有者的自身利益密切相关。因此，是否实行器官、组织与自身分离，以及予以捐献，应当由权利人决定，即由身体权人享有分离、捐献人体器官及组织的决定权。

第二，捐赠的人体器官及组织的所有权及其主体。决定捐献并且已经捐献的人体器官及组织，成为法律物格中最高格的物。捐献出来的人体器官及组织为捐献人享有所有权，由他行使所有权，并且最终决定将其享有的所有权转移给何人，即由谁接受捐赠。接受捐赠人体器官及组织的主体，分为两种情况：第一种情况，是捐赠给负担医疗职责以及相关的机构，例如血库、眼库、脊髓库、精子银行、卵子银行以及医院等。这种主体称作受捐赠单位。第二种情况，是直接捐献给接受器官及组织的受体，即接受移植和捐献的患病者。这种主体称作受捐赠个人。无论捐献给何种主体，接受捐献了人体器官及组织，该主体就取得了该人体器官及组织的所有权，而捐献者则丧失了所有权。

第三，受捐赠主体对受捐赠人体器官及组织的支配力。受捐赠主体取得该人体器官及组织的管领力，由其行使支配权，他人不得对其行使支配权，更不能对他人未脱离人体的器官进行支配。

第四，储存的人体器官及组织的所有权及其主体。如果脱离人体的器官及组织是为了自己的目的而进行分离的，这种储存的人体器官及组织的所有权，即使是将器官及组织交付医疗机构，也不转移所有权，仍然由原来的权利人享有所有权，由权利人自己进行支配。

第五，人体器官及组织所有权的消灭。一般的所有权消灭原因，大致可以适用于人体器官及组织的所有权消灭，但是，以下两种所有权消灭的事由具有特殊的意义：一是因使用而消灭。人体器官及组织植入或者输入患病者身体或者自己的身体，已经成为接受者或者自己的身体的一部分，因而人体器官及组织一经使用，其所有权即行消灭。二是因丧失生理活性而消灭，作为人体器官及组织的物的形式已经不复存在，所有权已经消灭，其物格降格，即由生命物格降低为一般物格。

3. 人体医疗废物

人体医疗废物，是指由于医疗活动而脱离人体的无生命价值或者生理活性的器官、组织以及人体滋生物。

人体医疗废物包括三部分，一是由于医疗活动而脱离人体的无生命价值或者生理活性的器官，切除的废肢、胎盘即是；二是由于医疗活动而脱离人体的无生命价值或者生理活性的组织，如体液、血液等；三是由于医疗活动而脱离人体的无生命价值或者生理活性的孳生物，如肿块、肉瘤、结石、葡萄胎等。

人体医疗废物的法律特征：一是人体医疗废物原本是人体的组成部分，二是人体医疗废物是从人体上产生的脱落物、脱离物，三是人体医疗废物是由于人体发生病变或其他医疗需要因医疗活动而产生的人体脱落物、脱离物，四是人体医疗废物应当是无生命价值或者生理活性，不具有生理的和再生的利用价值的人体脱落物、脱离物。

人体医疗废物可以作不同的划分。以人体医疗废物是否存在价值为标准，可以将医疗废物分为：有价值的人体医疗废物，如胎盘、脐带血、可用于医学研究的病变体；无价值的人体医疗废物，如踢下的肢体、切除的肿块、肉瘤、葡萄胎、死胎等。以人体医疗废物有无病菌及传染性为标准，可以将人体医疗废物分为：有病菌及传染性的人体医疗废物，它们具有社会危险性或者危害性，如肝炎患者被切下的已病变的肝脏；无病菌不传染的人体医疗废物，它们不具有危害性和危险性，如取出的结石、神经已坏死截下的肢体、健康的胎盘及脐带血等。

人体医疗废物的法律属性是权利的客体，属于物。理由在于：第一，人体医疗废物已经脱离了人格的物质载体，那么也就与民事主体的人格脱离了关系，不再具有人格因素，不再是人格的载体，具有了物的基本属性。第二，脱离人体的人体医疗废物是有形、有体、具有一定的细胞组织构成的物质实体，是实实在在的物质，因而必然是物。第三，它能为人所实际控制或支配，人体医疗废物在不违背善良风俗的情况下，可以进行利用和使用，能够满足人们的一定的社会需要，因此也具有物的有用性。

人体医疗废物的所有权归属于曾经拥有它们并将它们作为自己人格组成部分、基于医疗的因素而使它们与自己相脱离的自然人，只有他们才是人体医疗废物的所有权人。这意味着：第一，人体医疗废物未脱离之前属于人身的一部分，脱离之后理应属于脱离之前的人，当然由患者所有；第二，人体医疗废物不能由医院取得所有权，医院没有任何法律依据取得这些属于患者所享有的所有权；第三，人体医疗废物的所有权的取得属于原始取得，是所有权原始取得方式中的“其他方式”。

支配人体医疗废物的基本规则是，尊重权利，保护健康，防免危害发生。人体医疗废物并不是统一体，在对其进行支配的时候，不能将其一视同仁，而应区别对待，只要在不违背公共秩序和善良风俗，能够保护健康，防免人体医疗废物造成社会危害和人的健康危险的情况下，应当充分尊重权利人的意见。

第一，保障患者行使权利的自主意志。患者是人体医疗废物的所有权人，医疗机构和研究机构必须尊重患者的自主意志，自主决定对人体医疗废物行使自己的权利，不得干涉和非法强制。即使是对于不能交给患者及其近亲属自行处置的人体医疗废物，也必须告知患者或者其近亲属。

第二，保证患者的知情权。对于人体医疗废物的具体情况，患者享有知情权。该知情权是患者及家属行使人体医疗废物所有权、支配人体医疗废物的同意权、选择权的前提和基础。医疗机构和研究机构在分离人体医疗废物的过程中，或者分离后，应将形成的人体医疗废物的种类、质量、数量、性质、价值以及应当遵守的处置方法，告知患者或者其近亲属。

第三，维护公共卫生安全，防免危害发生。对于含有有毒、有害或传染性病菌的没有任何利用价值的人体医疗废物，必须进行统一处理，禁止交给患者自行处置。

4. 尸体

民法关于尸体法律属性的认识有两种立场，即“物”性说与“非物”性说。承认尸体的“物”性，是客观地观察、实事求是地界定尸体的法律属性，尽管尸体包含着人格利益，也尽管尸体包含着自然人对自己的身体和人格的尊重，人们不愿意用“物”的范畴来界定它，但它却实实在在地表现为物的形式。尸体中即使是存在人格利益，但是也已经由身体物化为尸体，完全没有作为人格载体的身体那么重要。因此，将尸体界定为物的属性，是符合客观事实的，并不违背人类的尊严和对自身表现形式的尊重。

否定尸体的“物”性，主张“非物”性，并非看不到尸体的物质属性，而是人不愿意看到把曾经是自己的人格载体的身体在主体资格消灭之后变成了尸体，就让它离开了人的范畴而进入了物的范畴，成为物。同时，将尸体的法律属性界定为“物”，那么就要设立所有权，那么更进一步的顾虑是，民法将人的尸体作为所有权的客体，那就是人不能所有自己，同时，也就不能所有自己身体物化的表现形式——尸体。

笔者认为，任何事物的定性都不应当只具有“是”与“不是”的两种极端表现，尸体事实上也不是只能表现为“物”与“非物”的两种极端选择，而没有第三条路径。固守人的尊严和道德，否认尸体的物的属性，其出发点和归属是可以理解的；但是它不能说明尸体的本质法律属性，是没有实事求是地反映尸体的客观事实。首先，承认尸体为物的形式，身体已经物化为尸体，就不再属于人的范畴。尸体就是人死后的躯体，是人死后身体的转化物，是有体、有形的物的形式。其次，尸体作为物的表现形式，具有特殊性，因此不是一般物。其特殊之处，就在于尸体包含了人格利益，包含了人对自己尊严的尊重，对自己的后世人格利益的尊重。同时，尸体也包含了与亲人更多的情感因素，成为亲人祭奠与悼念的对象，包含了巨大的精神利益。因此，调整尸体的民法规则，仍然要适用物的规则，但是必须按照体现人类尊严、有利于保护人格利益、采用合乎社会伦理道德要求的方式，对尸体进行法律规范。

尸体作为物，具有其独特的法律特征：一是尸体是包含了确定的人格利益的物，二是尸体是具有社会伦理道德内容的物，三是尸体是具有特殊的可利用性与有价值性的物。

尸体具有最高的物格地位，因此不同于一般物，对其保护力度也不同于一般物，在对其保管、利用、处置与保护时有特殊规制的要求，这样才能够维护尸体中的人格利益因素，并且满足社会伦理、道德的要求，维护社会的文明秩序。

第一，尸体的所有权的产生和归属。尸体的所有权不能归属于死者，而由死者的近亲属享有。至于是依何种方式取得，不应当是继承，而是在身体变为尸体之时，由其近亲属原始取得，是一种特殊的原始取得方式。

第二，死者生前的处分权来自于身体权的支配力。尸体的基本处分权来自于死者本人，自然人对于自己死后的尸体有权作出处分，可以通过协议或者遗嘱处分自己死后的尸体。

第三，死者近亲属基于尸体所有权享有处分权。死者近亲属对尸体的处分权来自对尸体的所有权。权利人可以在法律规定的范围内，对尸体进行处分。这种所有权的处分权不能对抗死者生前对其死后尸体的处分决定。另外，从尊重人权、尊重死者遗愿的角度来看，也不允许死者近亲属违背死者生前的意志而任意处置死者的尸体。

第四，尸体所有权的主体范围。尸体所有权的权利主体是死者近亲属，其范围包括第一顺序的所有权人即配偶、父母和子女，第二顺序的所有权人是其他近亲属，即祖父母外祖父母、孙子女外孙子女、兄弟姐妹。第一顺序的所有权人有权处置尸体、有权起诉，保护死者的尸体利益。如果第一顺序的所有权人不在，或者存在行使保护权利的障碍，则由第二顺序的所有权人行使处分、保护的权利。

第五，对尸体所有权的限制。尸体的近亲属对死者的尸体所享有的所有权并不是完全的所有权，不能用以收益、抛弃、长期占有尸体而不埋葬等为其内容。首先，对尸体享有管理、保护和埋葬等形式的权利；其次，对尸体享有部分处分权，仅限于不违背善良风俗的尸体捐献与尸体的部分器官、组织的捐献；再次，对于捐献尸体或者器官给予补偿的收取权；最后，保护尸体的权利，当其享有的尸体所有权受到侵害时，享有防止侵害、损害除去的请求权以及损害赔偿的请求权。

第六，对尸体的民法保护。尸体蕴含着精神利益、伦理道德和社会利益，对死者的尸体的尊重和保护是死者亲属的精神需求和道德要求，否则，死者亲属的内心无法安宁。按照侵权行为法的规定，尸体受到侵害，权利人就可以依据侵权行为法的规定，向侵权人请求损害赔偿，包括财产利益的损害赔偿、精神利益的损害赔偿等，同时还可以请求侵权人承担其他侵权责任。

（二）动物

动物，是以有机物为食料，有神经、有感觉、能运动的生物，是一种特殊的物。由于动物具有上述特点，是有生命的物，因此，尽管动物是物权的客体，但是人在支配动物，尤其是在处分动物的物权时，应当符合对动物保护的特别规定。

野生动物，是指非经人工饲养而生活于自然环境下的动物。在狭义的理解上，野生动物仅指脊椎动物，非脊椎动物不在这一范围之内。野生动物在一般状况下，应生存于栖息环境下的哺乳类、鸟类、爬虫类、两栖类、鱼类、昆虫及其他种类的动物。由于野生动物在动物谱系中的特殊重要地位，其生存状况关系到整个生态系统的平衡，关系到人类的生存和发展，必须对其加以特殊保护。因此，法律赋予其处于物格的最高地位，使对野生动物的保护比对其他动物的保护程度更高、更完善。对野生动物的特殊保护，除了禁止滥捕、滥杀、维持野生动物种群的稳定等原则之外，还应当建立一些特殊的保护区，采取特殊的保护措施，对有关野生动物进行保护。

宠物，是指猫、狗以及其他供玩赏、陪伴、领养、饲养的动物，又称作同伴动物。宠物在法律上也是物，处于权利客体地位。但宠物与人类关系最为密切，能够给饲养人带来精神上的愉悦和慰藉，其在法律上也处于最高的物格地位。人应当对宠物加以特殊保护，对其予以福利对待，不得虐待。对遗失的宠物实行无人照管制度，即由抓获者返还失主或交给有关机关，并在此期间良好地饲养遗失宠物。

对于其他动物，有的是为皮毛、肉用、乳用、役用或其他经济目的而饲养或管领的动物，有的是为教学训练、科学试验、制造生物制剂、试验商品、药物、毒物及移植器官等目的所进行的应用行为而饲养或管领的实验动物，还有许多低等的动物等。在法律上，这些动物具有物格，但不同于一般物的法律物格，它们是有生命的物，是可以自主运动的物，在法律规范和适用规则上应当体现其特殊性。对普通动物也不能随意处置，应当基于环境保护考虑，进行合理的利用，保持人类生存环境的优良品质，实现社会、环境的可持续发展。

（三）植物

植物，是能进行光合作用，将无机物转化为有机物，独立生活的一类自养型生物。毫无疑问，植物在法律中也只能处于权利客体地位。但是植物是人类生态系统中的重要一员，能够通过光合作用吸收二氧化碳，释放氧气，对人类的生存和发展具有关键的意义，必须予以法律上的保护。由于植物也是有生命力的，同一般物是不同的，所以在法律上的地位也应当具有特殊性。而珍惜植物的价值在于物种的稀缺，应当加以特别的保护。

二、特殊物格

（一）网络虚拟财产

（1）网络虚拟财产的概念。网络虚拟财产，是指虚拟的网络本身以及存在于网络上的具有财产性的电磁记录，是一种能够用现有的度量标准度量其价值的数字化的新型财产。

（2）网络虚拟财产的特征。第一，网络虚拟财产是虚拟的网络本身以及存在于网络上的具有财产性的电磁记录。[1] 计算机、计算机之间传递数据的各种连线以及运营于网络的各种软件共同营造了一个虚拟的网络世界，这个虚拟的网络本身就是一种虚拟财产，如黑客对网站的攻击造成网站的访问障碍就是对权利人虚拟财产权的一种侵害。从外延上来讲，虚拟财产包含网络，又不限于网络，它更重要的是指存在于网络上的具有财产性的电磁记录。

第二，网络虚拟财产是现实世界中人类劳动和财富的异化，这种异化的主要特征是数字化。但是这些数据并不仅仅是单纯的数据，在它们身上凝聚着网络运营商和网络用户的劳动，消耗着网络运营商和网络用户的金钱。

第三，网络虚拟财产是在价值上能够用现有的度量标准衡量的财产。网络虚拟

[1] 关于网络虚拟财产是否具有财产性，无论是学术界还是司法界都有争议，但是，承认网络虚拟财产的财产性是一种必然的趋势，美国、中国大陆及台湾地区的判例也都承认网络虚拟财产的财产性。

财产虽然在使用上与现实世界具有一定的隔离性，只能在虚拟世界中才能够体现其使用价值，但是，由于网络虚拟财产体现了人类劳动和金钱的付出，所以其价值也可以用现有的度量标准来衡量。

（3）网络虚拟财产的特殊物的地位。网络虚拟财产作为一种新兴的财产，具有不同于现有的财产类型的不同特点，因此，我们把网络虚拟财产作为物格中特殊物格中的物，以此解决网络虚拟财产的权利客体定位。这样，顺应了物权法的发展趋势，把网络虚拟财产名正言顺地纳入了物的范畴，解决了网络虚拟财产的物权法保护这个症结。同时，特殊物格也准确反映出了网络虚拟财产的特性，是对网络虚拟财产的一个巧妙界定和精确描述。

（4）网络虚拟财产的类型。网络虚拟财产可以分为以下两大类型：其一是网络本身，其二是存在于网络上的虚拟财产。网络本身是一种重要的虚拟财产。第二种类型的虚拟财产又可以分为以下三种形式：

第一，网络游戏中的网络虚拟财产。这包括网络游戏中的账号（ID）及积累的"货币"、"装备"、"宠物"等财产。

第二，虚拟社区中的网络虚拟财产。这包括网络虚拟社区中的账号、货币、积分、用户级别等。

第三，其他存于网络的虚拟财产。这包括 OICQ 号码、电子信箱及其他网络虚拟财产等。第三类是一个包容性、兜底类型，只要非虚拟网络本身，也不属于上述两种形式的虚拟财产以外的网络虚拟财产均可以归属于第三类。

（二）空间

空间，是指依不动产登记能够确定的空间。[1] 其特点，一是空间须处于地表之上和之下，二是空间须能够确定的特定范围，三是空间须可以独立使用，四是空间须能够依不动产登记进行公示。

空间依附于地表，但是不包括地表，处于地表之上或者地表之下。空间作为物，具有抽象的性质，因此放在特殊物格之中，需要制定特别的规则，确定其所有权和他物权。

在我国，由于土地属于国家和集体所有，不存在私有的问题，因此，空间属于国家所有和集体所有。国家所有的土地，其空间属于国家所有；集体所有的土地，其空间属于集体所有。在国家或者集体所有的土地之上，可以设立空间地上权；在空间地上权之间，可以设定空间地役权。

（三）货币和有价证券

（1）货币。货币，是指以票面标明的金额表现其价值、在民事法律关系中具有特殊作用的种类物。我国的货币，是指中国人民银行发行的人民币，包括纸币、

---

[1] 王利明主编：《中国民法典学者建议稿及立法理由·物权编》，法律出版社 2005 年版，第 323 页。

镍币以及各种纪念币。

在社会生活中，货币具有重要的作用，具有一般等价物属性，是流通、支付、积累和储蓄的手段，是经济核算和经济考核的工具。在民事法律关系中，货币是合同的法定支付手段，是承担民事责任用以补偿或者赔偿的支付手段。

货币作为民事法律关系的客体，具有抽象性，因此与一般物格的物有所区别。

（2）有价证券。有价证券，是指设立并证明持卷人有权取得一定财产权利的书面凭证。

在民法上，有价证券具有双重属性：首先，有价证券是物，具有物的一切属性，是物格中的特殊物。其次，有价证券是债权文书，记载的是债权法律关系的债权，债权人依据有价证券，就能够主张有价证券记载的财产权利。因此，有价证券是一种特殊物，具有特别的属性。

作为民法上的特殊物，有价证券最主要特点，一是，只能向特定的人主张，而不能向一般人主张有价证券上的权利，离开记载的权利，有价证券并没有实际的价值；二是，有价证券具有无因性，义务人见券即须履行义务，负担单方履行的义务，不得向持券人要求给付对价，也无权追问持券人的证券来源和使用的原因。

三、普通物格

除了生命物格以及特殊物格的物之外，其他的所有的物，均属于普通物格中的物。例如建筑物、土地、办公桌椅、建筑材料、食品、用品等。

对于一般的物，适用民法关于物的一般规则，权利人可以按照物的一般规则对其进行支配，行使全部的所有权权利。

四、参考结论

本案中，网络中的武器装备决不简单的就是一堆数字，它确实包含着价值和使用价值，具有物的属性。但是虚拟财产并不同于传统上的物，它并不具有传统物所具有的占有一定三维空间的有体性，它作为物的属性的界定是将电子数据通过程序以及外设的显示系统得以实现的。因此虚拟财产也能够获得独立性，因而可以成为法律上的物。

笔者认为，网络虚拟财产具有特殊物格的地位，属于物的范畴。因此，侵害网络虚拟财产，就是侵害物的侵权行为。受理本案的法院判决认为本案被告的行为构成侵权，应当承担侵权责任，是完全正确的。

第四编　民事内容论

本编要点：本编介绍民事法律关系的内容。民事法律关系的内容就是民事权利和民事义务，因此，本编重点阐释民事权利和民事义务及其规则。在民事法律关系的产生、变更和消灭即民事流转中，最重要的法律事实就是民事法律行为，因此，本编对民事法律行为和代理制度进行了全面说明。民事义务的不履行，就产生民事责任，因此，民事责任是民事义务不履行的法律后果。有些民事权利存在权利的存续期间问题，本编在最后说明诉讼时效和除斥期间的规则。

第八章　民事权利与义务

本章知识点概要

民事权利和民事义务是民事法律关系的内容，而民事权利是民事法律关系内容的核心。民事权利是由特定民事利益和法律上之力相结合，共同构成的民事主体自由行使意志、实施法律行为的范围。民事权利具有以下三个基本特征：是由特定民事利益构成；是对特定民事利益赋予的法律之力；是民事主体自由行使意志实施法律行为的范围。

按照权利的客体是否具有财产价值为标准，可以将民事权利分为人身权、财产权和综合性权利。人身权，是指以人格利益或身份利益为内容、与权利人的人身不可分离的民事权利。财产权，是指与权利人的人格、身份相分离，直接体现某种财产价值的权利。综合性权利，是指那些兼具财产性和人身性，其内容既包括人身利益又包括财产利益，专属性并不强烈的民事权利。以民事权利的作用为标准，可以将民事权利分为支配权、请求权、形成权和抗辩权。支配权，是指权利人直接支配权利客体并排除他人干涉的权利。请求权，是指根据权利的内容，请求他人为一定行为或者不为一定行为的权利。抗辩权，是专指对抗他人请求权行使的权利，也就是拒绝相对人请求给付的拒绝给付权。形成权，是指权利人仅凭其单方意思即可使民事法律关系发生变动的权利。以权利的义务主体是否特定为标准，民事权利可以分为绝对权和相对权。绝对权，也称之为对世权，是指以权利人以外的任何第三人为义务人的民事权利。相对权，也称之为对人权，是指权利人只能够请求特定的义务人为一定行为或者不为一定行为的民事权利。按照民事权利之间是否存在主从关系为标准，民事权利可以分为主权利和从权利。主权利，是指数个有主从关系的权利中，不依赖于其他民事权利就可以独立存在的权利。民事权利通常都是主权利。从权利，是指其存在必须以其他民事权利的存在为前提才能存在的民事权利。按照民事权利是否可以与其主体相分离为标准，可以分为专属权和非专属权。专属权，是指专属于特定的民事主体的民事权利。非专属权，是指非专属于权利人本人，可以转让、继承的民事权利。

权利本位，与义务本位相对应，是指权利是民事法律关系中的核心，民法的终极目的在于实现、保障民事主体依法享有的各项民事权利，权利的实现是民法的基本作用和基本任务。民事权利的保护，民法采取赋予权利人以请求权的方式进行。当民事权利受到侵害的时候，权利人可以行使法律所赋予的请求权，救济自己权利的损害，使权利得到恢复。民事权利保护的基本方法，是民法赋予权利人以请求权的方式进行。

民事义务，是与民事权利相对应的概念，是指义务人为满足权利人的要求而为一定的行为或者不为一定行为的法律负担。

第一节　民事权利概述

案例1. 宠物“探视”纠纷案

【案情】

王女士和张先生婚后没有生育子女，双方对家中饲养的小狗“威威”宠爱有加。夫妻因发生纠纷而离婚，但是如何解决“威威”的“扶养”问题，却成为离婚的难题。“威威”是一条松狮犬，金黄金黄的毛发，憨憨的样子，很逗人喜爱。张先生说自己是看着“威威”一天天长大的，离婚后，狗见不到男主人会很伤心，希望王女士允许自己享有对“威威”的探视权。王女士则认为“威威”一直是自己在照料，离婚后两人都会有各自的新生活，所以不同意张先生再探视“威威”。双方发生争执，诉请法院裁断。法官向双方当事人说明饲养的宠物属于财产，不能按照子女抚养的探视权的规定处理，建议双方当事人协商解决对“威威”的“探视”问题。在法官的劝说下，双方达成一致意见，王女士同意离婚后，在双方都有时间的前提下，允许张先生在户外“探视”“威威”。

【问题】

本案中，对于宠物的“探视”属于民法上的权利吗？

【法理分析与参考结论】

一、民事权利的概念

（一）民事权利概念的界定

民事权利和民事义务是民事法律关系的内容，而民事权利是民事法律关系内容的核心。因此，权利是私法的核心概念，同时也是对法律生活多样性的最后抽象。[1] 可以说，民法就是以民事权利构建的完整体系。

对于民事权利的概念，传统上界定为“民事权利是公民、法人在民事法律关系中，依照法律的规定或者合同的约定，根据自己的意愿实现自己某种利益的可能性”；[2] 或者认为“民事权利，是民法规范赋予当事人为实现其利益所可实施的行为范围”。[3] 近年来，对民事权利概念的界定日渐多样化。例如，认为民事权利是权利的下阶位的概念，是指权利主体实现其正当利益为目的而自由行使意志的范围。[4] 或者认为，民事权利本质上是指法律为了保障民事主体的特定利益而提供法律之力的保护，是法律之力和特定利益的结合，是类型化了的利益，或者说是利益和力量的结合。[5]

界定民事权利概念，既不能太复杂，也不能太简单，应当用简明的文字说明法律之力和民事利益之间的关系。因此，可以下这样的定义：民事权利是由特定民事利益和法律上之力相结合，共同构成的民事主体自由行使意志、实施法律行为的范围。

（二）民事权利与其相关概念

1. 法益

法益，是指受到法律保护的特定民事利益。民事权利所保护的是民事利益，但是并非一切民事利益都受到权利的保护。法律所保护的权利，均正式授予其“权利”的称谓，没有这种权利称谓的，都不能称为权利。但是，法律也保护某些利益，并不对其授予权利的称谓，而仅仅将其作为利益保护，这样的民事利益就是法益。例如，死者的人格利益受到法律保护，但是其既然已经死亡，就不再作为民事主体存在，无法享有权利，这种利益就只能按照法益进行保护。再如，法律保护的人格权，均称之为名誉权、隐私权等称谓，除了具体人格权之外，还有其他的一些人格利益法律也提供保护，这些人格利益就称为一般人格利益或者其他人格利益，这也是法益。

---

[1] 德国学者冯·图尔所说，转引自［德］迪特尔·梅迪库斯：《德国民法总论》，法律出版社 1997 年版，第 62 页。

[2] 马原主编：《中国民法教程》，人民法院出版社 1989 年版，第 93 页。

[3] 张俊浩主编：《民法学原理》，中国政法大学出版社 1991 年版，第 80 页。

[4] 李永军：《民法总论》，法律出版社 2006 年版，第 114 页。

[5] 王利明主编：《民法学》，法律出版社 2005 年版，第 43 页。

法益与权利的区别在于，权利对应的是义务，而法益没有相对应的义务和义务人。

2. 权能

权能，是指民事权利的具体功能。例如，所有权具有占有、使用、收益、处分的权能，人格权具有控制、利用、有限转让、适当处分的权能❶。这些权能，都是所有权和人格权所具有的具体功能。

3. 权限

权限，是指就本身具有某种职责在内的权利，法律规定或者当事人约定的适当界限。例如监护权，是法律规定的权利，其权限就是其权利行使的界限；代理权是当事人授予的权利，其权限就是当事人所约定的权利的界限。这些权利的目的往往是为他人享有某种利益，与行为人自身享有的利益无关。❷

二、民事权利的本质和本位

（一）民事权利的本质

关于民事权利的本质，在理论上众说纷纭。在历史上主要有以下三种不同观点：

1. 意思说

意思说又称为意志说，是德国学者温德夏特首倡，以德国学者萨维尼的主张为代表。这种观点认为，权利的本质就是意思（意志），是个人意志所能自由活动或自由支配的范围。意思或者意志是权利的基础，无意思则无权利。萨维尼就说过："权利为意志的自由，该自由即为人，并只有人是意志天赋的。"❸ 反对者认为，这种学说解释了权利的本质是个人的意志，权利作为法律赋予权利人享有的意志自由，体现了权利人的自由意志，但是，没有解释意志产生的根源，因而，一方面要求享有权利者必须是有意思能力的，而另一方面又要说明无意思能力的未成年人和精神病人为什么能够具有权利能力。此外，这种主张也无法解释很多法律关系是因客观事实的发生而发生、变更或者消灭的客观现象。

2. 利益说

利益说的代表人物为德国学者耶林。他主张，权利是受法律保护的利益，凡依法律规定归属个人生活的利益即为权利。需要法律定纷止争，无非是纠纷因人们对利益的争执而引起，如果没有利益的存在，也就没有纠纷，因此也就没有必要进行法律的调整。但是反对者认为，一方面，法律所保护的利益未必都表现为权利，例

---

❶ 杨立新：《人格权法专论》，高等教育出版社2005年版，第33～35页。

❷ 龙卫球：《民法总论》，中国法制出版社2001年版，第137页。

❸ ［意］罗尔夫·科尼佩尔《法律与历史——论德国民法典的形成与变迁》，朱岩译，法律出版社2003年版，第64页。

如为了保护未成年的利益而通过设立行为能力制度而对其加以限制；另一方面，权利也未必都蕴涵一定的利益，例如代理人虽享有代理权，但其并未因此而享有物质的或者精神的利益。

3. 法力说

法力说由德国学者梅克尔为代表。该学说认为，权利的本质表现为法律上之力，权利是由特定的利益和法律上之力两因素构成的。特定利益为权利的内容，法律上之力为权利的外形。法律为保护或充实个人的特定利益，才给人以特定的法律上的力，使其借以享受特定的利益。此种学说克服了利益说的不足，得到我国主要学者的支持，为我国民法通说。

（二）权利本位

权利本位，与义务本位相对应，是指权利是民事法律关系中的核心，民法的终极目的在于实现、保障民事主体依法享有的各项民事权利。权利的实现是民法的基本作用和基本任务。

义务本位反对权利本位思想，甚至否认权利概念的存在，认为人们只有依据法律从事社会互助的社会义务，绝无权利可言。因此，人们在法律上只有连带关系，无所谓权利。[1]

确立权利本位观念，对于我国民法建设和现代法治建设具有极为重要的意义，原因在于，我国在历史上历来忽视权利，极力强调公民对国家、对社会、对他人应尽的义务。因此，公民的权利屡屡被侵害甚至践踏，即使在日常生活中，公民的权利也每每无法主张，都是司空见惯的事实。为了确保人的权利的保障和实现，必须确立权利本位观念，不仅使每一个民事主体都能够普遍建立权利观念，尊重他人的权利，而且能够使整个社会都能够确立尊重权利、保护权利的意识。因此，我国民法确立权利本位观念，在《民法通则》中专门规定了“民事权利”一章，以彰显民事权利的重要地位以及在法治建设中的地位。

三、民事权利的特征

民事权利是由特定民事利益和法律上之力相结合，共同构成的民事主体自由行使意志、实施法律行为的范围。

（一）民事权利是由特定民事利益构成

民事权利的背后都是特定的民事利益，民事利益既是民事法律关系的客体，也是民事权利的客体。这表现在，民事权利的设定体现了民事主体的特定民事利益，民事主体为追求一定的民事利益，因而从事一定的民事活动，从而获得权利。当然，民事主体享有、行使、支配某种利益，都是为了满足某种利益的需要，但是这种民事利益有时候并不都是个人利益的内容，因为国家协调个人利益和社会利益之

---

[1] 龙卫球：《民法总论》，中国法制出版社 2001 年版，第 125 页。

间的冲突，会对一定的民事利益进行限制，因此，民事利益中有时候会包含公共利益的内容。同时，特定民事利益是民事权利的构成要素，但不是说所有的民事利益都表现为权利，法律根据不同的利益，区分为权利保护的民事利益、法益保护的民事利益，以及法律不予保护的利益。从这个意义上说，民事权利就是特定的民事利益。

（二）民事权利是对特定民事利益赋予的法律之力

民事权利并不是天赋的，也不是自然的，而是法律赋予的，从而权利人可以凭借法律赋予的这种法律之力，要求他人为一定行为或者不为一定行为，可以直接支配权利客体，排斥他人的非法干涉，有权利用标的物获得利益，在受到侵害的时候获得法律的保护，以保证实现自己的特定民事利益。因此，仅仅有特定民事利益并不能构成民事权利，必须有法律之力，才能够保障特定民事利益的实现。从这个意义上说，民事权利就是法律之力。

（三）民事权利是民事主体自由行使意志实施法律行为的范围

正因为如此，民事权利的存在就为民事主体的意志和行为提供了自由和空间，在这个空间之中，民事主体可以按照自己的自由意志，实施法律行为，实现民事利益。因此，民事权利也就表现为民事主体一定范围内的行为自由。法律保障民事主体在权利设定的空间中，自由支配，自由行为。这种自由表现为：一是是否行使权利的自由，可以自由选择行使或者不行使权利；二是可以自由处分自己的非专属性的权利，例如丢弃或者毁损自己所有的财产；三是可以自由选择行使权利的方式，只要该方式不妨害公共利益或者他人利益；四是可以自由选择权利救济方式，例如在财产受到损害的时候，选择物权请求权进行救济，或者选择侵权请求权进行救济。因此，民事权利是民事主体自由行使意志实施法律行为的范围。

四、参考结论

探视权本来是民法对于夫妻离婚后未与未成年子女共同生活一方享有的对于未成年子女的探视的权利，它是一种身份权，以双方当事人之间具有父母子女身份为前提。而本案中，张先生却要主张对于爱犬的探视权，这说明宠物与人的关系逐渐亲密，人与动物之间存在了感情。但是，动物在民法中是一种特殊的物，属于物格中处于较高位阶的生命物格，虽然不得受到虐待，但是仍然是一种物，受到民法物权的保护，不能成为身份权保护的对象。张先生与宠物长久相处的感情并不受法律的调整，不能作为一种民法上的权利，因为宠物并不是人。因此，本案中张先生要求法院保护其对于宠物的探视并不能获得支持，只能由当事人自己协商解决。

第二节　民事权利的类型

案例 2. 房屋租赁合同纠纷案

【案情】

李某与崔某订立房屋租赁合同，合同中约定：李某将其房屋出租给崔某进行服装经营，年租金 2 万元，每年 1 月底前交清，租期 3 年，在承租人支付第一年租金后 10 日内出租人将房屋交付承租人使用。合同签订后，李某即将房屋腾空，但因崔某未交房租，也就没将房屋交付崔某使用。合同签订 30 日后，崔某要求李某交付房屋，而李某则主张，崔某未交付房租不能交房。

【问题】

本案中，李某拒绝交付房屋是在行使何种民事权利？

【法理分析与参考结论】

本案所涉及的民法知识主要是民事权利的分类。

一、人身权、财产权与综合性权利

按照权利的客体是否具有财产价值为标准，可以将民事权利分为人身权、财产权和综合性权利。

（一）人身权

人身权，是指以人格利益或身份利益为内容、与权利人的人身不可分离的民事权利。

人身权包括人格权和身份权。

人格权，是指权利人直接支配其生命、健康、名誉等人格利益并排除他人干涉的民事权利。人格权包括生命权、健康权、身体权、姓名权、名称权、肖像权、名誉权、信用权、荣誉权、隐私权、人身自由权和性自主权等。

身分权，是指权利人基于特定的亲属身份而产生的支配身份利益的民事权利。在现代社会，身份权以义务为中心，包括配偶权、亲权和亲属权。

人身权一般都具有专属性，原则上不得转让、抛弃和继承。但随着市场经济的发展，一些人格利益也具有财产价值，人格权中的一些权能，例如肖像权的使用权、隐私权的利用权、名称权等，可以依法转让他人。

（二）财产权

财产权，是指与权利人的人格、身份相分离，直接体现某种财产价值的权利。

财产权包括物权和债权。

财产权原则上不具有专属性，可以转让、抛弃、继承。财产权的主体限于现实地享有或可以取得财产的人，而不像人格权那样为一切人普遍地享有。[1]

（三）综合性权利

综合性权利，是指那些兼具财产性和人身性，其内容既包括人身利益又包括财产利益，专属性并不强烈的民事权利。

综合性权利包括知识产权和继承权。

知识产权主要包括著作权、商标权、专利权。在这些权利中，智力成果的创造人（作者、发明人、设计人）依法享有的表明自己身份的权利具有人身性质；而其他对智力成果、工商业标记等加以利用并收益的权利则具有财产性质。

继承权是自然人基于一定的亲属关系而享有的依法继承被继承人遗产的权利。此种权利以继承人的特定身份为基础，又以财产利益为内容，因此属于一种综合性权利。

综合性权利并不具有强烈的专属性，因此，权利人对知识产权和继承权可以转让、放弃，知识产权还可以依法继承。

二、支配权、请求权、形成权、抗辩权

按照民事权利的作用为标准，可以将民事权利分为支配权、请求权、形成权和抗辩权。

（一）支配权

支配权，是指权利人直接支配权利客体并排除他人干涉的权利。

具有绝对权性质的民事权利，都是支配权。物权作为权利人依法直接支配特定物的排他性权利，是典型的支配权；知识产权、人格权、身份权作为权利人直接支配智力成果和工商业标记、人格利益、身份利益的权利，也属于支配权。

支配权的特点在于：

1. 支配权的内容是权利人对其客体的直接支配

支配是指权利人在其权利范围内可以按照自己的意志依法对权利客体管领和处理，这种管领和处理不仅可以通过法律行为进行，如物权人可以在自己物上为他人设定用益物权或担保物权，由他人占有、使用而使自己取得收益等；也可以通过权利人自己依法直接占有、使用、处分标的物等事实上的使用、处分等行为进行支配。只要在法律限度内，权利人都可以依据自己的意志自由，对支配权的客体进行支配。因此，权利人对客体的支配，既不需要他人的同意，也无须义务人积极履行行为的配合。这与请求权通常需要义务人实施积极行为方能实现，有显著的差异。

2. 支配权的义务主体是不特定的任何人

任何民事权利的权利人都是特定的，但义务人是否特定，则是区别支配权和请求权的基本标准。支配权的义务人是权利人之外的不特定的任何第三人。这是因

[1] 谢怀栻：《谢怀栻法学文选》，中国法制出版社2002年版，第354页。

为，既然支配权人可以在其权利限度内按照自己的自由意思对客体加以支配，那么，权利人之外的任何第三人对此均负有不得妨碍权利人行使权利的义务。因此，权利人可以排除其他任何人对其行使权利的不当干涉。任何人侵害其权利客体、妨害权利的行使，甚至只是对权利客体造成危险时，无论行为人是否有过错，权利人基于其支配权均可以请求停止侵害、排除妨碍、消除危险等。[1]

3. 支配权的客体具有特定性

支配权的权利客体是特定的。无论是人身利益还是财产利益，如果没有特定，就不能作为支配权的客体，否则支配权就无所归依，权利人的支配就无从谈起，第三人也无法履行其不得妨碍权利行使的义务。但是，支配权客体的特定并非必须为物理上的特定，只要社会一般观念认为特定即可。

4. 支配权具有排他性

支配权具有强烈的排他性。权利人既然可以依据自己的自由意志对客体加以支配，那么，在同一权利客体上不得同时存在两个内容不相容的支配权。例如在同一个物上不能并存两个所有权。

5. 支配权具有社会公开性

支配权应当具有社会公开性，以使权利人之外的第三人知悉权利的现状，避免动辄得咎。因此，支配权通常要通过一定的方式加以公示。此种公示，在人格权则通过人身利益的存在而为公示；某些身份权需要进行登记，例如结婚、离婚、收养和解除收养，其他的身份权则依据亲属的事实记载于户口簿而为公示；物权则通过占有或登记进行公示；知识产权则通过登记或在作品上署名方式进行公示。

（二）请求权

1. 请求权的概念

请求权，是指根据权利的内容，请求他人为一定行为或者不为一定行为的权利。[2]

2. 请求权的体系

民法的请求权体系，包括三种不同的请求权：一是本权请求权，二是原权请求权，三是次生请求权。

第一，本权请求权。本权请求权是权利本身的请求权。其中，债权本身就是请求权的权利；在绝对权中也包含一些属于本权请求权的请求权。在绝对权中，有的绝对权并不存在本权请求权，因此可以叫做无本权请求权的绝对权，例如人格权、一般的物权、知识产权。有的绝对权包含本权请求权，例如：一是身份权，其中抚养、扶养、赡养等权利，是本权请求权；二是继承权，实现其继承权的权利，属于

---

[1] 这些请求权通常被认为是物权请求权，但实际上各种支配权均具有此种效力。

[2] 王家福主编：《中国民法学·民法债权》，法律出版社1991年版，第7页。

本权请求权；三是物权中的共有权，共有人之间享有的请求权，为本权请求权。

第二，原权请求权。民事权利本身固有的保护请求权，随着原权利的产生而产生、原权利的消灭而消灭，因此也叫做原权利的保护请求权，简称“原权请求权”。原权请求权在所有的民事权利中都存在。主要是：一是物权请求权。在物权法中，规定物权请求权，是各国物权立法的通例，我国《物权法》也规定了物权请求权。二是人格权请求权。在人格权中，也存在权利保护的请求权，对此，笔者专门进行过探讨，并且得到了学界的肯定，在《民法典专家建议稿》中设计了专门的条文。[1] 三是知识产权请求权。知识产权也存在保护请求权，专家学者也进行了专门的讨论。[2] 四是身份权请求权。身份权属于亲属权，不仅它自己存在请求权，同时也存在保护其权利的原权请求权。[3] 五是继承权请求权。继承权恢复请求权，又称继承权回复请求权，是指在发生继承权侵害情形时，真正的继承权人所享有的请求侵害人或者通过法院诉讼程序，将自己的权利恢复到继承开始时的状态的权利。六是债权保护请求权。即使债权本身就是请求权，其请求权是其基本内容，但是债权也有在自己的权利受到侵害时所产生的保护请求权，即债权的二次发生的请求权，债务人不履行债务时，债权人请求债务人承担民事责任的请求权就是债权的权利保护请求权，是原权利的保护请求权。

第三，次生请求权。基于权利被侵害而新发生的权利保护请求权，不是原权利本身的权利内容，而是基于侵权行为法的规定而产生的新的请求权，是基于原权利的损害而新生的权利，因此也称作次生的权利保护请求权，简称为“次生请求权”。次生请求权是专门为了救济民事权利受到侵害的后果而设立的请求权系统，是侵权行为法的基本手段。当民事权利受到侵权行为的侵害时，侵权行为法以赋予受害人侵权请求权的手段，在民事权利和诉讼权利之间发生请求权，使受害人即权利人可以依据侵权请求权，依法行使诉权，向法院起诉，寻求法律保护。

3. 请求权的特点

第一，请求权的义务人具有特定性。请求权的权利人具有特定性自不待言，其义务人也须特定。权利人只能向特定的义务人提出作为或不作为的请求，而不能向义务人之外的其他第三人提出请求。因此，请求权法律关系具有相对性，它是发生在特定的权利人和义务人之间的法律关系。

第二，请求权的客体是义务人的行为。义务人的行为包括作为（积极的行为）和不作为（消极的不为一定行为）。在现代民法中，权利人不能直接对他人人身进

---

[1] 杨立新、袁雪石：《论人格权请求权》，《法学研究》2003年第5期；王利明主编《中国民法典草案建议稿及说明》，中国法制出版社2004年版，第43页。

[2] 蒋志培：《论我国立法和司法确认的知识产权请求权》，http：//www. chinaiprlaw. com/fgrt/fgrt21. htm。

[3] 杨立新：《侵权行为法专论》，高等教育出版社2005年版，第132页。

行支配，所以，请求权人不能依赖自己单方的意思直接支配标的物从而实现权利，必须通过义务人的行为来进行。在义务人不履行义务时，权利人可以通过诉讼请求法院强制义务人履行义务。

第三，请求权通常无须公开。请求权的义务人是特定的人，第三人无须知悉权利的存在，因而与支配权完全不同，因此，法律不要求请求权必须通过一定方式进行公示。在通常情况下，由于第三人的原因导致义务人不能履行义务时，权利人不能向第三人提出请求；但如果该第三人明知债权的存在，故意通过一定的行为使债务人不履行义务的，权利人对该第三人产生侵权请求权，可以向该第三人提出请求。这就是第三人侵害债权制度。

4. 请求权的竞合与聚合

因各种请求权产生的构成要件不同，同一法律事实的发生，可能因符合多个请求权的构成要件而同时发生多个请求权。例如，债务人履行买卖合同时，给付的标的物质量不符合合同约定，债权人占有期间该标的物发生爆炸，造成标的物之外的其他财产、人身损害，则债务人的行为既因违反合同约定的质量标准而构成违约行为，债权人可以依据合同提出请求；债务人又因自己的过错行为造成他人财产、人身损害而构成侵权行为，债权人作为受害人，可以依据侵权责任提出请求。此种情形下，由于各种请求权的构成要件、诉讼时效和法律后果不同，权利人行使不同的请求权的法律效果也有差异。为充分保护权利人的利益，我国法律允许因违约行为侵害他人财产、人身权益的情况下，权利人可以根据自己的意志和利益选择适用违约责任或侵权责任。[1] 此种情况称为请求权竞合。

上述请求权竞合发生的不同请求权，其义务人是同一个特定的人。有时候发生竞合的请求权，其义务人不是同一个特定的人，而是数个特定的人，法律规定在不同的情况下，准许竞合的请求权不同的行使方式，这时候发生的请求权竞合会发生不同的责任形态。例如，设置一般担保的债务不履行，债权人对债务人的请求权和对保证人的请求权具有顺序的区别，首先应当行使对债务人的请求权，在该请求权不能实现或者不能完全实现的时候，才可以行使对保证人的请求权，这就是补充责任。反之，设置连带责任担保的债务不履行，债权人可以在对债务人的请求权和保证人的请求权之间选择一个请求权行使，或者两个请求权一并行使，但是只能实现一个请求权，并且最终的债务必然归属于债务人，这就是不真正连带责任。

当一个行为造成权利人的权利损害，可以适用不同的救济方法进行救济的时候，权利人也产生不同的请求权，这些请求权的救济目的并不相同，行使一个请求权，并不妨害其他请求权的行使，因此，请求权人可以一并行使数个请求权救济自

[1] 《合同法》第122条规定："因当事人一方的违约行为，侵害对方人身、财产权益的，受损害方有权选择依照本法要求其承担违约责任或者依照其他法律要求其承担侵权责任。"

己的损害。此种情形称为请求权聚合。

（三）抗辩权

1. 抗辩权的概念

抗辩权，是专指对抗他人请求权行使的权利，也就是拒绝相对人请求给付的拒绝给付权。

抗辩权不同于抗辩。抗辩，是针对请求权提出的一种防御方法，是指当事人通过主张与对方的主张事实所不同的事实或法律关系，以排斥对方所主张的事实的行为。实体法上的抗辩分为权利障碍的抗辩、权利毁灭的抗辩和抗辩权。

前两类抗辩基于一定的事实，可称事实抗辩，而事实抗辩是指债务人基于某种特殊事实而主张从来没有出现请求权或者先前出现的请求重新消灭。债务人基于某种特殊事实而主张从来没有出现请求权的抗辩被称之为权利障碍抗辩，债务人基于某种特殊事实而主张先前出现的请求重新消灭的抗辩被称为权利毁灭抗辩。权利障碍抗辩表现在诉讼效果上是可以从该事实中得出："由原告陈述所推出的法律后果自始起不能发生，其存在受到阻碍。"[1] 权利毁灭抗辩表现在诉讼上的后果为："从当时起或从现在起原告已存在的权利已经消灭。"[2]

而最后一种抗辩就是抗辩权，表现在诉讼上的效果是：原告的请求权虽存在，但其效力被永久或一时的排除了。因此，抗辩权是抗辩概念中的一种，并不是抗辩的全部。

2. 抗辩权的特征

第一，抗辩权具有永久性。抗辩权不受诉讼时效的限制，因此具有永久性。诉讼时效只存在于请求权，抗辩权不受其限制。[3] 应当特别注意的是，这里所说的"永久性"是指抗辩权不单纯因时间之经过而消灭而言，所以不但永久抗辩权具有永久性，延缓抗辩权亦具有永久性。[4] 例如同时履行抗辩权，尽管为延缓的抗辩权，虽然应在履行期限内提出，然而如果对方永久不为对待给付而向此方请求，则此方即可以永久行使抗辩权，不能单纯因时间的经过而使抗辩权消灭。

第二，抗辩权具有无被侵害的可能性。但凡民事权利均有不被侵害的效力，任何人都负有不得侵害的消极义务，但抗辩权却例外，它没有被侵害的可能，不能成为侵权行为的对象。因为抗辩权在行使前，对原法律关系不产生任何影响，但一经行使，具体的权利义务关系随即发生一定的变化，他人没有干预的机会。抗辩权在

---

[1] ［德］奥特马．尧厄尼希著：《民事诉讼法》（第27版），周翠译，法律出版社2003年版，第232页。

[2] ［德］奥特马．尧厄尼希著：《民事诉讼法》（第27版），周翠译，法律出版社2003年版，第233页。

[3] 刘得宽：《民法新问题与新展望》，中国政法大学出版社2002年版，第539页。

[4] 郑玉波：《论抗辩权》，载《民商法问题研究》（四），台北三民书局1991年版，第45页。

行使的过程中也没有被侵害的可能，因为抗辩权的行使行为是一种单方法律行为，权利人只要将其意思通知送达于对方就可以立即产生法律后果，无须他人行为的介入，因而也就没有被侵害的可能。

第三，抗辩权具有不可单独让与性。抗辩权须附随于其所依附的基本权利一起让与，不得单独让与，因此具有不可单独让与性。这是因为，抗辩权为附属一定法律关系上的权能，其实质是权利的作用，抗辩权与所依附的基本权利义务的关系至为密切，而权利的作用须依附在基本权利之下才能够发挥其效能，因此，抗辩权的行使具有专属性。抗辩权一旦与基本权利分离，则其作用本身无法单独存在，也将无行使的可能，故具有不可单独转让的特征。

第四，抗辩权具有无相对义务观念性。无相对义务观念性，是指“无须相对人介入”[1]，即抗辩权不须相对人的协力，因而抗辩权无相对义务观念的存在。相比较，请求权作为一种相对权，在其法律关系中，一方当事人享有权利，相对方当事人总要负有某种义务，权利人权利的实现建立在义务人履行作为或不作为义务的基础之上，必须介入相对人的行为才可以实现其权利。抗辩权不同，在抗辩权法律关系中，只要权利人将抗辩的意思表达于对方，即可产生法律规定的效果，既不需要相对人的作为或者不作为，也不需要相对人对该意思通知表示同意或不同意，相对人不负任何义务。

3. 抗辩权的类型

抗辩权以其效力强弱的不同为区别标准，可分为永久性抗辩权、延缓性抗辩权和限制性抗辩权。

第一，永久性抗辩权。永久性抗辩权，是指该抗辩权的行使可使请求权行使的效力被永久排除，其在诉讼上的效果，可使原告的诉讼请求得到驳回的裁判，例如时效完成的抗辩权，这种抗辩权一经行使，就可以永久对抗债权人的履行请求，永久消灭请求权。

第二，延缓性抗辩权。延缓性抗辩权，是指仅能使对方请求权于一定期间内不能行使或暂时地排除其请求权的效力，故也称为一时的抗辩权。[2] 延缓性抗辩权主要有同时履行抗辩权、先履行抗辩权、不安抗辩权、先诉抗辩权和穷困抗辩权，[3] 它仅仅一时性地对抗请求权人的请求，抗辩事由消灭之后，抗辩权的效力也就消灭，义务人仍须履行义务。

第三，限制性抗辩权。限制性抗辩权，是指义务人承认权利人存在请求权，既

---

[1] 林诚二：《论形成权》，载《民法总则争议问题研究》，杨与龄主编，台北五南图书出版社 1999 年版，第 77 页。

[2] 郑玉波：《民商法问题研究》（四），台北三民书局 1991 年版，第 43 页。

[3] 杨立新、刘宗胜：《论抗辩权》，《河北法学》2006 年第 12 期。

不主张对请求权的永久性地抗辩，也不主张暂时性地阻止权利人请求权的效力，只是请求权利人有限地行使其请求权的抗辩权。

4. 抗辩权的行使

抗辩权的效力并不因法定行使条件的具备而自动发生，必须经过权利人的主张。法院或仲裁庭不得依职权主动适用抗辩权，并以之作为判断一方当事人免责的事由。所以，即便当事人有权行使某种抗辩权，但却并未对该权利加以主张，则仍须就其债务不履行或者不适当履行承担责任。

（四）形成权

形成权，是指权利人仅凭其单方意思即可使民事法律关系发生变动的权利。

形成权的主要特征在于：

1. 形成权行使的效果在于使民事法律关系发生变动

形成权的效果可以使民事法律关系发生变动的表现是：首先，形成权的行使可以设立民事法律关系，例如，追认权是形成权，而追认权的行使即可使效力待定的合同发生效力，从而创设债权债务关系。其次，形成权的行使可以变更民事法律关系，例如，选择权是形成权，在选择之债中选择权人行使选择权，使选择之债变更为简单之债。再次，形成权的行使可以消灭民事法律关系。例如，解除权是形成权，在合同因不可抗力致使合同目的不能实现时，当事人行使解除权解除合同，从而使合同之债消灭。最后，形成权的行使也不妨依法律的规定或当事人的约定对他人之间的民事法律关系加以变动。例如，法定代理人的追认权变动的是本人和相对人之间的合同关系；选择之债中，当事人也不妨约定第三人为选择权人。

2. 形成权的行使只需权利人单方的行为

形成权的行使只需单方行为，无须相对人的同意。形成权的本质特征在于权利人可以根据自己的意志通过单方的意思表示而直接变动相应的民事法律关系，而无须与对方当事人达成协议。因此，形成权的行使原则上只需权利人作出意思表示即可。但为督促权利人慎重行使或避免纠纷，法律也规定有些形成权的行使须通过特别方式为之，例如对于可撤销合同，撤销权人行使撤销权须通过人民法院或仲裁机构行使，但这并不影响形成权只需权利人单方意思即可实现的本质。

3. 形成权通常设置除斥期间加以限制

由于形成权人只需其单方行为即可变动法律关系，形成权的存在显然不利于法律关系的稳定，因此，法律一般对形成权规设有除斥期间的限制，期间届满，形成权即告消灭。例如《合同法》规定，可撤销合同的撤销权的除斥期间为自知道或者应当知道撤销事由之日起1年（第55条）；效力待定合同的追认权为相对人催告之日起1个月（第47条和第48条）。

4. 形成权须以法律的特别规定或当事人的特别约定为前提

依私法自治原则，权利人在不违反社会公共利益的情况下，可以以其单方意思表示抛弃其权利，从而消灭相应的法律关系。在民事法律关系的发生、变更直接为他人科加义务或损害他人利益时，原则上应当以相对人的同意为前提。但由于形成权的行使无须相对人的同意，因而法律对形成权取得和行使作出特别规定；在没有法律规定情况下，通过当事人的约定也可以取得形成权，例如当事人约定在特定条件下一方有权解除合同。鉴于形成权的行使可能损害相对人的利益，法律在赋予形成权的同时，除上述除斥期间的限制外，还对形成权的行使有一定限制，例如规定抵销权的行使不得附条件或期限。[1] 同时，形成权一旦行使不得撤销，以避免法律关系陷入不确定的状态。

形成权与抗辩权是从不同的角度对民事权利进行的分类，因此，形成权与消灭的抗辩权（即永久性抗辩权）之间存在一定的重合，例如抵销既为消灭的抗辩权，也是一种形成权。

三、绝对权和相对权

以权利的义务主体是否特定为标准，民事权利可以分为绝对权和相对权。

（一）绝对权

绝对权，也称之为对世权，是指以权利人以外的任何第三人为义务人的民事权利。因此，绝对权的权利人是特定的，其义务人是权利人之外的任何人。

绝对权并非意味着权利人的权利不受任何限制，而是指权利的行使无须得到他人的同意或他人积极行为的辅助。除权利人以外，其他任何人都对权利负有不可侵害和妨害的义务。义务人的义务是不作为，只要不妨碍权利人行使权利就是履行了义务。因此，其义务主体是不特定的，义务人承担的只是不侵害或不妨害权利的消极义务。权利人的权利可以对抗一切不特定的义务人。人格权、身份权、物权、知识产权等各种支配权都是绝对权。支配权和绝对权是对同一种权利从不同方面的表述。

既然权利人之外的任何人都是义务人，因此绝对权通常都具有公开性，须以特定方式予以公示。

（二）相对权

相对权，也称之为对人权，是指权利人只能够请求特定的义务人为一定行为或者不为一定行为的民事权利。

相对权的义务人是特定的，权利人只能对抗特定的义务人，而不能对抗义务人之外的其他第三人。权利人只能向特定的义务人主张自己的权利。相对权的义务人所承担的义务主要是积极行为的义务，只有通过义务人的行为，权利人才能实现自己的权利。但特殊情况下相对权的义务人承担的也可能是不作为的义务。相对权仅在特定的当事人之间存在，所以，相对权通常无须具有公开性。债权是典型的相

---

[1] 《合同法》第99条规定：“抵销不得附条件或者附期限。”

对权。

四、主权利和从权利

按照民事权利之间是否存在主从关系为标准，民事权利可以分为主权利和从权利。

（一）主权利

主权利，是指数个有主从关系的权利中，不依赖于其他民事权利就可以独立存在的权利。民事权利通常都是主权利。

（二）从权利

从权利，是指其存在必须以其他民事权利的存在为前提才能存在的民事权利。从权利一般包括地役权、抵押权、质权、留置权以及保证债权。基于合同自由原则，当事人可以自由约定多项权利之间的从属性。

（三）从权利对主权利的从属性

从权利对主权利的从属性，称之为"从随主"原则，通常表现为以下方面：

1. 从权利的发生以主权利已经发生为前提

在具有主从关系的民事权利之间，如果主权利并未发生，则从权利也不能发生，例如担保物权所担保的主债权因合同无效而不能发生，创设从权利的法律行为也应当无效，从而使担保物权不能设立。例外的是，在最高额抵押权和最高额保证债权中，其成立不以主债权的成立为前提。

2. 权利人对主权利的处分原则上及于从权利

处分主权利，其效力及于从权利。例如债权人转让其债权，为担保该债权所设立的抵押权等从权利也一并转移。如果该从权利系专属于主权利人的除外。[1] 当地役权人转让需役地使用权时，受让人一并取得地役权。

3. 主权利消灭其从权利随之消灭

在主权利消灭的时候，其从权利一并随之消灭。例如主债权因清偿、提存、抵销、混同、免除等原因消灭，担保物权、保证债权等从权利一并消灭。

五、专属权与非专属权

按照民事权利是否可以与其主体相分离为标准，可以分为专属权和非专属权。

（一）专属权

专属权，是指专属于特定的民事主体的民事权利。专属权与主体不能分离，不得转让、继承。人格权、身份权都具有人身性，为专属权。

专属权分为享有上的专属权和行使上的专属权。享有上的专属权是专属于特定人享有，不可与权利人相分离，不得转让的权利。行使上的专属权，是指专属权的

---

[1] 《合同法》第81条规定："债权人转让权利的，受让人取得与债权有关的从权利，但该从权利专属于债权人自身的除外。"

行使与否，只能由权利人决定，他人不得代理或者代位行使的专属权。

此外，在义务上也可能有专属性，例如委任合同和承揽合同所生的义务，就是专属性的义务。

（二）非专属权

非专属权，是指非专属于权利人本人，可以转让、继承的民事权利。物权、债权、知识产权等财产权原则上属于非专属权，但基于扶养关系、抚养关系、赡养关系、继承关系产生的给付请求权和劳动报酬、退休金、养老金、抚恤金、安置费、人寿保险、人身伤害赔偿的请求权等权利，虽为债权，但具有专属性，为专属权。❶

六、参考结论

本案中，按照李某和崔某所签订的合同，崔某应当先交纳一年的房租，然后李某将房屋交付给崔某使用。由于崔某并没有按照约定交纳房租，李某自然可以暂不将房屋交付给崔某。这里，李某所主张的是可以对抗崔某的请求的权利，按照权利作用的划分方法，这种权利的作用力是能够对抗对方的请求权，使得对方的请求权失去效力，因而李某所行使的权利是抗辩权，属于我国《合同法》所规定的同时履行抗辩权。

第三节　民事权利保护的请求权体系

案例3. 建筑物受侵害纠纷案

【案情】

某房地产开发公司在距离某大学20米处建造大厦，在建设施工初期因大量抽排地下水和深度挖掘，致使该大学的教学楼一侧地基出现下沉现象，导致一侧墙面出现裂缝。因而，该大学便向房地产开发公司提出停止抽排地下水，停止侵害的行为。但是，房地产开发公司认为自己的行为是正当权利的行使，与大学无关，因而继续进行施工，后来导致大学教学楼开裂现象更加严重。无奈之下，大学向法院起诉，要求保护自己的合法权利。

【问题】

本案中大学可以主张何种请求权以保护自己的权利？

---

❶ 最高人民法院《关于适用〈合同法〉若干问题的解释（一）》第12条规定：“《合同法》第73条第1款规定的专属于债务人自身的债权，是指基于扶养关系、抚养关系、赡养关系、继承关系产生的给付请求权和劳动报酬、退休金、养老金、抚恤金、安置费、人寿保险、人身伤害赔偿请求权等权利。”

【法理分析与参考结论】

一、民事权利保护的请求权及其体系

（一）民事权利保护的请求权

民事权利的保护，民法采取赋予权利人以请求权的方式进行。当民事权利受到侵害的时候，权利人可以行使法律所赋予的请求权，救济自己权利的损害，使权利得到恢复。

（二）民事权利保护的请求权体系

对民事权利进行保护的请求权体系，包括原权利的保护请求权和侵权请求权。前一个民事权利保护请求权是民事权利所固有的保护请求权；后一个民事权利保护请求权是基于权利被侵害依照侵权行为法的规定而产生的权利保护请求权。基于侵权行为法所产生的请求权，都是侵权请求权。

就民事权利保护的请求权而言，前一个系统的保护请求权，是民事权利本身固有的保护请求权，随着原权利的产生而产生，原权利的消灭而消灭，是原权请求权。后一个系统的权利保护请求权，是基于权利被侵害而发生的权利保护请求权，不是原权利本身的权利内容，而是基于侵权行为法的规定而产生的新的请求权，是基于原权利的损害而新生的权利，是次生请求权。

（三）两种保护请求权的关系

原权请求权与侵权请求权的关系是：第一，原权请求权是民事权利固有的权利，是原权利固有的保护自己的请求权，在民事权利受到侵害的时候，权利人可以马上行使这个固有的请求权，救济自己的损害，恢复自己的权利。第二，次生请求权是专门为了救济民事权利受到侵害后果而设立的请求权系统，是侵权行为法的基本手段。当民事权利受到侵权行为侵害时，侵权行为法以赋予受害人侵权请求权的手段，在民事权利和诉讼权利之间发生请求权，使受害人即权利人可以依据侵权请求权，依法行使诉权，向法院起诉，寻求法律保护。第三，现代民法将民事权利保护的两个请求权系统结合在一起，构成了严密的民事权利保护系统，共同担负着民事权利的保护职责。这两个系统缺一不可，必须同时共存，才能够担负起保护民事权利的重任。用形象的表达方法，可以将两种请求权的关系表述为：原权请求权类似于人体的自身免疫力和抵抗力，病毒和病菌侵袭身体，自身的免疫力和抵抗力即时发挥作用；侵权请求权类似于医疗手段，当病毒和病菌侵袭身体时，可以采用医疗手段而不是自身抵抗的方式进行救济，杀灭病毒或者病菌，保持人体健康。

二、民事权利请求权保护体系的基本内容和基本作用

（一）请求权保护体系的基本内容

原权请求权与次生请求权具有不同的性质，因此具有不同的内容。

1. 原权请求权的基本内容

原权请求权的产生是以存在的绝对权或相对权为基础，其存在的目的是实现和

保护绝对权或相对权的完满状态、绝对权不被破坏的完好状态，相对权得以顺利实现。

原权请求权体系包括人格权请求权、身份权请求权、继承权请求权、物权请求权、知识产权请求权和债权二次请求权。

原权请求权的内容基于不同的权利而有不同。基于物权产生的物上请求权，具体内容包括：返还原物请求权、停止侵害请求权、收益返还请求权、占有请求权（返还占有请求权和排除占有妨害请求权）等；亲属法上的身份权请求权，包括抚养请求权、扶养请求权、赡养请求权、配偶权请求权等；继承法上，则有继承请求权；人格权请求权，包括排除妨害请求权、停止妨害请求权、恢复名誉请求权、赔礼道歉请求权等；知识产权请求权则存在消除影响请求权、排除妨碍请求权、停止侵害请求权、恢复名誉请求权等。在债权中，债务人不履行债务的债权人的二次请求权等。

2. 次生请求权的基本内容

次生请求权与原权请求权的性质是不同的。次生请求权是基于他人违反民事义务或侵害民事权利而产生的权利，其实质是权利人请求相对人承担民事责任。次生请求权主要表现为侵权请求权，是基于权利被侵害而生的权利保护的请求权，因而其基本性质虽然也是请求权，但它是次生的请求权，是一个新的请求权。

在侵权法中，侵权请求权主要包括以下请求权：停止侵害请求权、排除妨碍请求权、消除危险请求权、返还财产请求权、恢复原状请求权、赔偿损失请求权、消除影响请求权、恢复名誉请求权、赔礼道歉请求权、侵权行为禁令请求权。

在侵权行为法领域，在这些次生请求权中，最主要的请求权是侵权损害赔偿请求权。对于其他的侵权请求权，一是其作用并不特别重要，二是存在整合的问题，究竟是将其放在侵权请求权当中，还是归并于原权请求权中，还是一个值得研究的问题。

（二）民事权利请求权保护的基本作用

正是由于原权请求权与次生请求权的上述性质和作用，它们对于保护民事权利的重要作用主要表现在以下几个方面：

第一，使实体权利的保护具体化，能够让民事实体权利人明确权利保护的具体途径。民事权利的保护必须有具体的方法和途径，而请求权就是支持一方当事人向他方当事人有所主张的方法和途径，请求权基础也就是指可以支持一方当事人向他方当事人有所主张的法律规范❶。因此，请求权基础的寻找，是保护民事权利的核心工作。在某种意义上甚至可以说，寻求民事权利的保护，就在于寻找请求权的基础。请求权基础是每一个学习法律的人必须彻底了解，确实掌握的基本概念及思考

❶ 王泽鉴：《法律思维与民法实例》，中国政法大学出版社 2001 年版，第 56 页，

方法[1]。如所有人的商标权遭受侵害的情况下，所有人可以根据知识产权请求权，要求立即停止侵害，这种请求权不是债的请求权，而是独立的实体权利。由于债权主要是请求权，而其他的各项权利在受到侵害以后也都转化为请求权；权利人行使请求权，将使义务人履行义务，反过来说，要使某人在民法上的义务得以履行，必须赋予权利人以相应的请求权，所以，请求权的产生，保障了权利的行使和义务的履行。[2] 这样，也就使民事权利人明确，要保护自己的权利，也就必须通过请求权的方法才能够实现。

第二，明确民事权利保护的起点，填补诉讼之前权利请求的空白状态。首先，请求权成为权利保护的起点。民事权利自身不会保护自己，而民事权利在其与诉讼权利之间，必须以请求权作为权利保护的起点，将民事实体权利与诉讼权利结合起来。如果没有请求权的保护方法，就会造成误解，认为权利的保护起点是诉权。如果确实是这样的话，即没有请求权的保护方法存在，那就不存在民事权利的保护，民事权利的保护就无法进入诉讼阶段，无法得到保护。正因为如此，请求权乃要求特定人为特定行为（作为，不作为）的权利，在权利体系中居于枢纽的地位，因为任何权利，无论是相对权或绝对权，为发挥其功能，或回复不受侵害的圆满状态，均须借助于请求权的行使。可见，请求权保护方法的发明，使权利人的权利实现更为全面。其次，请求权沟通和划分了实体法与程序法的界限。在诉讼理论中，虽然有关诉讼标的的研究就诉讼标的或诉讼对象提出不同的观点，但其核心都涉及实体性的请求权。[3] 从程序法的角度来看，请求权构成了民事诉讼的前提和中心。再次，请求权联系现实权利。请求权是一项独立的实体权利。它不依赖于在它之前就已存在的、它为之服务的权利，而单独地存在。它具有独立的经济价值，本身就属于一种权利，因此权利人可以转让、抵销和免除。如侵害物权而产生的损害赔偿请求权，该请求权并不是为了实现所有权，而是就不可改变的侵害后果加以补偿，具有独立的债权意义，请求权界定了权利遭到侵害而产生诉讼之前的实体形态，把实体权利与现实权利联系起来了。

第三，扩张了民法典的内在功能，使民法典中基于债的规定可以应用到权利保护请求权之上。请求权作为一种民事权利，广泛存在于民法的各个领域，如人格权法、亲属法、债权法、物权法、知识产权法和继承法领域。在民法上规定请求权，只要规定其种类等基本问题即可，不必再规定其具体的规则，因为请求权的具体规则实质上就是债权法的规则。同时，请求权的提出也加强了民法的完整体系，通过

---

[1] 王泽鉴：《法律思维与民法实例》，中国政法大学出版社2001年版，第50页。

[2] 王利明：《民法总则研究》，中国人民大学出版社2004年版，第214页。

[3] 朱岩：《论请求权》，载王利明主编：《判解研究》2003年第4辑，人民法院出版社2004年版，第75页。

请求权的体系连接，使民法成为逻辑更为严密的有机整体。请求权体系理念的发展，为从整体上把握民法，从体系的角度为运用民法奠定了基础。[1] 民法典中各部分请求权的规定，可以使人们对自己权利遭受侵害后的救济权有清楚地认识，可以根据不同情况选择对自己有利的救济办法，从而最大限度地保护权利人的合法权益。通过清晰的请求权体系的规定，也为法官审理案件准确适用法律提供了基础。

第四，整合权利与诉讼时效的关系，使不同的权利保护请求权与诉讼时效建立不同的关系。请求权确定了诉讼时效制度的适用范围，只有次生请求权才可以适用诉讼时效，而原权请求权并不与诉讼时效相联系。在德国法中，诉讼时效的适用对象仅限于部分请求权（《德国民法典》第 194 条第 1 款）。[2] 在我国，《民法通则》尽管规定了特殊诉讼时效的适用范围，但对普通诉讼时效的范围规定的并不明确。学者认为，原则上诉讼时效的适用范围限于请求权。[3] 并且认为，适用诉讼时效的请求权的类型包括债权请求权、继承请求权。不适用诉讼时效的请求权包括基于人格关系发生的不作为请求权，基于身份关系发生的请求权，物权请求权，未授权给公民、法人经营、管理的国家财产受到侵害的不受诉讼时效期间的限制和基于投资关系和储蓄关系的请求权。请求权体系的建立和划分，明晰了权利与诉讼时效之间的关系，促使权利人及时行使权利。

三、原权请求权与次生请求权的关系调整

民事权利保护请求权中的原权请求权与次生请求权之间关系的调整，主要是指两种请求权体系之间的竞合关系如何协调。

（一）关于原权请求权与次生请求权的竞合

请求权竞合是指基于一个法律事实产生数个请求权，该数个请求权的救济目的相同，但是数个请求权的内容相互冲突，只能选择其中一个请求权行使的请求权竞合现象。同一种生活事实或者大体一致的生活事实可以构成不同的请求权发生的规范的要件，因而构成竞合。

在原权请求权与次生请求权两个权利之中，就存在这样的状态。基于一个法律事实，既发生原权请求权，又发生次生请求权，两种请求权的目的都是为了保护同一个民事权利，救济的目的和范围都相同，但其内容相互冲突，这就构成了请求权竞合。现在所要研究的是，原权请求权与次生请求权之间竞合的后果应当怎样处理，这是解决两个请求权之间关系协调的关键问题。对此，应当从根本上进行分析，作出最有利的判断。

在请求权竞合问题的处理上，传统学理有两种观点，一是法律竞合论，二是请

[1] 王利明：《民法总则研究》，中国人民大学出版社 2004 年版，第 214 页。

[2] ［德］迪特尔·梅迪库斯著：《德国民法总论》，邵建东译，法律出版社 2000 年版，第 90 页。

[3] 王利明：《民法总则研究》，中国人民大学出版社 2004 年版，第 715 页。

求权竞合论。此外，在传统请求权竞合理论之后，学理又提出了请求权规范竞合论的学说。

1. 法律竞合论（法条竞合论）

法律竞合论认为，一个法律构成要件在发生的时候，如果导致多个不同的请求权同时存在，而这些请求权的目的只有一个时，实际上是一种法律竞合的现象，竞合的是法条，而不是请求权，真正的请求权只有一个。法院在适用法条时，应当审查所涉及的数个法条之间的关系，适用其中最适当的法条，而排除其他法条的适用。在法律竞合的情况下，实际上最终只涉及一个请求权，法律竞合论有时会使受害人丧失有利的请求权，牺牲的是权利人的权利。这种选择显然对权利人不利。

2. 请求权竞合论

请求权竞合论分为请求权自由竞合论和请求权相互影响论。

请求权自由竞合论认为，在因为同一个事实关系而发生数个的请求权，这些请求权的给付目的为同一时，各个请求权可以同时并存。对这些竞合的请求权，当事人可以选择其中一个请求权主张，也可以就所有请求权同时主张，还可以就不同的请求权先后主张，甚至可以将其中一个请求权让与他人，自己保留其他的请求权，或者将请求权让与不同的他人。也就是说，权利人可以自由处分各个竞合的请求权。当其中一个请求权获得满足时，其他的请求权即随之消灭。债权人就自己不同的请求权自由处理，在今天的诉讼法中是不可以的，[1] 也违背了公平原则。

请求权相互影响说，是主张在请求权竞合的情形，当事人只可主张一个请求权，不得重复或同时主张复数的请求权。但是，为克服不同请求权在管辖法院、诉讼时效、证明负担、证明标准、赔偿范围等方面的差异给原告带来的不便和不公，允许不同的请求权之间可以相互影响。在主张契约上的请求权时，可以适用侵权法上的有关规定；在主张侵权法上的请求权时，也可以适用契约法上的有关规定。

3. 请求权规范竞合论

该学说认为，在同一事实符合侵权责任和债务不履行责任的规定时，被害人实体上的请求权只有一个。相互竞合的并不是请求权，而是请求权的基础。在法律规定的背后，只有一个义务的存在，只是因为学理上的需要，这个义务才被作了不同的安排。因此只要违反了义务，实际上只有一个违反义务的状况，所以其法律效果也只有一个。这样，以同一给付为目的，而有数个规范作为基础的请求权，权利人只能请求一次，债务人也只需履行一次。该请求权经裁判后，权利人不得对同一事实以其他的法律观点再行提起新的诉讼。

我国学者并没有如德国、日本或者我国台湾地区学者那样，对请求权竞合问题进行深入研究，因为我国过去研究竞合都是从民事责任竞合的角度来研究的，且我

[1] ［德］卡尔·拉伦茨著：《德国民法通论》，王晓晔等译，法律出版社2003年版，第352页。

国立法并没有明确绝对权请求权的存在，主要是对侵权责任与违约责任、返还不当得利与侵权责任的竞合的研究，从请求权的角度来研究竞合还比较少。从学者们的观点来看，我国学理有的采用请求权竞合论，[1] 并对其进行适当限制，对法律竞合论和请求权规范竞合论涉及不多。

那么，原权请求权和次生请求权之间的竞合，应当竞合到什么程度呢？我国学者有几种意见：[2]

第一种意见认为，规定原权请求权和次生请求权“绝对分开”，不让它们发生竞合。按照这种意见，原权请求权只规定损害除去请求权和损害停止请求权，而次生请求权则规定为损害赔偿请求权。这样，两种请求权就不会发生竞合，也就不存在选择的问题。如果请求损害赔偿，只能行使次生请求权；如果请求损害除去或者损害停止，则只能行使原权请求权。

第二种意见认为，规定原权请求权和次生请求权“完全竞合”，也就是原权请求权和次生请求权的内容规定的完全一样，在诉讼时效之内，可以行使次生请求权，在诉讼时效完成之后，则只能行使原权请求权。

第三种意见认为，规定次生请求权和原权请求权“部分竞合”。例如，原权请求权规定损害除去请求权、损害停止请求权、财产损害赔偿请求权，而次生请求权除了规定这三种请求权之外，还规定精神损害赔偿请求权。这样，次生请求权的内容较之于原权请求权就存在区别，如果在诉讼时效期间之内行使次生请求权，可以获得较多的赔偿，而超过了诉讼时效期间，行使原权请求权则不能获得精神损害赔偿。这样规定，可以鼓励权利人及时行使权利，保护自己的权利。

第四种意见认为，将原权请求权和次生请求权“分别规定”，将绝对权自己的保护方法称之为请求权，而将次生请求权称之为侵权责任，这样，就能够区分两者之间的关系，也不至于在竞合规则上大费脑筋和大做文章了。

我国学者比较一致的意见是，第一，规定原权请求权和次生请求权不发生竞合，不符合客观事实，是做不到的。第二，如果将两种请求权规定为完全竞合，这样做倒是简单，但是，这样规定也就没有任何意义了，完全可以只规定一个原权请求权就可以了。第三，将两种请求权一种规定为请求权，一种规定为责任，虽然简单明了，但即使是如此，责任的基础还是请求权问题，还是要发生竞合。因此这种意见也不宜采取。因此，采取第三种意见即部分竞合的意见，是最好的选择。具体内容，还可以继续研究，但是基本的原则应当这样确定。

按照这种意见，笔者认为，原权请求权与次生请求权的关系，就是部分竞合的

[1] 王利明主编：《民法·侵权行为法》，中国人民大学出版社 1993 年版，第 211 ~ 234 页。

[2] 杨立新：《制定民法典侵权行为法编争论的若干理论问题——中国民法典制定研讨会讨论问题辑要及评论（二）》，载《河南省政法管理干部学院学报》2005 年第 1 期。

关系。按照这样的思路协调两种请求权的关系，既有实际意义，也在理论上划清了两种请求权的界限，是最可取的。《物权法》关于物权请求权的规定，以及在《民法典专家建议稿》关于人格权请求权的规定中，对此规定的都是完全竞合。❶ 这样设计的后果，就使次生请求权即侵权请求权没有必要存在。

四、参考结论

本案中，房地产公司的施工行为使得大学教学楼的地基下沉、墙面开裂，侵害了大学建筑物的物权。对于这种物权侵害，大学作为所有权人可以行使物权请求权中的停止侵害请求权，请求停止侵害，以避免对于建筑物造成更大的损害。除此之外，房地产公司的行为已经造成了大学教学楼的损害，大学还可以依据侵权法行使损害赔偿请求权。物权请求权是物权本身所具有的，属于原权请求权，而侵权的损害赔偿请求权，是物权受到损害后所产生的救济请求权，属于次生请求权。

第四节　民事义务

案例4. 未尽安全保障义务案

【案情】

某商场在其卖场通道处设置了一道玻璃门，但并未在该门上设置任何警示，一般人很难发现该玻璃门的存在。杨某在进入卖场时没有注意到玻璃门的存在，头部撞在玻璃门上，造成轻微脑震荡。于是要求商场进行损害赔偿。

【问题】

商场违反了何种义务？杨某可以要求商场承担赔偿责任吗？

【法理分析与参考结论】

一、民事义务的概念和特征

（一）民事义务的概念

民事义务，是与民事权利相对应的概念，是指义务人为满足权利人的要求而为一定的行为或者不为一定行为的法律负担。❷

民法以权利为本位，但是权利的实现须以义务的履行为前提，因此，民法既要研究民事权利，也要研究民事义务。

（二）民事义务的特征

1. 民事义务产生于法律的规定和当事人的约定

民事义务当然依附于民事权利，但是，民事义务的产生，却是根据法律的规定

---

❶ 王利明：《中国民法典草案建议稿及说明》，中国法制出版社2004年版，第43页。

❷ 王利明：《民法总则研究》，中国人民大学出版社2001年版，第252页。

或者当事人的约定。绝对权都是法律规定的民事权利，或者根据法律规定而依法取得的民事权利，因此，相对于绝对权的民事义务，就都是法律规定的义务。这样的义务不是以当事人的意志为转移的，是义务人依法应当履行的义务。在相对权，由于其权利的产生都是当事人约定的，因此，其相对应的民事义务也都是当事人约定的。当事人经过协商，确定了民事义务，就对民事义务人产生拘束力，必须履行。民事义务还可以通过其他原因产生，例如依据诚实信用原则而产生民事义务。

2. 民事义务的内容表现为为一定行为或者不为一定行为

民事义务的内容，具体表现为为一定行为或者不为一定行为。前者为积极义务，后者为消极义务。在为一定行为的积极义务，如依照债权人的请求交付货物；在不为一定行为的消极义务，如名誉权关系中的其他任何人作为义务人，只要不对权利人的权利实施侵害行为，即为履行了义务。因此，民事义务就是为某种行为或者不为某种行为的必要性，是对义务人作为或者不作为的约束。

3. 义务的履行是为了满足权利人的利益

义务是民事权利实现的前提，因此，义务人履行民事义务，目的在于满足权利人的利益，而不是为了直接实现义务人自身的利益。当然，义务人履行民事义务并非与义务人的利益毫无关系，因为许多民事义务与民事权利相对应，义务人负有义务的同时常常相应地取得一定的权利，因此，义务人履行一定的义务是其享受权利的前提，但这种利益是一种间接的利益，而民事义务的履行，对于义务人而言，并不是直接享有利益。

4. 民事义务具有法律的强制性

民事义务是义务人为一定行为或者不为一定行为的必要性，在法律上具有强制性。因此，义务人必须履行民事义务，而不是像权利那样只是一种可能性，可以行使也可以不行使，甚至可以抛弃。民事义务的强制性表现在，当义务人不履行民事义务的时候，法律规定对其科以民事责任，权利人可以依据其请求权，请求法院强制义务人承担民事责任。因此，民事责任就是民事义务不履行的法律后果，是民事义务的强制性的法律保证。

二、民事义务的类型

（一）作为义务与不作为义务

作为义务，是指行为人应当按照法律规定或者权利人的要求，通过作出积极行为以满足权利人利益要求的义务。例如，法律规定，父母应当扶养未成年子女，子女在父母需要赡养的时候应当担负赡养义务；在合同关系中，债务人的给付义务就是作为义务。

不作为义务，是指义务人应当按照法律的规定或者当事人的约定，不从事某种行为，以保障权利人权利实现的义务。最典型的不作为义务是绝对权中的义务人的不可侵义务，所有的绝对权的义务人只要不侵害权利人的权利，就为履行了其不作为义务。在合同法中，合伙合同的当事人关于合伙人之间不得进行竞业禁止的义务，是约定的不作为义务。

区分作为义务和不作为义务的意义在于，作为义务必须履行，不履行作为义务，构成不作为的违法行为。不作为的义务，义务人不得违反不作为义务而实施作为行为，违反不作为义务，构成作为的违法行为。

（二）法定义务与约定义务

法定义务，是指由法律、法规规定以及根据诚实信用原则所产生的义务。

约定义务，是指当事人在合同中通过协商确立的义务。

法定义务与约定义务区别的意义在于，约定义务体现的是民法意思自治原则，完全依据当事人意思来决定义务的内容。而法定义务体现了国家的意志和社会公共利益，不允许当事人自己决定义务的内容。

（三）对世义务与对人义务

对世义务，也叫做绝对义务，是指绝对权的义务人对权利人所负担的义务，事实上等于对所有的绝对权人都负有这样的义务。人格权的义务人，物权的义务人，以及其他绝对权的义务人负担的义务都是对世义务。

对人义务，也叫做相对义务，是相对权的义务人对特定的权利人所负担的义务，其义务仅仅对其相对的权利人承担，对他人不负有这样的义务。债权关系的义务人所负担的义务都是对人义务。

区分对世义务和对人义务的意义在于，对世义务的义务人对所有的权利人的义务都是一样的，都是不可侵的不作为义务。对人义务的义务人，仅仅对特定的义务人负担义务，义务的内容主要是作为义务，也包括不作为的义务。

（四）主给付义务与附随义务

主给付义务，也叫做主义务，是指债的关系所固有的、必备的、直接影响到债的目的实现的义务。在买卖合同中，卖方交付标的物、买方交付价款的义务，都是主给付义务。

附随义务，是指合同当事人依照法律或者依照诚实信用原则、交易习惯以及合同约定产生的义务。这种义务并不单独存在，而是依附于主给付义务而存在。例如，《合同法》第92条规定的合同权利义务终止后，仍然需要履行的通知、协助和保密义务，就是法定的附随义务；当事人之间约定的售后服务义务，就是约定的附随义务。

相对于主给付义务而言，附随义务只是附随的，但是这并不意味着附随义务是不重要的，相反，在很多情况下，违反附随义务会给另一方造成重大损害，甚至构成根本违约，例如出卖人不告知产品的使用方法，使买受人蒙受重大损失。[1]

---

[1] 王利明：《民法总则研究》，中国人民大学出版社2003年版，第256页。

（五）真正义务和不真正义务

真正义务，是指违反该义务能够发生民事责任的民事义务。绝大多数民事义务都是真正义务，例如绝对权义务人所负担的不可侵义务，合同当事人约定的给付义务。

在有些情况下，虽然某人依法应当实施某种行为（包括作为和不作为），但在义务人不履行时，相对人也不能请求其承担民事责任，而只是使其遭受权利丧失或减损的不利益，这样的义务就是不真正义务。[1] 例如，在债务履行过程中，债权人自身发生重大事项致使履行债务发生困难时的通知义务，[2] 债权人怠于履行此义务时，债务人不能请求其承担违约责任，但可以中止履行或者将标的物提存；《合同法》第 39 条规定的提供格式条款一方对格式条款的说明义务，也没有规定相应的责任，因此也是不真正义务。

三、参考结论

商场作为场所的管理人，应当为公众提供一个安全的设施和场所，这就是所说的安全保障义务，这是一种积极的作为义务。本案中，商场并未在玻璃门上张贴安全警示，违反了安全保障义务，杨某因此遭受损害，商场应当承担赔偿责任。

---

[1] 王泽鉴：《债法原理》（第一册），中国政法大学出版社 2001 年版，第 47 页。

[2] 见《合同法》第 70 条规定。

第九章　民事法律行为

本章知识点概要

民事法律行为，是指自然人、法人或者其他组织设立、变更、终止民事权利和民事义务的以意思表示为要素的合法行为。民事法律行为具有如下法律特征：民事法律行为是人为的法律事实；民事法律行为是一种表意行为；民事法律行为以意思表示为核心要素；民事法律行为是合法行为。

根据不同的标准，可以将民事法律行为区分为不同的类型，如根据当事人人数的不同，可以将法律行为区分为单方法律行为、双方法律行为与多方法律行为。根据当事人是否需要给付对价，即是否需要为对待给付可以将法律行为分为有偿法律行为与无偿法律行为。根据法律行为的成立或生效是否需要交付标的物，可将法律行为区分为诺成法律行为与实践法律行为。根据法律行为的做成是否必须依照一定的方式为标准，可将法律行为分为要式法律行为与不要式法律行为。根据法律行为相互间的主从关系，可以将法律行为分为主法律行为与从法律行为。根据法律行为自身是否具有独立性，可将法律行为区分为独立法律行为与辅助法律行为。根据法律行为是否以原因的存在为有效要件，可以将法律行为区分为有因行为和无因行为。根据法律行为所产生的效果不同，可以将法律行为区分为负担行为和处分行为。根据法律行为的效力是发生于行为人生前还是生后，可将法律行为区分为生前行为与死因行为。

民事法律行为的形式是意思表示的方式。意思表示，是指民事主体向外部表明意欲发生一定的民法上法律效果的意思行为。换言之，意思表示就是行为人进行的民事法律行为的内心意愿，并以一定的方式表达于外部的行为。意思表示的构成要素可分为主观要件与客观要件。客观要件是指外部的表示行为，即在客观上可认为其在表示某种法律效果意思，主观要件是指内心的意思。为便于处理内心意思与外部表示不一致的各种情况，传统学说将意思表示的主观要件分为行为意思、表示意思与效果意思三种具体的类型。有关意思表示的基本原理，存在意思主义与表示主义的对立。意思表示必须采用一定的形式，按照不同的标准，可以将意思表示的形式区分为口头与书面、明示与默示等不同的类型。无论是意思表示的发出，还是意思表示的生效都应根据其是否存在特定的相对人而将之区分为有相对人的意思表示的发出或生效，以及无相对人的意思表示的发出或生效的情况。意思表示还可以撤回和撤销。意思表示的撤回是指意思表示发出以后，尚未到达意思表示的受领人之前，表意人作出取消其意思表示的表示。意思表示的撤销则是指意思表示在发出并生效以后，表意人又作出取消其意思表示的表示。意思表示的撤回与撤销存在差异，世界各国立法在对待这两种制度的态度上存在一定差异。意思表示的解释是指在意思表示不清楚、不明确而发生争议的情况下，法院或仲裁机构对意思表示所作的说明。一般来说，在解释意思表示的过程中，应当遵守文义解释、目的解释、体系解释、习惯解释以及依据诚实信用原则进行解释等方法。

就像并非任何组织体都是法人从而法人面临着是否成立的问题一样，法律行为作为一种有特定内涵的行为同样也要面临是否成立的问题。法律行为的成立就是法律行为的成形与产生，其着眼点在于行为人从事的某一具体行为究竟是法律行为还是其他的表示行为。在法律行为成立以后，还需要进一步解决的问题就是法律行为是否有效。法律行为的有效就是业已成立的法律行为符合法定有效要件从而具有法律效力，其着眼点在于行为人从事的每一项法律行为是否符合法律的精神和规定，因而能否取得法律所认许的效力。因此，法律行为的成立与法律行为的有效是不同的制度。无论是法律行为的成立还是法律行为的有效，都必须具备一定的构成要件，只有在符合这些构成要件的情况下，法律行为才会成立或有效。其中，法律行为成立必须具备的要件为法律行为的成立要件，法律行为有效必须具备的要件为法律行为的有效要件。法律行为的成立要件可分为一般成立要件与特殊成立要件。一般认为，有无意思表示是判断法律行为是否成立的唯一要件和本质要件。而特殊有效要件是指法律行为的成立在一般有效要件外还必须具备的其他要件。如对双方民事法律行为而言，仅单个意思表示并不足以使之成立，只有双方当事人的两个意思表示达成一致时才能成立；如对实践法律行为而言，除了意思表示之外，还必须交付标的物才能成立；再如对要式法律行为而言，在意思表示之外，还需要采取特定的形式或履行特定的手续才能成立。

法律行为的有效要件同样存在一般有效要件与特殊有效要件的区分。一般来说，法律行为的有效必须具备以下要件：第一，行为人具有相应的民事行为能力。第二，意思表示真实。第三，不违反法律和行政法规的强制性与禁止性规定。第四，不违反社会公共利益。在特殊情况下，法律行为除了具备一般有效要件外，还需要具备特别有效要件，才能产生法律效力，发生当事人所预期的法律效果。如附延缓条件或延缓期限的法律行为、遗嘱行为等成立且具备有效要件后，并不马上生效，只有在条件成就、期限届至或者遗嘱人死亡后，上述法律行为才发生法律效力。业已成立的法律行为符合法律行为有效的一般要件与特殊有效要件，当然就是有效的法律行为，从而能产生当事人预期的法律效果。但如果不符合法律行为的有效要件，则显然不能产生当事人预期的法律效果。各国立法上和学理上根据所欠缺的有效要件的不同，将欠缺有效要件的法律行为分为无效法律行为、可撤销法律行为与效力未定三种类型。无效法律行为，自始、当然、确定地发生无效的后果；可撤销的法律行为，则可因撤销权人行使撤销权的行为使法律行为的效力归于消灭；效力未定的法律行为，则是其效力能否发生尚未确定，只有经过权利人追认才能变得有效。其中，无效法律行为应包括以下几种类型：第一，无民事行为能力人实施的法律行为，当然，无行为能力人所实施的纯获法律上利益、日常生活所必须等行为仍然是有效的法律行为。第二，恶意串通，损害国家、集体或者第三人利益的法律行为；第三，以合法形式掩盖非法目的的法律行为；第四，违反法律、行政法规的强制性规定的法律行为；第五，损害社会公共利益的法律行为。可撤销法律行为主要包括欺诈、胁迫、乘人之危、重大误解、显失公平等主要类型；效力未定法律行为包括限制民事行为能力人实施其依法不得独立从事的法律行为、狭义无权代理、无权处分等类型。被确认无效或被撤销的法律行为虽然不能产生当事人预期的法律效果，但也能引起一定的法定效果，根据我国《民法通则》第 61 条的规定，被确认无效或被撤销的法律行为发生返还财产、赔偿损失、追缴财产等法律后果。

还要注意的是，法律行为可以附加附款。法律行为的附款是指当事人限制法律行为效果的发生或者消灭的条款。也就是说，当事人在法律行为中设置一定的条款，以此来限制法律行为效力的发生，或者使法律行为的效力归于消灭。法律行为的附款分为条件、期限与负担三种类型。条件是指以将来在客观上不确定的事实决定法律行为效力发生或消灭的附款。条件可分为不同的类型。以条件是决定法律行为效力之发生还是效力之消灭为标准，可将条件分为停止条件与解除条件。以条件在事实上的发生和不发生为标准，可以将条件区分为积极条件和消极条件。以条件的成就能否为当事人的主观意思所左右为标准，可将条件分为随意条件、偶成条件与混合条件。此外，在条件问题上，还存在着真正条件与不真正条件的差异。不真正条件包括法定条件、不法条件、既成条件与不能条件等几种类型。条件的成就是指作为条件内容的事实已经实现。条件的不成就是指作为条件内容的事实不能实现。根据我国《合同法》的规定，当事人为自己的利益不正当地阻止条件成就的，视为条件已成就；不正当地促成条件成就的，视为条件不成就。期限是指当事人用将来确定事实的到来决定法律行为效力的发生或消灭的一种附款。期限可分为始期与终期、确定期限与不确定期限等不同的类型。负担则是课加给权利的取得人的一种附加的和特别的义务。附负担的民事法律行为是指其效力受当事人设定的负担影响的法律行为。负担与条件同属法律行为的附款，目的虽甚相近，但法律性质及法律效果全然不同，应予辨明。一般来说，负担对法律行为效力产生以下影响：第一，如果当事人不履行法律行为设定的负担，利害关系人可以请求法院强制权利人履行。第二，如果负担具有解除性质，权利人不履行负担的，利害关系人可请求法院撤销权利人已取得的权利。第三，如果负担已不能履行或无必要履行，法律行为的效力存续，权利人可以确保有已取得的权利。

第一节 民事法律行为概述

案例1. 遗赠纠纷案

【案情】

曹某与吴某为战友，曾经共同参与过对越战争，曹某在战斗中负伤，全靠吴某冒死相救才得以生还。曹某复员后开办公司，经营有方，获得可观收入，在当地购置了三套房屋。曹某感念吴某的救命之恩，亲自书写了一份遗嘱，明确写明在其死亡后将其中的一套房屋赠与吴某。2000 年曹某去世，吴某依据该遗嘱要求获得该套房屋的所有权。但是曹某的家人不同意，认为曹某的三套房屋是曹某的遗产，应当由曹某的三个子女继承，曹某所立遗嘱不能发生法律效力。

【问题】

曹某的遗赠能够发生法律效力吗？

【法理分析与参考结论】

一、民事法律行为的概念和特征

（一）民事法律行为的概念

1. 民事法律行为的概念界定

民事法律行为，是指自然人、法人或者其他组织设立、变更、终止民事权利和民事义务的以意思表示为要素的合法行为。

2. 民事法律行为概念的产生和发展

民事法律行为概念的产生和发展，大致有四个过程。

第一，萌芽时期。在罗马法，法律对买卖、借贷、租赁等都做了明确的规定。在这个时期，虽然没有使用民事法律行为的概念，但是在这些制度中已经有了民事法律行为概念的萌芽。这是民事法律行为的萌芽时期。

第二，初创时期。《法国民法典》进一步承认了当事人之间所缔结的契约的法律效力，使其具有了推动民事流转的作用，只是没有使用民事法律行为这个概念。

第三，建立时期。《德国民法典》第一次正式使用法律行为的概念，创造了现代民法的法律行为制度，从而高度地概括了契约、遗嘱等行为的共同本质特征。

第四，完善时期。《瑞士民法典》肯定民事法律行为制度，同时将意思行为和法律行为相区别，构成了现代民法严密的民事法律行为的制度和观念体系。现今，大陆法系各国民法普遍规定了民事法律行为制度，在理论上建立了完善的理论体系。这是将民法的立法和理论进行高度抽象化的结果，是立法技术高度发展的结果。

3. 民事法律行为和法律行为

原本的民事法律行为概念就叫做法律行为。我国《民法通则》在使用这个概念时，将民事法律行为作为合法的民事行为，在这个概念之上又设置了民事行为这样一个中性的概念，这个概念才相当于法律行为概念。

我国采用的这种民事行为和民事法律行为的概念及其划分，并不是一个非常科学的概念，在使用它们的时候经常出现混淆的现象。

（二）民事法律行为的法律特征

1. 民事法律行为是人为的法律事实

民事法律行为是一种人为的法律事实，具有明确的目的性。民事法律行为是民事法律关系的发生、变更或消灭的原因之一，属于法律事实中的行为。它的目的性，就是以发生一定的民事法律效果为目的，也就是建立、变更或者消灭民事法律关系。

2. 民事法律行为是一种表意行为

在产生民事法律关系的行为中，有表意行为和非表意行为之分。表意行为是行为人具有导致一定法律效果发生的意图。非表意行为又称为事实行为，即行为人主观上并无产生法律效果的意图，仅在客观上引起了某种法律效果的发生，如技术发明创造、发现埋藏物、拾得遗失物等行为。民事法律行为是表示行为，非表示行为不是民事法律行为。

3. 民事法律行为以意思表示为核心要素

既然法律行为为表意行为，因而意思表示是构成法律行为的最基本的要素。意思表示就是行为人将其期望发生法律行为的意思以一定的方式表现于外部的过程。

4. 民事法律行为是合法行为

我国《民法通则》使用了民事行为和民事法律行为的概念，其中民事行为包括民事法律行为、无效的民事行为和可撤销的民事行为。[1] 民事法律行为都是合法的行为。

二、民事法律行为的分类

（一）单方行为、双方行为和多方行为

以民事法律行为的主体数量的多少为标准，对民事法律行为可以作这种分类。

1. 单方行为

也称为单方民事法律行为，是指根据一方当事人的意思表示就可以成立的法律行为。这种行为无须他方当事人的同意就可以发生法律效力。订立遗嘱、放弃继承权、撤销委托代理、免除债务、追认无权代理等行为，都属于单方行为。凡是单方

---

[1] 广义的可撤销的民事行为还包括可变更的民事行为。可变更、可撤销的民事行为与《合同法》规定的效力待定的合同含义基本相同。

行为，一经实施就立即发生法律效果。

2. 双方行为

也称为双方民事法律行为，是指双方当事人对应的意思表示达成一致才能成立的民事法律行为。合同行为是最为典型的双方行为。

3. 多方行为

也称为多方民事法律行为，是指三方以上的当事人并行的意思表示达成一致才能成立的民事法律行为。例如，由三个以上的合伙人订立合伙合同的行为，为多方行为。

（二）有偿行为和无偿行为

根据民事法律行为的双方是否承担对待给付义务为标准，民事法律行为可以作这种分类。

1. 有偿行为

也称为有偿民事法律行为，是指双方承担互为对待给付义务的民事法律行为。对待给付是指当事人一方以付出某种利益为代价而交换所获得的利益。例如，买卖合同就是有偿民事法律行为。

2. 无偿行为

也称为无偿民事法律行为，是指一方当事人承担给付义务而对方当事人不承担给付义务的行为。例如，赠与、无偿寄托、无偿保管等合同，都是无偿民事法律行为。

（三）诺成行为和实践行为

根据民事法律行为的成立是否以实际交付实物为标准，对民事法律行为可以作这种分类。

1. 诺成行为

也称为诺成民事法律行为，是指当事人之间只以意思表示为成立要件，无须实际交付实物就能够成立的法律行为。诺成民事法律行为自当事人意思表示达成一致时成立。因此，诺成行为也叫做不要物行为。

2. 实践行为

也称为实践民事法律行为，是指当事人之间除了意思表示一致之外，还必须实际交付实物才能够成立的民事法律行为。它又被称为要物行为，其成立须以物的交付之时为标准确定。

（四）要式行为与不要式行为

根据民事法律行为是否须依一定方式为标准，对民事法律行为可以作这种分类。

要式行为，是指法律规定必须采取一定形式才能够成立的民事法律行为。不要式行为，是指法律不要求采取特定形式，而任由当事人选择所使用的形式的民事法律行为。

在民法上，民事法律行为以不要式行为为原则，以要式行为为例外。例如按照《合同法》规定，合同可以采取口头形式、书面形式和其他形式，法律、行政法规另有规定时，从其规定。区别的意义在于，不要式行为可以自由为之，要式行为非依法律规定的方式原则上为无效。

（五）主行为和从行为

以法律行为之间的相互关系为标准，民事法律行为可以作这种分类。

主行为，也称为主民事法律行为，或者主法律行为，是指不需要其他法律行为存在就可以成立的民事法律行为。从行为，也称为从民事法律行为，或者从法律行为，是指不能单独存在，只能从属于其他法律行为而存在的法律行为。例如，为借款合同而设定抵押合同，其中借款合同是主行为，抵押合同是从行为。

从行为的成立和效力取决于主行为。因此，区分的意义在于，从行为的命运附随于主行为，即主行为无效或者消灭时，从行为随之无效或者消灭。

（六）独立行为和辅助行为

根据民事法律行为是否有独立的实质内容为标准，可以作这种分类。

独立行为，也称为独立法律行为，是指行为人通过自己的意思表示就可以成立的民事法律行为。有完全民事行为能力人实施的行为，为独立法律行为。

辅助行为，也称为辅助法律行为，是指行为人的意思表示必须在他人意思表示的辅助下才能够成立的法律行为。法定代理人对未成年人的意思表示所作出的同意表示，被代理人对代理人超越代理权实施的行为的追认，都属于辅助行为。

这种区分的意义在于，辅助行为仅为独立法律行为生效的条件，自身无独立的实质内容；而受辅助行为辅助的独立行为在没有辅助行为之前不生效力。

（七）财产行为和身份行为

根据民事法律行为产生的后果是导致财产关系还是身份关系变动为标准，可以作这种分类。

财产行为，也称为财产法律行为，是指导致财产关系发生变动的民事法律行为。例如买卖行为、设立用益物权的行为。身份行为，也叫做身份法律行为，是指导致身份关系发生变动的民事法律行为，如结婚、离婚、收养行为。

这种区分的意义在于，两种不同的法律行为适用不同的法律规范和具体规则。

（八）负担行为与处分行为

根据民事法律行为对当事人权利发生的作用不同，可以作这种分类。

负担行为，是指发生债权债务关系的行为，故又称作债权行为，如赠与、租赁合同等行为。处分行为，是指使某特定权利直接发生取得、变更、消灭后果的行为，如物权行为和准物权行为。

处分行为须以行为人有处分能力始为有效，处分能力，是指行为人具有的可以为有效处分行为的法律地位；有处分能力的人叫做处分权人。财产权人对于其权利标的物均有处分权；人格权与身份权人对于可处分的人格利益或者身份利益，有权进行处分。无处分能力人就权利标的物所为的处分，为无权处分。无权处分行为，原则上不发生处分的效力。

（九）有因行为与无因行为

以民事法律行为与其原因的关系为标准，可以作这种分类。

有因行为，是指行为与其原因在法律上相互结合不可分离的民事法律行为。例如，债权行为是有因行为。无因行为，是指行为与其原因可以分离的民事法律行为。例如，物权行为是无因行为。

区分有因行为与无因行为的意义在于，无因行为，原因虽不存在，但其行为仍然有效；有因行为，如果原因不存在，其行为应归于无效。[1]

（十）生前行为与死因行为

以法律行为的效力系发生在行为人的生前或者死后为标准，可以作这种分类。

生前行为，是指行为人实施的行为发生于行为人生前的民事法律行为。例如，赠与行为都是生前行为。死因行为，是指以行为人死亡而发生效力的民事法律行为。例如，遗赠行为须遗赠人死亡后方发生效力，为死因行为。

区别的意义在于，死因行为非于行为人死亡后不发生效力，且因其在行为人死后生效，利害关系人间容易发生争议，法律多设有特别规则，以确保行为人的真意能够贯彻。

三、民事法律行为的形式

民事法律行为的形式是意思表示的方式。主要有以下几类。

（一）口头形式

口头形式，是指以谈话的方式进行的意思表示。广而言之，当面交谈、电话交谈、托人带口信、当众宣布自己的意思等，都是口头形式。口头形式具有简便、迅速的优点，但发生纠纷时举证较为困难。主要适用于即时清结或者标的数额较小的交易。

（二）书面形式

书面形式，是指以书面文字的方式进行的意思表示。又分为一般书面形式和特殊书面形式。一般书面形式是指用一般性的文字记载形式进行的意思表示，特殊书面形式是指获得国家机关或者其他职能部门认可的形式进行的意思表示。电子数据、电报信件、传真等，都是特殊的书面形式。

书面形式可以促使当事人在深思熟虑后实施法律行为，使权利义务关系明确

[1] 梁慧星：《民法总论》，法律出版社1996年版，第156页。梁慧星认为，仅于财产行为发生有因与无因问题，但实际上，代理行为也是无因行为，且代理行为具有一定的人身性。

化，并方便证据保存。主要适用于不能即时清结、数额较大的民事法律行为。

（三）推定形式

推定形式，是指以有目的、有意识的积极行为表示其意思的民事法律行为形式。换言之，行为人虽然没有口头或者书面的表示，但可以通过其积极行为推定其内在的意思。例如，租期届满后，承租人继续缴纳租金而出租人予以接受的行为，据此，可以推知当事人延长了租赁期限，是延长租期的推定形式。

在推定形式上，应当注意区分证据法意义上的推定和实体法上的推定。推定过错、推定因果关系等，都是证据法上的推定，是根据已经证明的事实推定待证事实，作为认定案件法律责任的基础事实。民事法律行为的推定形式，是指实体法上关于当事人通过有目的、有意义的积极行为将其内在意思表现于外部，使他人可以根据常识、交易习惯或者相互间的默契，推知当事人已经作出了某种意思表示，从而使法律行为成立。

（四）沉默形式

沉默形式，是指将沉默不表示赋予成立法律行为意义的形式，是指既无语言表示又无行为表示的消极行为，在法律有特别规定的情况下，视为当事人的沉默已经构成了意思表示，因此而使民事法律行为成立。在通常情况下，沉默不能作为意思表示的方式，内部的意思表示必须借助于积极的表示行为，沉默并不是表示行为；只有在法律有特别规定时，沉默的消极行为才被赋予一定的表示意义，并产生成立法律行为的效果。

四、民事法律行为在民事法律关系中的地位和意义

民事法律行为在民事法律关系中究竟处于什么地位，对于正确理解民事法律行为的意义，正确掌握民事法律行为的基本规则，具有重要意义。

民事法律行为是行为中的一种，是民事法律事实的内容之一。民事法律事实包括事件和行为。民事法律行为是行为中的一种，是行为中最主要的形式。因此说，民事法律行为就是民事法律事实的最基本的形式。

民事法律事实是民事流转的动力，由于法律事实的出现，民事法律关系才得以产生、变更或消灭。正是民事法律关系的产生、变更和消灭，才推动了民法社会的不断发展。因此，民事法律行为就是实现民事流转、推动民法社会发展的基本动力。民事法律行为作为推动民事流转的基本的、主要的形式，在民法社会中发挥着极为重要的作用，具有极为重要的意义。研究民事法律行为，就是要真正认识到民事法律行为在民事法律关系的运动中的作用和意义，掌握它的运行规则。民事法律行为制度及其相关的理论，在现代民事法律制度以及现代民法学说中居于重要地位，民事法律行为制度作为观念的抽象，不仅统辖着合同法、遗嘱法、婚姻法等具体设权行为的规则，形成了民法中不同于法定主义体系的独特法律调整制度，而且又以完备系统的理论形态概括了民法中一系列精致的概念和原理，形成了学说中令

人瞩目的独立领域。[1] 这样来认识民事法律行为，是完全正确的。

五、参考结论

本案中，曹某生前所立的遗嘱，是曹某处分自己财产房屋的意思的表示，由于曹某是该房屋的所有权人，他可以任意处分该房屋。因此，曹某所立的遗嘱的内容是将他希望在其死亡后将该房屋所有权转让给吴某的意思的表达，符合法律行为概念。因此，吴某所立遗嘱是一种法律行为，该法律行为的生效除了曹某的遗嘱之外，还需要曹某死亡的事实才能发生，是一种死后生效的法律行为，也就是死因行为。本案中，曹某的遗嘱应当得到执行，吴某可以依据遗嘱获得房屋的所有权。

第二节 意思表示

案例 2. 默示方法购买法学文集案

【案情】

某出版社向某法学教授邮寄一套民法文集，该教授收到文集后，随即拆封翻阅，非常喜欢文集的内容，于是在该文集上加盖自己的藏书专用章。

【问题】

本案中法学教授在文集上加盖藏书章的行为是否属于意思表示？

【法理分析与参考结论】

一、意思表示的概念

意思表示理论在法律行为理论中占有特殊的重要地位。民法在对于法律行为的控制规则中，相当一部分是直接根据意思表示的要素分析设置的。[2] 研究民事法律行为，就必须首先研究意思表示理论。

意思表示，是指民事主体向外部表明意欲发生一定的民法上法律效果的意思行为。换言之，意思表示就是行为人进行的民事法律行为的内心意愿，并以一定的方式表达于外部的行为。

例如，双方当事人要订立一项合同，就要把这种订立合同的内心意愿通过一定的方式表达出来，使订立合同的相对人知道这种意愿，并且接受这种意愿。当这种意愿被相对人接受，成为双方的共同意志时，订立合同的民事法律行为才能够成立。这两个当事人的意思表示达到了一致，即达成了合意，民事法律行为就成立了。

---

[1] 董安生：《民事法律行为》，中国人民大学出版社 1994 年版，前言。

[2] 董安生：《民事法律行为》，中国人民大学出版社 1994 年版，第 222 页。

二、意思表示的调控范围

意思表示在民法中的重要地位和作用，来源于民法的意思自治原则。而意思自治原则的直接根源，就是民事主体对民事利益的支配。换言之，民事主体支配民法社会、支配民事利益，是民事主体的根本意志。体现这种根本意志的方式就是意思表示。所不同的是，民事主体支配民法社会、支配民事利益是一个宏观的、抽象的过程；而意思表示仅仅是作为一个民事主体的个体在处理涉及自己的民事利益事项时的意志体现。

当然，意思表示不是民事主体支配自己所有的民事利益的意志体现。民事利益包括人格利益、身份利益、财产利益等，当研究意思表示所支配的民事利益的范围时，它仅仅是其中的一部分，这就是合同、遗嘱、婚姻、收养等行为。当事人支配自己的财产利益，需要通过意思表示建立合同关系，这是民事主体在财产利益上订立合同，谋取合同预期利益的实现。当事人支配自己的身份利益，例如订立收养关系，也要通过意思表示来实现。就是在一般不能被处分的人格关系中，在个别场合，例如在名称使用或者转让，肖像的使用上，也要通过意思表示，订立名称权的转让合同或者肖像使用合同，实现对该种人格利益的支配。在亲属法领域，我国法律反对婚姻行为是合同行为，但是，对于成立婚姻关系行为的后果是建立婚姻法律关系的观点，则没有任何人反对。它的实际情况就是，缔结一个婚姻关系，婚姻当事人一定要达成一个合意，没有这个合意，绝对不会因为登记行为而成立婚姻关系，发生配偶的权利义务关系。同样，离婚后子女抚养的协议当然也是合同关系。广而言之，订立婚姻关系的协议，实际上也是一种特殊的合同关系，理由就是因为其中具有意思表示，具有合意。

在其他方面，在行使自己的人格权、所有权等绝对权的时候，例如事实处分自己的财产、利用自己的隐私写作等，支配这些民事利益，也是民事主体依据自己的意志进行的，但是由于它们是绝对权，只要根据自己的意愿进行就可以了，不用与相对人达成一致的合意，因此，不需要意思表示规则的调控。

三、意思表示的心理过程

意思表示是民事主体内心意愿的对外表达，是一个心理过程。因此，意思表示总是要有不同的阶段，使其意思不断地形成并作出表示。意思表示的心理过程分为以下三个阶段。

（一）动机意思阶段

行为人将某种客观需要反映在心理上，形成实施某种行为以满足这种客观需要的内心需求，也就是形成了某种行为的内心动机。这就是动机意思。例如，天气冷了，需要添置新的御寒服装；看到出租房屋可以赚钱，就想起将自己的房屋出租他人以获取租金。这些都是意思表示的动机阶段。

（二）效果意思阶段

行为人的动机促使行为人形成进行一定行为而取得相应后果的内心意愿。这种内心意愿在民法上称为效果意思，效果意思阶段处于动机意思阶段之后、表示行为阶段之前。例如，要添置新的御寒服装，就要进行买卖活动，以及到何种商店购买；出租房屋就要寻求机会，以进行出租活动。这些都是意思表示的效果意思阶段。

（三）表示行为阶段

行为人把这种通过行为而取得相应法律后果的内心意愿用一定的法定方式表达于外部，使他人得以了解，就是表示行为。表示行为是意思表示的最后阶段。当想购买衣服的行为人找到了合适的商店，找到了合适的服装，欲出租房屋的行为人找到了合适的承租人，行为人就要将自己购买服装、出租商品房的意愿表达出来，因此，表达购买服装、张贴房屋出租广告的行为，就是表示行为。

四、意思表示的构造

在上述意思表示的三个阶段中，可以看出意思表示的实际构成确实是由动机促成的，即动机意思是不可缺少的内容。但是，在民法上，确定一个意思表示是不是成立，并不关心行为人的动机或者目的，也就是并不关心他的内心意愿。这就是，除非当事人有特别约定，否则，不论行为人处于什么样的动机或者目的意思，例如买菜刀的动机是切菜还是砍树，在法律上是没有意义的。因此，在一般情况下，动机或者目的错误，原则上对法律行为的效力不发生影响。但是，动机意思在确定意思表示的内容上还是具有重要意义的。

意思表示的构造，即意思表示的构成要素有三个：动机意思、效果意思和表示行为。一个行为具备了这三个要素，就构成意思表示。其中前两个要素是意思表示的主观构成要素，主要说明成立意思表示需要具备哪些意思内容；后一个要素为意思表示的客观构成要素，其意义在于成立意思表示必须具备何种外部行为。

（一）动机意思

动机意思，是指明法律行为具体内容的意思要素，是意思表示成立的基础。

动机意思包含三个方面，这就是要素、常素和偶素。

要素，是指构成某种意思表示所必须具备的意思内容。要素有三个方面的意义：第一，要素是特定种类的民事行为典型内容与个别内容要求的统一；第二，要素是必须由行为人以意思表示确定的意思内容；第三，要素完整明确是成立具体的法律行为的基本要件。民事法律关系的类型化，就是要将该类民事法律关系的内容特定化，特定的意思就是将其典型内容特定。要素就是要与该种意思内容相统一。例如，购买衣物具有买卖合同的要素，租赁房屋具有租赁合同的要素。民事主体个人的动机内容与民事行为的典型内容相一致，就是意思表示的要素。

常素，是指行为人作出某种意思表示通常应当含有的、内容完全等同的意思要素。它的特点是：第一，常素是指特定种类法律行为通常应当含有的典型内容，并且同样的一种法律行为的常素完全相同。第二，常素的内容同一性特征决定了具体法律行为的常素内容可以直接由法律确定或者推定，由此形成法定主义与意思表示方式共同确定法律行为的内容。因此，当一个意思表示中的常素内容欠缺的时候，并不妨害意思表示的内容的具备，可以按照法律规定来对其进行确定或者推定。因此常素具有补充性。

偶素，是指并非某种类型的意思表示必须或者当然具有，而是给予当事人的特别意图所确定的意思表示的意思要素。偶素与常素和要素相对应，一方面，偶素不具有类型典型性和性质必要性的特征，法律对其不加类型限制，体现的是意思自治原则的精神。另一方面，偶素不具有内容典型性和内容同一性的特征，完全依行为人的特殊意志而确定。实际上就是当事人的特别约定、特约条款或者附加条款。

（二）效果意思

效果意思又称为效力意思、法效意思或者设立法律关系的意图，是指当事人欲使其目的意思发生法律上效力的意思要素。具备了效果意思，就意味着行为要有意识地追求设立、变更或者终止某一特定民事法律关系的法律效果。意思表示具有双重性作用，它既是表意人进行意思（内容）自决的手段，又是其实现法效意思的手段。正是通过效果意思的表示，行为人丧失了改变其表意（内容）的可能，使自己受到了约束，因此，意思表示作为某种有法律效力的行为，与一项法律或者有法律效力的判决并没有什么不同。

动机意思与效果意思相结合，构成意思表示的完整的主观内在要素。在实践中，这两个意思要素都有可能与表示行为相结合而构成意思表示，使动机意思和效果意思分离。原则是：第一，不能认可一方当事人先行从事抽象的效果意思，然后再明确具体的动机意思；第二，动机意思可以和效果意思结合在一起，构成一个完整的意思表示行为。可以有条件地承认动机意思与效果意思的分离。

（三）表示行为

表示行为，是指行为人将其内在的目的意思和效果意思以一定方式表现于外部，为行为相对人所了解的行为要素。这个表示行为至少要具有以下两点：第一，表示行为仅为有意志的自主行为，它必须是本于意识的作用，故在无意识或者精神错乱中的动作，不能认其为表示行为；第二，表示行为的外部表现，必须足以为外界客观所识别，须由其行为足以推知内部意思。因此，仅仅是内在意思而没有表达出来，或者无法为外界客观理解的行为，都不属于表示行为。

表示行为的方式，就是民事法律行为的方式，即明示方式、默示方式。

明示方式，是指行为人以语言、文字或者其他直接表意方法表示内在意思的表意形式。明示具有表意直接、明确的特点，不易产生纠纷，具有广泛的适用性。对于特别需要采用明示方式的法律行为，应当明确规定其为明示方式方为有效，默示方式无效。

默示方式，是指行为人以使人推知的方式间接表示其内在意思的表意形式。分为意思实现和特定沉默两种形式。意思实现，是指行为人以某种表明法律意图的行为间接表示其内在意思的默示，又称为行为默示或者推定行为，即作为的默示和不作为的默示。例如在收费停车场停放车辆、登乘公共汽车等行为，就是意思实现，就是行为默示或者推定行为。特定沉默，是指行为人以不作为或者有特定意义的沉默间接表示其内在意思的沉默。只有在法律规定或者当事人有约定的情况下，才能将特定沉默视为默示。不作为的默示只有在法律规定或者当事人双方约定的情况下，才可视为意思表示。例如，承租人至租赁期满后仍占有租赁物，而出租人予以沉默的情况，就认为是默示的租赁合同续展。

五、意思与表示不一致

（一）真意保留

真意保留，又称为单独虚伪表示，是指行为人故意隐瞒其真意，而表示其他意思的意思表示。行为人作出真意保留的主观方面，是单方作出的意思表示不真实，是故意而为，是明知表示的意思并不是自己的真实意思，但是他仍然作出这种与真实意思不一致的意思表示。

确定这种意思表示不真实的行为的效力，规则是：真意保留的民事行为原则上有效，其条件是接受意思表示的相对人不知其意思表示行为为真意保留；如果接受意思表示的相对人知道其意思表示为真意保留的，则该民事行为无效。确定这一规则的意义在于保护善意的交易相对人的利益。

（二）隐藏行为

隐藏行为，是指行为人将其真意隐藏在虚假的意思表示中。例如，为了逃避税法而将买卖行为表示为赠与行为，则在此赠与行为是虚假意思表示，买卖是真实意思表示。

确定隐藏行为的效力，规则是：虚假的意思表示行为无效，至于其隐藏的真实意思表示行为是否有效，应当依照该行为的法律规定判断。符合该种法律行为的规定的，则被认定为有效；否则，为无效。

（三）虚伪表示

虚伪表示，又称为伪装行为，是指行为人与相对人通谋而为虚假的意思表示。虚伪表示是双方行为，是双方进行串通的行为，是双方当事人的意思表示都不真实，而不是一方当事人的意思表示不真实。这种行为的特点是双方当事人进行通谋，在主观上是共同故意，因而在意思表示上是双方的不真实。

虚伪表示的效力，在原则上不生效，不具有虚伪表示的行为所应当发生的法律效力。但是，这种不生效不能对抗善意第三人，如果善意第三人接受该虚伪表示行为的后果的，实施虚伪表示的双方当事人应当承受其后果。

对于戏谑行为，并没有涉及意思表示的问题，因此不发生法律效力，对当事人没有约束力。例如，甲在喝酒时与乙开玩笑说："我死后财产由你继承"，结果甲在第二天死亡，乙要求接受遗赠。这个行为就是戏谑行为，不发生法律效力。

（四）错误

错误，是指表意人因误认或者不知而使其表示与意思不一致。其构成要件是：第一，须表示与意思不一致；第二，须其不一致出于表意人的误认或者不知。误认，是指认识不正确，例如误甲为乙；不知，是指通常的笔误、口误，例如应当说租赁而说成借贷。错误应是过失所为，是无意的错误，不是故意所为。错误的后果，一般为行为可以撤销，发生自始无效的后果；但是对方当事人无过错的，对其应当承担损害赔偿责任。日本民法认为错误的后果是无效。

在传统民法上，严格区分错误和误解，我国现行民法则不做这种区分，在重大误解的规定中，涵盖了错误和误解的内容，其行为的后果为相对无效。

（五）误传

误传，是指因传达人或者传达机关的错误导致行为人的意思与表示不一致。误传是因传达人或者传达机关传达错误所致，与表意人自己的错误不同，但传达人和传达机关在法律上相当于表意人的喉舌，因此误传的效力与错误相同。我国民法对此没有规定，司法实践将其作为重大误解处理。

应当注意的是，误传与故意误传是有区别的。故意误传，是指传达人故意违背表意人的指示，擅自变更意思表示的内容。故意误传不能归由表意人负责，对所发生的效力无须撤销，而类推适用无权代理的法律规定，由传达人对善意相对人承担损害赔偿责任。

在意思与表示不一致的上述五种情形中，前三种为故意的不一致，后两种为无意的不一致，是有区别的。

六、意思表示不自由

（一）欺诈

欺诈，是指一方当事人故意实施某种欺骗他人的行为，并使该他人陷入错误，与欺诈行为人实施民事行为，因此受到损害的行为。

（二）胁迫

胁迫，是指行为人以将来发生的祸害或者实施不法行为，给另一方当事人以心理上的恐吓或者直接造成损害，迫使对方当事人与其实施民事行为，使其受到损害的行为。

（三）乘人之危

乘人之危，是指行为人利用他人的危难处境或紧迫需要，强迫对方当事人接受某种明显不公平的条件并作出违背其真意的意思表示。

这些意思表示，都是行为人的表达意志处于不自由状态作出的，因此，都是意思表示不自由，也都发生内心真实意思与实际表示行为不相一致的问题。在基于这种意思表示不自由所设定的民事行为效力上，法律规定为无效或者相对无效。

七、意思表示的解释

（一）意思表示的解释对象

关于意思表示的解释对象，有意思主义、表示主义和折中主义的不同观点。

意思主义认为，意思表示的解释，重在解释行为人的内在意思，法律行为本身不过是实现行为人意思自治的手段，意思表示解释的目的仅在于发现或探求行为人的真意；在表示与意思不一致的情况下，法律行为应依据对行为人的真意的解释而成立。

表示主义认为，意思表示的解释重在行为人所表示出来的意思，法律行为的本质不是行为人的内在意思，而是行为人表示出来的意思。对于意思表示的解释，原则上采取客观立场，在表示与意思不一致时，以外部的表示为准；对于相对人的意思表示的解释，应以相对人足以客观了解的表示内容为准，以保护相对人的信赖利益。

折中主义认为，当内在意思与表示出来的意思不一致时，或采意思主义，或采表示主义，以求审时度势，兼容并包意思主义和表示主义的合理因素。

我国民法通说认为，对意思表示解释对象采用折中主义，以表示主义为主，以意思主义为辅。在一般情况下采表示主义，在当事人因欺诈、胁迫、乘人之危、重大误解等原因而的意思表示时，采意思主义。

（二）意思表示的解释方法

文意解释，是指通过对意思表示所使用的文字词句的含义的解释，以探求当事人的真实意思。

体系解释，是指把意思表示的全部条款和构成部分看做一个统一的整体，从各个条款以及构成部分的相互关联、所处的地位的总体联系上，阐释当事人有争议的用语的含义。

目的解释，是指如果意思表示所使用的文字或某个条款有可能作两种解释时，应采取最适合于意思表示的目的的解释。

习惯解释，是指意思表示所使用的文字词句有疑义时，应参照当事人的习惯解释，包括语言习惯、行为习惯、交易习惯等。

诚信解释，是指对意思表示进行解释时，应遵循诚实信用原则进行解释。

八、参考结论

意思表示是表示人将自己追求某种法律后果的意思表达于外的过程。意思表示有明示和默示两种方法，明示是通过明确的语言或书面形式进行表达。而默示方式，是指行为人以使人推知的方式间接表示其内在意思的表意形式，分为意思实现和特定沉默两种形式。意思实现，是指行为人以某种表明法律意图的行为间接表示其内在意思的默示，又称为行为默示或者推定行为。本案中，虽然该法学教授没有明确的书面或口头形式的表示，但是他在该文集上加盖私人藏书章的行为可以推断出他有购买该文集的意思。因此，法学教授的行为也是一种意思表示，它是对出版社邮寄文集的行为的承诺，双方当事人之间成立文集买卖合同。

第三节　民事法律行为的成立和生效

案例3. 定金合同纠纷案

【案情】

刘某于北京某重点大学毕业后在北京找到工作，并在北京租房。经过多番寻找，最终选定王某的房子准备租赁。由于刘某当时没有携带现金，但是又担心王某会把房子租给别人，于是与王某协商签订一份定金合同，双方约定三日后签订房屋租赁合同，并在合同签订之时交纳三个月的房租。定金数额为1 000元，但是并未现实交付定金，双方约定第二天交付定金。第二天刘某再与王某联系时，王某表示已经将房屋租赁出去，刘某非常生气，要求王某承担定金责任。

【问题】

刘某与王某签订的定金合同是否成立，刘某能否要求王某承担定金责任？

【法理分析与参考结论】

一、民事法律行为的成立

（一）民事法律行为成立的概念

民事法律行为在符合其成立要件时成立。因此，民事法律行为成立，是指民事法律行为在客观上已经存在。不符合民事法律行为成立要件的行为，视为民事法律行为不存在。

在多数情况下，民事法律行为的成立与有效是一回事，只要是符合民事法律行为的要件并构成民事法律行为，该行为就不仅是成立的问题，而且当然是有效的。但是，在一些情况下，民事法律行为成立并不是必然生效，其生效还须具备生效要件。

（二）民事法律行为的成立要件

1. 民事法律行为必须含有设立、变更或终止民事法律关系的意图

成立民事法律行为，行为人在其意思表示中必须含有设立、变更或者终止民事法律关系的意图。换言之，民事法律行为必须包含追求一定法律效果的意思，没有这种效果意思就不能成立民事行为。

2. 民事法律行为必须内容表达完整

成立民事法律行为，其行为人的意思表示必须完整地表达设立、变更或者终止

民事法律关系所必需的内容。意思表示表达不完整的，不能成立民事法律行为。

3. 民事法律行为必须将内心意思表达于外部

行为人必须以一定的方式将自己的内心意思表现于外部，能够由他人客观地加以识别。仅仅存在于内心的意思而未表达于外部的，不能成立民事法律行为。

在合同行为、要物行为和要式行为中，除具备一般的成立要件外，还必须具备特别要件。例如，合同的成立必须由双方当事人的意思表示达成一致；要物行为必须交付实物，而要式行为必须符合法定的形式要求。

二、民事法律行为生效

（一）民事法律行为生效的概念

民事法律行为的生效，是指民事法律行为因符合法律规定而能够引起民事法律关系的设立、变更或者终止的法律效力。民事法律行为成立之后，须具备生效的要件，才能使民事法律行为发生法律上的效力，发生设立、变更或者消灭民事法律关系的法律后果。

（二）民事法律行为的一般生效条件

1. 行为人具有相应的民事行为能力

民事法律行为以行为人的意思表示为要素，当事人必须具有健全的理智和判断能力，因而必须具有相应的民事行为能力。例如，完全民事行为能力人可以实施民事行为；限制行为能力人必须具有相应的民事行为能力，不具有相应的民事行为能力的人实施的民事行为是无效的。法人必须在核准登记的经营范围内从事经营活动。

2. 当事人的意思表示真实

意思表示真实，是指当事人的内心意思与外部表示相一致。换言之，当事人必须在意思自由、能够意识到自己行为的法律效果的情况下进行意思表示，不存在胁迫、误解等情况。

3. 不违反法律或者社会公共利益

民事法律行为必须在符合法律规定，并且不违反公共利益的情况下，才能具有法律效力。当然，不违反法律一般是指不违反强制性的法律和行政法规，违反除此以外的规定通常并不导致民事法律行为无效。

（三）民事行为成立和生效的时间

民事法律行为成立和生效的时间，既有相一致的情形，也有不一致的情形。具体地说，民事法律行为成立和有效，有以下两种不同的形式。

1. 民事法律行为的成立和有效处于一个时间

在一般情况下，民事法律行为的成立和有效同时发生。例如，依法成立的合同，具备民事法律行为生效要件的，即时生效。

2. 民事法律行为的成立和生效并非一个时间

在某些情况下，民事法律行为的成立与生效不是同一时间，而是不同时间。这种情况有以下三种。

第一，法律规定民事法律行为必须登记生效的，该民事法律行为成立之后，一定要经过登记程序，才能够发生法律效力。例如，法律规定收养行为必须登记生效，所以，收养行为的成立和生效并非在同一时间。

第二，当事人约定民事法律行为生效条件，约定的生效条件成就的，才能够发生法律效力。例如，约定民事法律行为经过公证为生效条件的，民事法律行为成立之后，经过公证才能够生效，其成立和生效也并非同一时间。

第三，附生效条件、附生效期限的民事法律行为，其所附条件成就，或者所附期限到来时，该民事法律行为才能够生效，其成立和生效也并非同一时间。

三、参考结论

定金合同属于实践性合同，除了双方当事人的意思表示一致外，还要求现实交纳定金，只有在定金交纳之后定金合同才成立。本案中，由于刘某当时未带现金，没有交付定金，那么定金合同事实上并未成立。因此，定金合同不能约束双方当事人。后来王某反悔又将房屋出租给他人，刘某不能依据定金合同要求王某承担定金责任。

第四节 民事行为的效力状态

案例4. 有奖销售纠纷案

【案情】

某酒业销售公司组织促销活动，设立有奖销售，宣称所有购买该店某种品牌的酒的顾客获得奖券一张，都有中奖机会，中奖率100%，等级分为一等奖3名，二等奖直至五等奖若干，一等奖奖金为2 888元。王某购买50瓶酒，获得50张奖券，其中一等奖19张，其余各种奖等级均有。王某向酒业公司主张兑奖，酒业公司宣称自己的奖券印刷有错误，不同意兑现这些奖，只同意兑现3张一等奖，其他等级的奖若干。双方诉至法院。

【问题】

该酒业公司必须兑付所有奖券吗？

【法理分析与参考结论】

一、绝对无效的民事行为

（一）绝对无效的民事行为概念

绝对无效的民事行为，就是无效的民事行为，是指已经成立但是严重欠缺民事行为的有效要件，自始、绝对、确定地不按照行为人设立、变更、终止民事法律关系的意思表示发生法律效力的民事行为。

（二）绝对无效的民事行为的种类

1. 无民事行为能力人实施的民事行为

无民事行为能力人实施的行为，是无效的民事行为，其行为自始无效。

2. 欺诈、胁迫，损害国家利益行为

欺诈和胁迫，在《民法通则》第58条中被规定为绝对无效的行为。《合同法》将欺诈和胁迫订立的民事行为作了分解，将一部分作为绝对无效的民事行为，一部分作为相对无效的民事行为。其标准是，损害国家利益的欺诈、胁迫，为绝对无效的民事行为；其他的欺诈、胁迫，为相对无效的民事行为。

第一，欺诈。损害国家利益的欺诈，是指一方当事人故意实施某种欺骗他人的行为，并使该他人陷入错误，与欺诈行为人订立民事行为，这种民事行为履行的结果侵害了国家利益。

欺诈的构成要件是：一是欺诈的一方须出于主观故意。欺诈也称为诈欺，当事人在主观上必须是故意所为，过失不能构成欺诈。欺诈可以表现为两种，一种是以欺诈为手段，引诱对方当事人与其订立民事行为，一种是订立民事行为的行为本身就是欺诈。二是欺诈行为人在客观上实施了欺诈的行为。欺诈行为分为两种，一种是积极的欺诈行为，就是行为人故意捏造事实，虚构情况，诱使对方当事人上当受骗与其订立民事行为；一种是消极的欺诈行为，即行为人故意隐瞒真实情况，不将真实情况告知对方当事人，使对方当事人上当受骗，与其订立民事行为。三是受欺诈的一方当事人所订立的民事行为是受欺诈的结果。在受欺诈订立的民事行为中，一方当事人是受行为人的欺诈，而使自己陷入错误的认识之中，由此作出错误的意思表示，与行为人订立民事行为。

第二，胁迫。损害国家利益的胁迫，是指行为人以将来发生的祸害或者实施不法行为，给另一方当事人以心理上的恐吓或者直接造成损害，迫使对方当事人与其订立民事行为，使国家利益受到损害的行为。

胁迫分为两种。第一种是以恐吓为手段的胁迫，主要是行为人以将来发生的祸害相威胁，使相对人产生心理上的恐怖，不得不与其订立民事行为；第二种是以不法行为为手段的胁迫，是以直接实施的不法行为相威胁，给相对人造成人身损害或财产损害，使相对人不得不与其订立民事行为。

胁迫行为的构成要件是：一是行为人实施威胁的事实。在以恐吓为手段的胁迫行为中，行为人威胁的事实是，以将来发生的祸害相威胁。在以不法行为为手段的胁迫行为中，使相对人感受恐怖的是行为人直接实施的不法行为已经或者正在对相对人产生人身的或者财产的损害，已经发生的或者正在发生的损害使相对人受到严重的威胁。二是行为人实施胁迫行为必须出于故意。胁迫的故意是对通过威胁使相对人与其订立民事行为，因此，其手段行为的实施是故意，其实现目的的主观上也是故意的。三是相对人因受到胁迫而实施订立民事行为的行为。相对人在心理上或者人身上由于受到威胁，因而不得不与行为人订立民事行为。因此，在行为人实施威胁的行为与相对人与其订立民事行为这两者之间，具有因果关系，是引起与被引起的关系。

3. 恶意串通，损害国家、集体或者第三人利益

恶意串通，是指当事人为实现某种目的、串通一气，共同实施某种民事行为，造成国家、集体或者第三人的损害的违法行为。

恶意串通的构成要件如下。

第一，当事人在主观上具有恶意。构成恶意串通，当事人在主观上必须具有恶意，参加该民事行为的当事人都要具有恶意，恶意的内容是当事人对于牟取非法利益的恶意。恶意串通不能由过失构成。

第二，当事人之间互相串通。可以是经过串通，双方当事人共同达成一项协议，也可以是一方当事人提出某种实现非法目的的意思表示，另一方当事人明知其恶意而默示予以接受。

第三，双方当事人串通实施的行为损害国家、集体或者第三人的利益。损害国家、集体或第三人的利益，应当是恶意串通的结果，二者之间具有因果关系。

恶意串通所订立的民事行为，是绝对无效的民事行为，不能按照一般的无效民事行为的原则处理，而是按照《合同法》第59条的规定，将双方当事人因该民事行为所取得的财产，收归国有或者返还集体或个人。

4. 以合法形式掩盖非法目的

以合法形式掩盖非法目的，也称为藏匿行为，是指当事人通过实施合法的行为来掩盖其真实的非法目的，或者实施的行为在形式上是合法的，但在内容上是非法的行为。

当事人实施以合法形式掩盖非法目的的行为，在行为的外在表现形式上，并不是违反法律的，但是这个形式并不是当事人所要达到的目的，不是当事人的真实意图，而是通过这样的合法形式，来掩盖其真实的非法目的。因此，对于这种藏匿行为，应当区分其外在形式与真实意图，准确认定当事人所实施的民事行为的效力。

判断这种以合法形式掩盖非法目的的行为的基本标准，就是行为的外表是合法的，合法的形式只是为达到非法目的的手段，合法形式所掩盖的正是非法的目的。如果当事人订立民事行为的形式并不是所追求的真实目的，但是追求的真实目的并不违法，这样的民事行为不是无效民事行为，而是有效民事行为。

隐匿行为是否要求具备损害国家、集体或个人利益的要件，通说认为不必如此，原因是隐匿行为强调的不是其损害后果，而是行为的本身。但是，隐匿行为往往是损害国家、集体或者第三人利益的，这是违法行为的必然后果，只是在此不论而已。

5. 损害社会公共利益

损害社会公共利益相当于违反公共秩序和善良风俗。因此，损害社会公共利益的民事行为是绝对无效的民事行为。例如，下述民事行为为违反公序良俗的民事行为：危害国家公共秩序的行为，如从事犯罪或者帮助犯罪行为作为内容的民事行为、规避课税的民事行为；危害家庭关系的行为，如约定断绝亲子关系的民事行为、婚姻关系中的违约金的约款等；非法射幸民事行为，如赌博民事行为；违反人格或者人格尊严的行为，如以债务人的人身为抵押的约款、规定企业有权对顾客或雇员搜身检查的条款；限制意思自由的行为，如限制职业自由的条款；违反公平竞争的行为，如拍卖或招标中的串通行为，以贿赂方法诱使对方的雇员或代理人与自己订立民事行为等。

构成损害社会公共利益的民事行为，一律为无效民事行为。

6. 违反法律、行政法规的强制性规定

违反法律、行政法规的民事行为，是指当事人在订约目的、具体内容以及在形式上都违反法律和行政法规的民事行为。从民事行为方面看，应当包括民事行为的目的、民事行为的内容和民事行为的形式，都要违反法律或者行政法规。从违反的法律法规上看，所违反的法律、法规应当包括两种，就国家立法机关通过颁布的法律，中央政府即国务院制定、颁行的行政法规。不包括地方法规、行政规章和司法解释。从违反的法律的内容看，民事行为违法是指国家法律和行政法规中的强制性规定。在国家的立法中，包括强制性内容、倡导性内容和任意性的内容。对于倡导性的内容和任意性的内容，当事人不存在是否违法的问题，即使民事行为的约定违反倡导性和任意性的法律规定，也不能认为是违反法律的民事行为。只有违反强制性的规定，才能判定为违法。

违反法律、行政法规的民事行为，当事人在主观上可以是故意所为，也可以是过失所致。故意所为是明知民事行为违法，却执意订立这样的民事行为。过失则是不知民事行为违法，但是所订立的民事行为在客观上是违反法律、行政法规的。

第一，公然违法行为与非公然违法行为。公然违法行为，也称为形式违法行为，是指当事人在订立民事行为的时候，就明知民事行为违法，却仍然订立民事行为。公然违法的民事行为是作废的民事行为、毫无意义的民事行为，一经订立就是无效的民事行为。非公然违法行为，也称为实质违法行为，是指行为的违法性并非显而易见，而是表面合法实质违法。非公然违法的民事行为，一经查实，亦为绝对无效的民事行为。

第二，量的违法民事行为和质的违法民事行为。量的违法民事行为是指民事行为的部分内容违法，而不是全部违法。质的违法民事行为则是民事行为的全部内容违法。量的违法民事行为导致违法的部分内容无效，不违法的部分有效，因而是部分有效、部分无效的民事行为；质的违法民事行为则因为民事行为全部违法而一律无效。

二、相对无效的民事行为

（一）相对无效民事行为的概念

相对无效的民事行为也称为可撤销、可变更的民事行为，是指欠缺民事法律行为的有效条件但又并不当然无效，而由当事人自主决定是否使其归于无效的民事行为。

可撤销、可变更的民事行为只是相对无效的行为，不同于无效民事行为的绝对无效，是否使其无效，取决于当事人的意志。法律对相对无效的民事行为的制度设计，体现了维护公平交易和意思自治的调和。

各国对可撤销的民事行为有不同的规定。有的规定只允许撤销意思表示有瑕疵的民事行为，而不允许变更民事行为的内容；有的则规定既可以撤销也可以变更民事行为，变更还是撤销，由受害人选择。我国《民法通则》第59条规定的是可变更和可撤销的民事行为，而不单纯是可撤销的行为。《合同法》第54条规定也是可变更和可撤销的合同，不单纯是可撤销的合同。

为简便起见，如无特指，将可变更和可撤销的民事行为合称为可撤销的民事行为，受害方请求变更或者消灭的权利通称为撤销权，享有撤销权、变更权的当事人也通称为撤销权人，当事人享有的变更、撤销权通称为撤销权。

（二）相对无效的民事行为的特征

1. 它在被撤销之前其效力是在继续保持的

既然可变更和可撤销的民事行为是可以变更或者撤销的行为，那么其前提是已经产生了法律效力，否则如民事行为自始无效，也就谈不上变更和撤销问题。这是其与无效民事行为的重大区别。因为无效民事行为自成立之时就不具有法律约束力，而即便是可撤销的民事行为，在撤销权人行使撤销权时可以导致其溯及地效力消灭，溯及其自成立时起无效本身就说明倒过来是其已经有的效力归于无效。

2. 该行为是否归于无效取决于撤销权人的意思

撤销权人以外的人不得主张撤销。撤销权人可以通过行使撤销权而使该行为归于无效，也可以通过承认的表示或者不行使撤销权而使该行为归于有效。而且《合同法》第54条还特别规定，“当事人请求变更的，人民法院或者仲裁机构不得撤销”。

3. 可撤销的民事行为效力的消灭必须有撤销行为

撤销权人要撤销或者变更民事行为，必须实施撤销或者变更的行为，只有实施了撤销或者变更的行为，才能够消灭可撤销行为的效力。如果只有撤销事由而无撤销行为时，其并不自然归于无效。

4. 撤销相对无效的民事行为效力追溯既往

撤销权一旦行使，其效力即溯及至行为成立之时，即自行为成立之时起该行为即丧失法律效力。如《民法通则》第59条第2款规定，被撤销的民事行为从行为开始起无效。

（三）相对无效民事行为的种类

1. 重大误解的民事行为

重大误解，是指一方当事人由于自己的过错，对民事行为的内容等发生误解，由此订立了民事行为，该民事行为所涉及的利益对当事人而言较为重大。

重大误解的特点是：第一，误解是当事人对民事行为的内容等发生认识上的错误。重大误解的实质，是当事人对民事行为内容等的认识发生错误，这种错误的产生，是当事人的内心意思缺陷，不是其他原因。第二，误解是当事人对民事行为内容的认识错误。误解的对象是民事行为的内容，是对民事行为内容的认识错误，因而使当事人订立了民事行为。第三，误解直接影响到当事人的权利和义务。基于当事人对民事行为内容的错误认识，必然影响到当事人的权利义务关系，给误解的一方当事人造成损失。

重大误解的构成要件是：第一，须是当事人因为误解作出了意思表示。意思表示是外在的表现，支配这种意思表示的是误解。第二，重大误解的对象应当是民事行为的内容。对重大误解的要求是"重大"，非重大的、一般的误解，不能认为是重大误解。重大误解的对象主要是民事行为的主要条款，对非主要条款发生误解的，主要是关系到当事人的重大利益，也认为是重大误解。第三，误解是由当事人自己的过错造成的。重大误解是一种认识错误。这种认识错误是由于当事人自己的过失造成的，而不是对方当事人的过失造成的。

2. 显失公平的民事行为

显失公平，是指一方当事人在情况紧迫或缺乏经验的情况下，订立的对自己明显有重大不利的民事行为。因显失公平订立的民事行为，是相对无效的民事行为，当事人有权变更或者撤销。

显失公平行为的特点是：民事行为的内容对双方当事人明显不公平，一方承担更多的义务而享有更少的权利，而另一方享有更多的权利而承担更少的义务；获得利益的一方当事人所获得的利益超出了法律所允许的程度；受到损害的一方是在缺乏经验或紧迫的情况下实施订立民事行为的行为。

显失公平的构成要件是：第一，民事行为的内容在客观上利益失衡或者不平衡。显失公平的民事行为是有偿民事行为，有给付或者对待给付义务的有偿民事行为，在双方当事人的经济利益的平衡上，出现不公平的结果。这种不公平的结果，不是一般的不公平，而是显著的不公平。第二，受有过高利益的当事人在主观上具有利用对方的故意。在显失公平的民事行为中，承担不利后果的一方当事人在其自身有轻率、无经验等不利的因素，因而对民事行为的内容在认识上有不准确的问题。享有过高利益的一方当事人，在订立这种民事行为的时候，具有利用对方当事人轻率、无经验而与其订立内容显失公平的民事行为，诸如利用自己的优势，使对方难以拒绝对其明显不公平的民事行为条件；当事人在订约的过程中没有尽到应尽的告知义务，使对方对对自己不利的问题不知晓；利用对方的经验欠缺和轻率，使对方对不利于自己的问题不知情，与自己订约。

3. 欺诈和胁迫

欺诈、胁迫造成国家利益损害的，为绝对无效的民事行为。法律将一般的欺诈、胁迫所订立的民事行为规定为相对无效的民事行为。当事人可以将其变更或者撤销。

4. 乘人之危

乘人之危，是指行为人利用他人的危难处境或紧迫需要，强迫对方当事人接受某种明显不公平的条件并作出违背其真意的意思表示。例如，利用当事人急于救治危重患者的机会，抬高出租车的车价数倍，就是乘人之危行为。

乘人之危行为的特点是：第一，一方乘对方当事人的危难或急迫之际逼迫对方当事人，使对方当事人不得不接受其不公平的民事行为条款。第二，对方当事人因危难或急迫而与其订立民事行为。在乘人之危中提出苛刻条件的一方当事人，是在利用对方当事人的危难或急迫。而在对方当事人，明知其提出的条件是利用自己的危难或急迫，从中获取不当利益，但由于危难或急迫，因而与其订立了民事行为。第三，不法行为人所获得的利益超出了法律所准许的限度。利用危难或急迫的一方当事人提出的条件十分苛刻，因此所获得的利益是在正常的情况下所不可能得到的重大利益。这种结果，明显违背公平原则，超出了法律所允许的范围，其结果是显失公平的。

（四）相对无效民事行为的处理

对于上述相对无效的民事行为，法律准许当事人予以变更或者撤销。

相对无效的民事行为，与绝对无效民事行为相比，最主要的区别在于，绝对无效民事行为一经认定为无效，民事行为就自始无效。相对无效民事行为认定其性质后，其民事行为是否有效，由享有权利的一方当事人确定其效力，确认为无效的，民事行为即无效，发生与绝对无效民事行为一样的效力；享有权利的一方当事人也可以根据自己的利益，不使民事行为绝对无效，而是按照自己的意愿对民事行为进行变更，经过仲裁或者审判，民事行为的内容就可以变更，民事行为经过变更，就成为新的民事法律行为，使在原民事行为中权益受到损害的一方当事人的权利得到保护；当然，享有权利的当事人也可以不对民事行为进行变更或者撤销，这样民事行为就自始有效，民事行为的效力没有变化。

在相对无效民事行为中，享有权利的一方当事人所享有的权利，就是撤销权。相对无效民事行为的撤销权，是指因意思表示不真实，通过权利人行使这种权利，使已经生效的民事行为归于无效或者进行变更的权利。

对相对无效民事行为行使撤销权的规则如下。

1. 撤销权所撤销或者变更的对象是意思表示不真实的民事行为

按照我国《合同法》的分工，对绝对无效的民事行为的宣告，并不须特别的权利，只要认定该民事行为是绝对无效，即可宣告该民事行为无效；这种民事行为就是第52条规定的那些民事行为，主要是民事行为内容违反法律、违反公共秩序和善良风俗、损害国家利益等。对效力待定的民事行为，授予当事人撤销权、追认权、催告权，使民事行为的效力状态确定下来；这种民事行为主要是民事行为的当事人不符合资格要求，不是合格的主体。对相对无效的民事行为，法律赋予当事人撤销权，由享有权利的一方当事人按照自己的意愿，对民事行为的效力进行确定；这种民事行为的特征，是由于某些原因，使该法当事人在订立民事行为的时候，自己的意思表示不真实。法律认为，既然当事人在订立民事行为的时候，自己的意思表示不真实，那么，该方当事人就可以根据自己的真实意志，对民事行为的内容进行认可、变更或者撤销。

2. 撤销权的内容包括撤销和变更

按照我国《合同法》的规定，以及在此之前的《民法通则》的规定，对于相对无效的民事行为，当事人可以撤销或者变更。因此，相对无效民事行为的撤销权不仅包括撤销的内容，还包括变更的内容。只要具备了法定的条件，撤销权人就可以要求撤销，也可以要求变更；当然，既然撤销权是一种权利，就可以行使，也可以不行使，当然也包括继续认可该民事行为的效力。

3. 撤销权的主体是民事行为的一方当事人

相对无效民事行为的撤销权，其主体是民事行为的一方当事人。对该方当事人的要求是，在民事行为订立中，由于显失公平、重大误解、欺诈、胁迫或乘人之危，而使自己的意思表示不真实的当事人。只有该方当事人才享有这种权利，对方当事人由于他的不正当行为致使他方当事人的意思表示不真实，因而不享有这种权利。既然享有撤销权的一方当事人是受对方的意志所“干扰”而意思表示不真实，因而，撤销权的行使由撤销权人的自主意志所决定，让该民事行为继续生效、予以撤销或进行变更，都由撤销权人决定，其他人无权干涉。

4. 相对无效的民事行为在被撤销、变更之前仍然是有效的

相对无效的民事行为的相对之处，就是在民事行为在被撤销之前，是有效的。这种民事行为在撤销之前，虽然具有可撤销的因素，但是否撤销或者变更，当事人没有作出意思表示。在仲裁机构和法院没有裁判之前，不能认定该民事行为就是无效的。尤其是在超出法定期限当事人不对民事行为提出撤销或者变更的要求的，该民事行为就继续有效，当事人不得拒绝履行自己的义务。

5. 撤销权消灭的事由

撤销权的消灭有两个事由。

第一，超过除斥期间没有行使权利。享有撤销权的当事人自知道或者应当知道撤销事由之日起一年内没有行使撤销权的，其撤销权消灭。

第二，撤销权人放弃撤销权。享有撤销权的当事人知道撤销事由后明确表示或者以自己的行为表示放弃撤销权的。

三、效力待定的民事行为

（一）效力待定的民事行为的概念

效力待定的民事行为，是指民事行为虽已成立，但是否生效尚不确定，只有经过特定当事人的行为，才能确定生效或者不生效的民事行为。

效力待定的民事行为即存在转变为不生效的民事行为的可能性，也存在转变为生效的民事法律行为的可能性。因此才将其称为效力待定的民事行为。

（二）效力待定的民事行为的类型

1. 限制民事行为能力人实施的依法不能独立实施的民事行为

限制民事行为能力人的民事行为能力不完善，依照法律规定，他们对这些民事行为是不能独立实施的。这些法律规定的民事行为，如果限制民事行为能力人独立实施了，其效力待定，需要其法定代理人的追认才可能生效。

2. 无权处分行为

对他人的财产或者权利没有处分权而予以处分，是无权处分行为，其效力待定。如果该当事人事后取得了处分权，或者经过有处分权的人的授权，则该行为为有效。但是无权处分行为在受让人是善意的情况下，构成善意取得，不在此限。

3. 无权代理行为

行为人没有代理权、超越代理权或者在代理权终止之后，以代理人的身份所实施的民事行为，效力待定，只有经过被代理人的追认，该民事行为才能生效。

（三）效力待定民事行为的效力确定

效力待定民事行为的效力确定，可以经由以下途径。

1. 特定当事人的追认权的行使与不行使

在上述三种效力待定的民事行为中，法定代理人、有处分权人或者被代理人享有追认权。追认权人行使追认权的，效力待定的民事行为即转变为生效的民事法律行为。追认权是形成权，权利人一经行使，即发生追认效力待定民事行为的效力的法律效果。追认权的行使应当采取明示的方式，权利人放弃追认权或者在交易相对人确定的催告期内不为追认的明示表示的，效力待定的民事行为自始不生效力。

2. 相对人行使撤销权

在效力待定的民事行为中，善意的交易相对人享有撤销权。善意的交易相对人如果认为应当撤销这个民事行为，即可行使撤销权，使该民事行为自始不生效力。撤销权也是形成权，其行使应当在追认权人行使追认权之前，如果追认权已经行使，撤销权不能对抗追认权。

四、民事行为无效或者被撤销的法律后果

《民法通则》第61条和《合同法》第58条、第59条规定了民事行为无效或者被撤销的法律效果，这不是行为人预期追求的后果，而是法律规定的行为人应当承担的后果责任，包括返还财产、赔偿损失和追缴财产收归国家或者返还集体、第三人。

（一）财产返还

返还是恢复原状的一种处理方式，即无效民事行为和被撤销的民事行为自始没有法律约束力，已经按照约定进行的履行因无法律效力而需要恢复到没有履行前的状况，已接受履行的一方将其所接受的履行返还给对方，是恢复原状的最基本的方式。例如，已实际履行的买卖合同因欺诈被确认无效或者被撤销后，买方和卖方应当分别返还其物品和价款。返还财产不同于退货。在买卖合同中，因标的物瑕疵需要退货的，是一种有效合同的责任方式。

但是，并不是所有的已经履行的无效民事行为都能够或者需要采取返还方式。有些民事行为的性质决定了无法采取返还方式，如提供劳务的无效合同，一些提供工作成果的合同（如建设工程承包合同）；有些合同适用经济上的返还，如返还需要的费用较高，强制返还带来经济上的极大浪费。因此，《合同法》第58条作出“不能返还或者没有必要返还的，应当折价补偿”的规定，可以理解为是对返还原则的一种补充。

（二）赔偿损失

无效合同和合同被撤销后造成损失的，有过错的一方应当赔偿对方因此所受到的损失，双方都有过错的，应当各自承担相应的责任。承担赔偿责任的标准是过错的大小，如果没有过错，则不承担赔偿责任。

（三）收归国有和返还集体、第三人

《民法通则》第61条第2款规定：“双方恶意串通、实施民事行为损害国家的、集体的或者第三人的利益的，应当追缴双方取得的财产，收归国家、集体所有或者返还第三人。”《合同法》第59条规定：“当事人恶意串通，损害国家、集体或者第三人利益的，因此取得的财产应当收归国家所有或者返还集体、第三人。”从这些规定来看，对于因当事人恶意串通，损害国家、集体或者第三人利益而确认无效的民事行为，其依据该民事行为并通过恶意串通所取得的财产，应当按其损害对象为国家、集体还是第三人的不同，分别收归国家所有或者返还集体、第三人，即损害国家利益所取得的财产收归国有，损害集体、第三人所取得的利益分别返还集体、第三人，不能使恶意串通的当事人因该行为而获得好处。

收归国有或者返还集体、第三人的措施显然不是恢复原状的措施，而是惩罚性措施，即国家、集体或者第三人并不是民事行为的主体，恶意串通的当事人才是民事行为的主体，在一般的情况下民事行为无效只是在当事人之间进行财产的返还，

但鉴于恶意串通的民事行为给国家、集体或者第三人造成了损失，为保护国家、集体或者第三人的利益，才将这些利益收归国有或者返还集体、第三人。当然，从收归国有或者返还集体、第三人是恢复国家或者集体、第三人业已遭受的损害角度来看，这些措施也是一种特殊的恢复原状的方式。

在实践中，有一个恶意串通损害第三人利益致使合同无效的受害人起诉问题。

《民法通则》第61条以及《合同法》第59条都规定了恶意串通实施民事行为损害国家的、集体的或者第三人的利益的，应当追缴双方取得的财产，收归国家、集体所有或者返还第三人。这个制度的出发点无疑是好的，但是在实践的操作中遇到了很多的问题，其中最主要的问题是，宣告恶意串通的主体究竟是由谁起诉。在一般情况下，如果在合同的争议中，发现民事行为具有恶意串通，损害国家、集体或者第三人的利益，法院可以依法宣告该行为为无效，将其所得的财产依法追缴，收归国家、集体所有或者返还第三人。但是，如果恶意串通的双方当事人并没有发生争议，那么究竟应当谁来作为原告起诉？在现实中，如果受到侵害的国家或者集体起诉，有的法院可以受理，但是如果受到损害的是第三人，第三人起诉，很多法院不予受理，因为他不是这个合同法律关系的当事人，无权起诉。

解决这个问题是完全必要的。如果不解决这个问题，这个制度就等于是虚设，没有办法落实。解决的办法如下。

第一，创设国家利益代表人制度。对此，在起草《合同法》时就提到了这个问题，这就是合同的监管问题。合同法基于合同自愿原则，没有采纳国家工商行政机关对合同有监管权利的意见。但是，对于恶意串通损害国家利益的合同，如果没有一个国家利益代表人，也就没有起诉的机关，无法提起民事诉讼程序来宣告这个行为的无效，无法落实法律的规定。鉴于我国的实际情况，可以考虑由国家检察机关作为国家利益的代表人（包括公益代表人），在国家利益受到损害时，代表国家起诉，宣告恶意串通行为为无效，追缴取得的财产，收归国家所有。

第二，准许受到侵害的第三人享有起诉权，成为当事人。在恶意串通的民事行为（合同）当中，受到损害的第三人（包括集体）不是当事人，但是其因为该民事行为（合同）而受到损害，在损害的法律关系上，第三人是当事人，基于损害而产生请求权，按照该请求权，第三人有权提起诉讼，请求宣告该合同无效，并可以请求将受到损害的财产予以返还。

五、参考结论

本案中，酒业公司的有奖销售活动中，一等奖总共设置3个，由于印刷厂印制错误，导致出现一等奖19个，属于我国《民法通则》所规定的重大误解行为，是可撤销法律行为。酒业公司可以行使撤销权从而撤销该法律行为，仅需要向王某兑付3个一等奖。

第五节　附条件和附期限的民事法律行为

案例 5. 附条件买卖房屋纠纷案

【案情】

由于甲一直在市区工作，于是将城郊房屋委托给其邻居乙照管。乙准备经营饭店，甲的三间临街房正好适合他的需要，于是乙便与甲协商要购买甲的房屋。由于房屋一直闲置，甲有将房屋卖掉的想法，但考虑到自己在外地工作的儿子想要调回本市工作，这房子可以给他住，但不知道他能不能回来。于是，双方经商谈，订立了如下房屋买卖合同："房价人民币 100 万元；在 2007 年 8 月 1 日前，如果甲的儿子调不回本市工作，甲便将房屋卖给乙。房款在交房时全部支付。"合同订立后，甲的儿子在 2007 年 6 月开始进行工作调动，2007 年 7 月进入最后审批阶段。乙于 6 月份通过熟人了解到：由于城市规划的需要，该城郊结合部要扩建为城市，这三间房屋可能要升值。于是乙通过在本市人事局工作的朋友，故意拖延甲的儿子的人事调动审批，直到 2007 年 8 月 5 日，甲的儿子仍然没有顺利调回。因此，乙要求甲按照合同约定将甲的三间房屋卖给他。

【问题】

甲和乙签订的是什么合同？乙能够要求甲把房屋买给他吗？

【法理分析与参考结论】

一、附条件的民事法律行为

（一）附条件的民事法律行为的概念

附条件的民事法律行为是指法律行为效力的开始或者终止，取决于将来不确定事实的发生或不发生为条件的法律行为。

法律规定民事法律行为可以附加条件，目的就是以所附的条件来确定或者限制民事法律行为的效力。这是商品经济和市场经济发展的要求，是社会生活复杂性、多样性所决定的。

（二）所附条件的种类

1. 生效条件与解除条件

民事法律行为所附条件，一是生效条件，二是解除条件。

第一，生效条件。生效条件也称为延缓条件，是指民事法律行为效力的发生决定于所附条件的成就。当一个民事法律行为成立之后，当事人不想使它立即生效，待所附条件成就后，再开始生效，就可以在民事法律行为中约定生效条件（延缓条件），使该条件发生作用，延缓民事法律行为的生效时间，在民事法律行为约定的条件成就时，再让民事法律行为发生效力；如果该条件不成就，该民事法律行为就永远不会生效。所以，生效条件又称为停止条件。

第二，解除条件。解除条件是指民事法律行为中所确定的民事权利和民事义务应当在所附条件成就时失去法律效力的条件，是决定民事法律行为的法律效力是否终止的条件。当行为人在进行交易时，就在民事法律行为中附上一种条件，约定当这种条件成就时，该项民事法律行为的效力即告终止，原来确定的民事法律行为权利和义务立即终止。因此，所附的解除条件，就使在民事法律行为已经发生效力的情况下，当某种情况出现时，民事法律行为的效力即告终止，不再发生效力。所以，解除条件又称为失效条件。

2. 积极条件和消极条件

在附条件的民事法律行为所附的条件中，还有一种对条件的分类方法，就是将所附的条件分为积极条件和消极条件。（1）积极条件。积极条件又称为肯定条件，就是所附的条件是以某种客观事实的出现为其条件的内容，标准是约定的事实的发生为条件成就，以约定的事实的不发生为条件的不成就。这样的条件就是积极条件。

（2）消极条件。消极条件又称为否定条件，就是所附的条件是以某种客观事实的不发生为其条件的内容。约定的事实不发生为条件的成就；约定的事实的发生为条件的不成就。这样的条件是否定民事法律行为效力的条件，所以是消极条件。

（三）法律对所附条件的要求

民事法律行为所附条件，可以是事件，也可以是行为。法律要求民事法律行为所附的条件必须符合以下要求。

1. 约定的条件必须是将来发生的事实

约定的条件必须是将来发生的事实。那些过去的、已经发生或者正在发生的事实，都不能作为条件。

2. 约定的条件必须是不确定的客观事实

已经确定的事实，不能作为所附的条件。民事法律行为所附条件的事实应当是客观的事实，而不是虚构的事实，或者臆测的事实。

3. 约定的条件必须是当事人任意选择的事实

约定条件的条款属于任意性条款，不具有强制性的意义。作为条件的事实必须是当事人双方自己一致选定的，而不是由法律规定的条件。

4. 约定的条件必须是合法的事实

凡是民事法律行为附有不法条件的，该民事法律行为当然无效；民事法律行为本身虽为合法，但由于附有不法条件，它也不能发生民事法律行为的效力。

（四）附条件民事法律行为的法律后果

附条件的民事法律行为一旦成立，就对当事人具有法律上的约束力。应当遵守民事法律行为的约定，无论是生效条件还是解除条件，都必须按照事实发生或者不发生的客观规律，任其自然地发生或者不发生，由此来确定民事法律行为的生效或者解除，不得人为地加以干预。

人为地干预民事法律行为所附条件的发生或者不发生，违背了民事法律行为所附条件的意义，使所附条件的成就或者不成就加入了人的意志的因素，而且是一方当事人的意志因素，因而使民事法律行为的生效或者解除就由一方当事人加以控制，使民事法律行为的双方当事人的利益平衡发生动摇，违背民法的公平原则和诚实信用原则，因此，必须禁止这种恶意的行为。凡是当事人不正当地阻止所附条件成就的，应当视为条件已经成就，民事法律行为应当按照原来的约定生效或者解除；凡是当事人不正当地促成所附条件成就的视为条件不成就，应当按照民事法律行为原来的约定，确认民事法律行为不生效或者不解除。这样规定，有利于保护非恶意的一方当事人的利益，制裁恶意的当事人，维护交易秩序，保护交易安全。

二、附期限的民事法律行为

（一）附期限民事法律行为的概念和意义

1. 附期限的民事法律行为的概念

附期限的民事法律行为，是指在民事法律行为中附有一定的期限，并把该期限的到来作为当事人的民事权利和民事义务发生或者消灭前提的民事法律行为。例如，在房屋租赁民事法律行为中约定，在民事法律行为成立的一个月内，将房屋租赁给承租人，这里的一个月，就是所附的生效期限。

附期限的民事法律行为在民事法律行为的内容上，与一般的民事法律行为并没有严格的不同，只是在民事法律行为中约定一定的期限，并且将这个期限作为民事法律行为生效或者失效的条件，在这个期限届至时，民事法律行为生效或者失效。

2. 附期限民事法律行为的意义

法律规定附期限的民事法律行为的意义，在于限制民事法律行为当事人所确定的民事权利和民事义务发生法律效力或者终止法律效力的时间，使民事法律行为能够按照当事人的约定有计划地进行，充分满足民事法律行为当事人的多种需要。

（二）所附期限的种类

1. 延缓期限

延缓期限也称之为始期，是指在民事法律行为中规定的期限到来之前，该民事法律行为所确定的民事权利和民事义务尚不能发生法律效力，要等待期限的到来；期限到来，民事法律行为所约定的民事权利和民事义务就开始发生法律效力，债权人开始有权请求债务人履行义务，债务人才开始承担履行债务的责任。例如，当事人约定出借人将自己的一间房屋借给借用人使用，但是约定的期限是在一个月以后。这里的一个月，就是所附的延缓生效的期限。

2. 终止期限

解除期限又称之为终期，是指在民事法律行为中约定的期限到来时，该民事法律行为所约定的民事权利和民事义务的法律效力即行消灭的期限。这就是说，在民事法律行为所附的期限到来之前民事法律行为已经发生法律效力，当事人之间的民事法律行为已经在执行，债权人的权利在行使，债务人的义务在承担。该民事法律行为所约定的这样的效力一直在延续，直至民事法律行为所约定的期限到来为止，民事法律行为的效力就终止。例如，有期限的房屋租赁民事法律行为，就是附解除期限的民事法律行为，在民事法律行为所约定的期限届至时，该民事法律行为就解除，不再发生民事法律行为的效力，当事人的权利义务即终止。

三、参考结论

甲与乙签订了房屋买卖合同，合同中约定如果在2007年8月1日前甲的儿子不能调回本市工作，便将房屋卖给乙。这一合同是附生效条件的合同，以约定的条件实现作为合同生效的条件。在本案中，乙因为得知房屋要升值，所以采用非法手段促进条件实现，以实现合同生效的目的。按照法律规定，双方当事人不得非法阻碍或促进条件实现，否则，非法促进条件实现的视为条件不成就，非法阻碍条件实现的视为条件成就。因而，本案中，乙非法促进条件实现，视为条件不实现，双方所签订的买卖合同并不发生法律效力。

第十章　代　理

本章知识点概要

代理是指代理人在代理权范围内，以被代理人的名义独立与第三人为法律行为，由此产生的法律效果直接归属于被代理人的民法制度。代理具有如下法律特征：代理人要为被代理人作出意思表示；代理人以被代理人的名义进行活动；代理人在代理权限内独立进行民事行为；代理行为的法律后果直接归属于被代理人。代理主要适用于民事法律行为，但是人身行为、人身属性的债务以及违法行为和法律禁止的行为不得代理。

根据不同的标准，可以对代理进行如下区分。

根据代理权的来源，代理可以分为委托代理、法定代理和指定代理。委托代理是指代理人基于本人的意思而产生，并依法按照本人的授权而享有代理权。法定代理是指代理人依据法律的规定而直接确定，并依照法律规定的权限行使代理权。指定代理是指代理人由人民法院或者依法有权指定的单位指定并按照法律规定的权限行使代理权。

根据代理意思公开方式的不同，代理分为显名代理与隐名代理。显名代理是指代理人以本人的名义发出或接受意思表示，而其法律效果直接对本人发生的法律行为。隐名代理是指代理人虽然没有以明示本人的姓名从而以本人的名义进行法律行为，但其代理人身份为相对人明知或应当知道；代理人的行为后果将由他人（即本人）承担。在此情况下，也发生代理的效果。

根据代理人的选任和产生的不同代理区分为本代理与复代理。本代理是指由本人选任代理人或者直接依据法律规定产生代理人的代理，一般的代理都是本代理。所谓复代理，又称为再代理，是指代理人为了实施其代理权限内的行为，以自己的名义选定他人担任被代理人的代理人。法定代理人享有无限制的复代权，委托代理中复代理的构成需要代理人行使复代权和本人同意两方面条件。但在特殊情况下，即由于急病、通信联络中断等特殊原因，委托代理人自己不能办理代理事项，又不能与被代理人及时取得联系，如不及时转托他人代理，会给被代理人的利益造成损失或者扩大损失的，为了保护本人的利益，法律允许不经过本人同意而构成复代理。复代理人为本人的代理人，被代理人可以就代理事务直接指示复代理人。代理人一般不再行使代理权。复代理人的权利不能超过代理人的权限。代理人应当就复代理人的选任及其对复代理人的指示承担责任。代理人按本人指名选任复代理人的情况下，原则上对复代理人的行为不承担责任，但如果代理人明知该复代理人不适格或者不诚实，而又怠于通知本人或者将其解任的，代理人亦应当承担相应的责任。

委托代理权源于被代理人的代理权授予行为。代理权基于独立于本人和代理人之间基础关系的授权行为而发生。授权行为独立于基础法律关系而存在，所以基础法律关系不成立、无效、被撤销，授权行为的效力不受影响，代理关系可以继续有效。

授权的意思表示既可以向代理人作出，也可以向本人意欲与之进行交易的相对人作出。向代理人作出的授权，称为内部授权；向相对人作出的授权，称为外部授权。外部授权也可以向不特定的多数人作出。在内部授权的情况下，本人仍然不妨向外部进行意思通知，告知相对人其已经授予某人代理权。此种做法学理上称为外部表示。外部表示也可以是默示的，即本人明知他人以自己名义进行行为而不作否认表示。委托书授权不明的，被代理人应当向第三人承担民事责任，代理人负连带责任。代理权授予行为原则上是非要式的，但在法律有特别规定时方采要式。

为维护被代理人的利益，避免代理人的道德风险，法律也对代理人行使代理权进行了一定的限制，主要表现在自己代理的禁止、双方代理的禁止以及恶意串通的禁止。但如果自己代理和双方代理经过本人的同意或追认，也可以有效；如果自己代理和双方代理在内容上仅仅限于履行对被代理人的债务，即便未经被代理人同意，也应当有效。

委托代理权因代理期限届满或者代理事务完成、被代理人撤回授权或者代理人辞去授权、代理人死亡、代理人丧失民事行为能力以及作为被代理人或代理人的法人终止而消灭。被代理人死亡，则意定代理权原则上消灭，但有下列情况之一的，意定代理人实施的代理行为有效：（1）代理人不知道被代理人死亡的；（2）被代理人的继承人均予承认的；（3）被代理人与代理人约定到代理事项完成时代理权终止的；（4）在被代理人死亡前已经进行、而在被代理人死亡后为了被代理人的继承人的利益继续完成的。

法定代理和指定代理因被代理人取得或恢复行为能力，被代理人死亡、代理人死亡或丧失民事行为能力，指定代理的人民法院或其他指定机关取消指定等原因而消灭。

无权代理是指虽具备代理之外观，而行为人却欠缺相应代理权的行为。欠缺相应的代理权包括没有代理权、超越代理权和代理权已经终止三种类型。无权代理可以分为表见代理和狭义的无权代理。狭义的无权代理即不能构成表见代理的无权代理。

狭义无权代理行为效力待定。即行为原则上不发生效力，因本人的追认方可溯及于行为成立时而确定的有效。追认既可以意思表示向相对人为之，也可以意思表示向无权代理人为之。追认的意思表示一经生效，无权代理行为即转化为有权代理。追认的意思表示可以以明示方式作出，也可以以默示方式作出。但单纯的沉默不能构成默示的追认。本人的追认原则上应当对法律行为的全部而为之。如果仅对其中一部分进行追认，或对其中的内容进行变更，则除非相对人同意，否则不能发生追认的效力，应当视为拒绝。

如果本人拒绝追认，该无权代理行为即确定地对于本人不发生效力。拒绝既可以直接以明示方式向相对人或代理人为之，也可以对相对人的催告保持沉默，从而默示拒绝。在本人通过其他途径知悉他人以本人名义实施民事行为而不作否认表示的，应当视为同意，合同溯及既往的有效；但在因相对人催告而知悉时，在相对人催告确定的期间内本人未作表示的，应当视为拒绝追认。

相对人可以催告被代理人追认，催告权的行使以本人尚未追认为前提，催告应当向本人作出。善意相对人在认为该合同的生效对自己不利或为尽快消除法律关系不稳定状态，其可以通过撤销权的行使使合同确定地不生效力。撤销权必须在本人作出追认之前行使，撤销权的行使应当以通知的方式向本人为之。

表见代理是指相对人有理由相信行为人有代理权的无权代理。表见代理的构成，应当具备下列条件：行为人没有相应的代理权；有代理权存在的权利外观。实践中这些代理权存在的权利外观一般包括：单位的印章、包含了授权内容的单位的介绍信、空白合同书等；权利外观与本人的行为之间存在关联性，至于本人的主观心理状态尤其是本人是否对权利外观的产生具有过失在所不论；相对人为善意无过失。相对人的善意系指相对人对无权代理人欠缺相应的代理权的事实客观上不知。判断是否有过失的标准，应当依据行为标的的大小、当事人之间的熟悉程度、查核的成本以及履行的顺序、是否存在担保等因素来合理确定。

表见代理制度的实质在于基于维护交易安全的考虑，而在一定程度上牺牲了本人的私法自治。

一旦构成表见代理，即发生代理行为有效的效果。在代理人与相对人之间，表见代理也发生与有权代理相同的效果。就代理人与本人之间的效力而言，表见代理与狭义无权代理相同。相对人可以在主张表见代理和狭义无权代理之间作出选择；本人、无权代理人不能主张表见代理。

第一节 代理概述

案例1. 烧鹅买卖纠纷案

【案情】

刘某家里来客，交代其9岁的儿子刘甲到自己常去的街口何某的小吃店购买1

斤烧鹅，价钱按照惯例结算，下次自己去时付账。刘甲误听成烧螺，便告知何某买1斤烧螺。何某就称了1斤烧螺交刘甲带回。刘某与客人均不吃螺蛳，要求退货，另行购买1斤烧鹅，何某不依。双方就该买卖合同的效力与责任的承担发生争议。

【问题】

刘某与刘甲之间构成代理关系吗？

【法理分析与参考结论】

一、代理的概念和特征

（一）代理的概念

代理，是指代理人在代理权范围内，以被代理人的名义独立与第三人为法律行为，由此产生的法律效果直接归属于被代理人的民法制度。

在代理制度中，以他人名义实施法律行为的人，称为代理人；其名义被他人使用而由他人实施法律行为的人，称为被代理人或者本人；与代理人实施法律行为的相对人，称为第三人。

（二）代理与相关概念

1. 代理与使者

使者，是指帮助民事主体实施民事行为的辅助人，其任务在于传达主体的意思表示，或者代主体接受意思表示，可分为表示使者、传达使者和受领使者。[1]

使者与代理之间主要的不同点在于使者无意思决定的自由，而代理人则有之。具体差异在于：第一，使者无须具备意思能力，而代理人须具备意思能力，本人的能力仅会影响任意代理的代理权的授予而已；第二，法律行为的要件，在使者的场合就本人决定之，在代理则主要就代理人决定之；第三，使者的表示与本人意思表示不一致时，构成为错误的意思表示，而代理人的意思表示与本人的意思不一致，则属于表见代理或者无权代理；第四，使者将委任的意思传达给相对人即为了事，而代理人则通常于向相对人为意思表示后，还承认其有受领相对人的意思表示的权限；第五，受领相对人的意思表示，使者以书面或者口头传达予本人，始对本人生效，而在代理的场合，受领与本人的受领有同样的效力。[2]

2. 代理与代表

代表，包括法定代表人，都是按照法律和章程规定，代表一定的法人或者组织行使职权的负责人。例如国家元首是国家的代表，校长是学校的代表，法人的法定代表人是其代表。代理是代理人所为的行为，其效果直接归属于被代理人；而代表为代表人所为的行为，视同本人即被代表的法人或者组织的行为，代理人属于个人法律上的关系，与本人系属于个别对立的地位，而代表乃属于团体法人的关系，属

---

[1] 梁慧星：《民法总论》，法律出版社1996年版，第208页。

[2] 刘得宽：《民法总则（修订四版）》，中国政法大学出版社2006年版，第272～273页。

于法人或者组织的内部的构成。所以，代理只能就法律行为或者准法律行为为之；而代表则除法律行为外，对事实行为或者侵权行为亦得为之。[1]

（三）代理的法律特征

1. 代理人要为被代理人作出意思表示

代理人的职责是代被代理人实施法律行为，如订立合同、履行债务、受领债的给付等，因而必须为被代理人的利益独立作出意思表示。如果只是传达被代理人的意思表示而不代为作出意思表示的，是使者而不是代理人。同样，不为意思表示的行为不得成立代理，如代人保管物品、代人照看儿童等事实行为，虽然也是接受他人的委托，但并不代为进行意思表示，因而不是代理行为。

2. 代理人是否以被代理人的名义进行活动区别对待

代理有狭义代理和广义代理之分。狭义的代理仅指直接代理，即代理人以被代理人的名义所进行的代理；广义的代理不但包括直接代理，而且包括间接代理，即受托人以自己的名义代他人为民事行为。大陆法系国家的民法仅承认直接代理，因此采用狭义代理概念；英美法系国家则对代理概念采取广义理解。在我国，《民法通则》采用直接代理的概念，即代理人必须以被代理人的名义实施民事行为；《合同法》规定了间接代理，采用广义的概念。因此，我国现行的代理制度实际上采取了广义代理的概念。

3. 代理人在代理权限内独立进行民事行为

代理权是代理人代被代理人进行民事行为的基础，代理人必须依据代理权，并在代理权限范围内为意思表示，体现被代理人的意志，为被代理人实现利益。因此，代理人在代理权限范围内，应当独立进行民事行为，并不用事事都要征得被代理人的同意，只要是在代理权限范围内进行的民事行为，都认为是被代理人的行为，被代理人都要承担后果责任。代理人超出代理权范围进行的民事行为，是无权代理。

4. 代理行为的法律后果直接归属于被代理人

被代理人通过代理人实施民事行为的目的，是利用代理人的技能、经验等为自己服务，因此，代理人在代理权限以内以本人的名义向第三人为意思表示或者接受意思表示的行为一旦生效，即在第三人与被代理人之间形成法律关系，由此发生的法律后果直接归属于被代理人，由被代理人承担相应的责任。

二、代理的沿革和意义

（一）代理的沿革

代理制度是商品经济高度发展的产物，是一种依他人的独立行为而使本人直接取得其法律效果的民法制度。代理制度产生和发展，大致经历了以下三个阶段。

---

[1] 刘得宽：《民法总则（修订四版）》，中国政法大学出版社 2006 年版，第 271～272 页。

1. 萌芽时期

在古代法律制度中，法律行为实行严格的形式主义，必须由当事人亲自为之，因而没有代理制度产生的必要。例如，在罗马法早期，只有家父（家长）有权利能力，家子及奴隶不过是家长手足的延长，因此，家子和奴隶的行为被视为家父的行为，因此没有实行代理制度的必要。同时，古代法崇尚简明，因而依据他人的行为而承认自己法律关系的变动也不是当事人所愿。至罗马帝政时期，由于商品经济的发展到了一个相当的程度，市场日渐扩大，人的活动范围渐广，社会关系日趋复杂，原料的采购、商品的销售，都不是经营者事事躬亲所能够做到的，于是开始出现了代理制度，这就是类似于委托代理制度的雏形，但这时还没有形成完善的代理制度。

2. 成型时期

直到资本主义社会，由于商业交易频繁，规模不断扩大，社会生活日趋广泛和复杂，迫切需要通过他人代为办理各项事务，代理制度的产生成为必要和可能。因此，《法国民法典》将委任契约作为取得财产的各种方法之一，实现了代理制度的初步立法化，代理制度基本成型。

3. 完善时期

在资本主义市场经济的进一步发展中，代理制度进一步发展。因此，《德国民法典》将代理制度列入法律行为之中，建立了代理制度立法的新模式，在社会的经济文化生活中，发挥了巨大的作用，后世被许多大陆法系国家所仿效。

（二）代理的意义

1. 弥补民事主体民事行为能力的不足

民事主体在民事权利能力上是一律平等的，但是在民事行为能力上却有所不同。无民事行为能力人或者限制民事行为能力人不具有民事行为能力或者民事行为能力欠缺，因此无法依自己的意志行使权利、履行义务，设置代理制度，就可以通过设定代理人来补足其民事行为能力的不足或者欠缺，使他们能够从事民事法律行为，行使权利和履行义务。

2. 延伸民事主体的民事行为能力

不仅如此，更重要的是，任何具有完全民事行为能力人的精力都是有限的，都存在依靠自己的能力不能从事所有的民事行为的问题。代理制度就是要延伸民事主体的民事行为能力，对于那些自己力所不足的事情，可以委托代理人，由代理人为其进行民事行为，而本人只是承受其行为的后果而已。因此，代理制度能够扩大民事主体从事民事活动的范围，使其更好地行使自己的权利。

3. 扩大交易，降低成本，促进社会发展

确立代理制度，使民事主体可以利用他人的能力和专业知识进行民事活动，一方面使民事主体在进行民事活动时降低成本，扩大交易领域，另一方面也推动了提供专业知识和专业技能服务等代理业的发展。最为有代表性的代理行业，就是律师代理制度。正因为如此，代理制度在推动和促进社会不断发展方面，具有重要意义。

三、代理的适用范围

（一）代理适用的一般范围

代理适用范围，是指代理行为的标的范围，即哪些行为法律允许代理，哪些行为不能代理。[1]

依照《民法通则》第63条规定，代理主要适用于民事法律行为，即“公民、法人可以通过代理人实施民事法律行为”。因此，凡是民事主体之间有关民事权利义务的设立、变更、消灭的民事法律行为，都可以适用代理制度。包括：（1）合法的民事法律行为，如买卖、租赁、借贷、承揽、保险等；（2）单方民事法律行为，例如代理他人行使追认权、撤销权等；（3）准民事法律行为，例如代理他人进行要约邀请、要约撤回、承诺撤回、债权的主张和承认等。

除此之外，在实践中，代理还可以适用于下列行为：（1）申请行为。即请求国家有关部门授予某种资格或者特权的行为，如代理申请注册商标。（2）申报行为。即向国家有关部门履行法定的告知义务和给付义务的行为，如申报纳税行为。（3）诉讼行为。即代理诉讼中的当事人进行各种诉讼行为。

（二）不适用代理的行为

下列行为不适用代理：（1）人身行为。意思表示具有严格的人身性质而且必须由本人亲自作出决定和予以表达的行为，如订立遗嘱、婚姻登记、收养子女等行为。（2）人身性质的债务。具有严格人身性质的债务不得代理，如受约演出，不得代为演出。（3）违法行为和法律禁止的行为。《民法通则》第67条规定：“代理人知道被委托代理事项违法仍然进行代理活动的，或者被代理人知道代理人的代理行为违法不表示反对的，由被代理人和代理人负连带责任。”因此，违法行为和法律禁止的行为不得代理。

四、参考结论

代理是代理人以被代理人名义独立从事法律行为，其法律后果归属于本人的制度。代理与使者存在明确的区分，代理人是在代理权限范围内根据自己的判断独立从事法律行为，而使者是对于本人的意思表示的传达，并不存在独立的意思表示。本案中，刘甲并不存在独立的意思表示，他只是将刘某的意思完整地传达给何某，因此，刘甲只是传达人，刘甲与刘某之间并不存在代理关系。刘甲错误地传达了刘某的意思，属于意思表示错误，刘某可以予以撤销，但是由此给何某造成信赖损害的，刘某应当进行赔偿。

---

[1] 柳经纬主编：《民法总论》，厦门大学出版社2000年版，第219页。

第二节　代理权

案例2. 代理购买木耳纠纷案

【案情】

左某要回老家探亲，餐馆老板邓某知道左某老家盛产黑木耳且价格便宜，便请左某代购100斤黑木耳，左某应允。一个月后，左某从老家回来后带回100斤黑木耳，当他到邓某家准备交给邓某并要钱时，得知半个月前邓某因车祸死亡，餐馆也已被债主接管。左某将100斤黑木耳交给邓的妻子，并要求邓妻付钱。邓妻以自己不知此事、邓某已死且自己要黑木耳没有用为由，拒绝接受并拒绝付钱。

【问题】

左某的代理有效吗？邓某妻子应当接受木耳并付款吗？

【法理分析与参考结论】

一、代理权的概念和性质

（一）代理权的概念

代理权，是指代理人基于被代理人的意思表示、法律的规定或者有关机关的指定而能够代理他人实施法律行为的权力。

（二）代理权的性质

学说上对于代理权的性质有不同见解，主要有“权利说”、“资格说”和“权力说”。

1. 权利说

这种主张认为，代理权是一种民事权利。至于权利的性质，有的认为是形成权，有的认为是一种管理权。

2. 资格说

这种主张认为，代理权是一种资格或者地位，而不是民事权利。代理权是由于被代理人的委托行为而使代理人所具有的资格，因而能够实施代理行为，因此代理权与权利能力和行为能力相同，是一种法律上的能力或者资格。这种理论在日本为通说。

3. 权力说

这种主张认为，代理权是法律授予代理人的权力，是一种法律上之力，所谓授权行为，就是授予代理人这种法律上之力的行为。因此，代理权是权力、义务关系，代理人被授予改变被代理人与第三人之间的法律关系的权力，被代理人承担这种被改变的关系的相应义务。[1]

笔者认为，第一，权利说的弊病在于，权利总是与义务相联系，享有权利，就要承受义务，而代理权是“无权”之权，只有义务而没有权利；即使是受有报酬的有偿代理，其报酬的取得是基于委托合同，而不是基于代理权。同时，权利总是以利益为要素，而代理权并不包含利益，其利益直接归之于被代理人。权利说解决不了这些问题。第二，能力说显然比权利说更为可采，但是，所谓能力有与主体不可分离的性质，本人的民事行为能力无法转移给代理人；同时，在代理人本身已经具有了民事行为能力，民事行为能力本身就具有代理的能力，无需他人授予；并且这种说法也忽略了代理权的本质，即代理权所具有的效力；况且在法定代理中根本就没有委托的可能，无法由委托产生资格。

因此，权力说更符合代理权的本质。理由是：第一，代理权是一种法律上的力，这种力，一方面是对本人的约束，本人必须承担代理人在代理权限内所实施的法律行为的后果；另一方面，代理人凭借代理权，可以改变本人与第三人的法律关系。因此，代理权已经超出了民法“权利”所包含的内容。第二，这种权力的来源不是当事人的委托，而是法律的授予，尽管在委托合同产生的代理关系中，代理权好像是由被代理人所授予，但是其实质仍然是由于被代理人与代理人的行为使法律规则发生作用，其结果产生了代理人取得代理权的后果。况且在法定代理中，代理权则完全由法律所授予，并没有委托代理关系。第三，代理人行使代理权是为被代理人谋利益，并不是为自己取得利益，因此，代理权的性质也与权力的含义相同。《民法通则》第63条规定：“代理人在代理权限内，以被代理人的名义实施民事法律行为，被代理人对代理人的代理行为，承担民事责任。”这里所说的权限，恰好是权力之限，而不是能力之限和权利之限。因此，权力说将代理权看作是由法律授予的权力，能很好地解释法定代理、指定代理和表见代理的法律现象，是可取的。

二、代理权发生的原因

因代理性质的不同，代理权有不同的产生原因。根据代理产生的原因不同，有三种不同的代理。这就是：委托代理，是基于被代理人的单方授权行为产生的代理；法定代理，是基于法律的直接规定产生的代理；指定代理，是基于法院或者有关机关的指定产生的代理。另外，还有基于外表授权的表见代理，是发生代理效力的无权代理。因此，代理实际上有四种。

（一）依据本人授权行为而发生的委托代理

委托代理，也称为意定代理，是基于被代理人的委托授权所发生的代理。

委托合同和授权委托行为是产生委托代理的根据。其中委托合同又称为委任合

---

[1] 梁慧星：《民法总论》，法律出版社1996年版，第215页。

同，是委托人与受托人约定，由受托人处理委托人事务的合同。委托合同是产生委托代理权的基础关系，委托授权行为是被代理人将代理权授予代理人的行为，是委托代理产生的直接根据。

在委托代理关系中，代理权的产生，事实上是基于两个行为，一个是委托合同，一个是委托授权行为。在委托代理中，委托合同的成立和生效并不当然就产生代理权，只有在委托人作出授予代理权的单方行为之后，代理权才发生。因此，代理人取得代理权，要以委托合同和委托授权两个行为同时有效存在为前提。

正因为如此，在委托代理中存在一个理论上的问题，即是否承认代理行为无因性的问题。在这个问题上，有三种不同的主张。第一是授权行为无因说，认为授权行为与基础关系各自独立，基础关系无效或者被撤销，不影响授权行为的效力。第二是授权行为有因说，认为授权行为是有因行为，授权行为的效力取决于基础关系，基础关系无效或者被撤销，授权行为亦因而无效，代理权亦应消灭。第三是授权行为相对无因说，认为授权行为原则上独立于基础关系，但授权人可以特别地进行意思表示，授权行为实质从属于基础关系；或者认为授权行为原则上从属于基础关系，但是授权人可以特别的意思表示使之独立。

授权行为无因性争论的焦点在于，代理权的基础行为与授权行为效力的关系问题。表现是，作为授权行为的原因的基础法律关系如果不成立、无效或者被撤销，授权行为的效力是否受到影响。主张无因性的理论坚持认为授权行为不受影响，主张有因性的理论则坚持认为授权行为受其影响；而主张相对无因性的理论坚持实事求是原则，区别具体情况认定。例如，雇用未成年学生代理出售教科书，授予代理权，虽然未经其法定代理人同意，但其授予的代理权为有效。但是当事人的意思不明时，则以认为代理权的授予应与其基础法律关系同其命运。

《民法通则》对于这个问题没有规定，学者主张各异。笔者认为，代理权的产生基于委托授权行为，产生了代理权之后，代理权就独立存在，并不受委托授权行为效力的限制，因此，在委托授权行为上也存在无因性，代理人实施代理行为具有独立性，即使委托授权行为无效，也并不影响授权行为的效力，代理人实施代理行为的后果直接归属于被代理人。

（二）依据法律规定当然发生的法定代理

法定代理，是指基于法律的直接规定而发生的代理。

在法定代理中，代理权的授予是基于法律的直接规定，而不是根据授权行为。法定代理主要适用于被代理人为无民事行为能力人或者限制民事行为能力人的情况。法律规定法定代理的目的，一是保护处于特定情况下的民事主体的利益，二是为了维护交易安全。

法定代理分为实体法上的法定代理和程序法上的法定代理。

实体法上的法定代理，是对无民事行为能力人或者限制民事行为能力人实施民事法律行为的代理，这种代理如监护人对于被监护人身上行为的代理和财产行为的代理。

程序法上的法定代理，是在诉讼中对于无民事行为能力人或者限制民事行为能力人实施民事诉讼行为或者行政诉讼行为以及刑事诉讼行为，其监护人作为法定代理人参加诉讼，其诉讼结果归属于被代理人的代理。

在实际操作中，对于《民法通则》第 133 条规定的法定代理人的侵权责任，在诉讼中，无民事行为能力人或者限制民事行为能力人的法定代理人在程序法上是诉讼代理人，在实体法上应当是侵权责任的替代责任人。在司法实践中，多数法院的做法是，在当事人的列法上采用程序法的做法，列其为法定代理人，但却在实体法上确认其承担侵权责任。这种做法违反代理行为的后果归属于被代理人的规则，是不适当的。

（三）依据法院或者有关机关指定而发生的指定代理

指定代理，是基于法院的指定或者有关机关的指定行为而发生的代理。法院有权判决为无民事行为能力人或者限制民事行为能力人指定代理人。“有关机关”则是对被代理人的合法权益负有保护义务的组织，如未成年人所在地的居民委员会、村民委员会、民政部门等。另外还有：法院为失踪人所指定的代管人、破产清算人，在法律规定的范围内也有指定代理权。

（四）依据外表授权所产生的表见代理

表见代理也是一种被视为有权代理的无权代理，表见代理人也有代理权。表见代理的代理权发生原因是“外表授权”。外表授权，是指具有授权行为的外部表象或假相，而无实际授权。法律为维护交易安全以及保护善意第三人的利益，承认外表授权是发生代理权的法律事实。

三、代理权的消灭

代理权基于一定的原因而消灭，而且不同的代理有着不同的代理权消灭原因。代理权消灭后，代理人的代理资格即行丧失。

（一）委托代理的消灭

1. 代理期限届满或者代理事务完成

代理人代理的期限届满，以及代理事务的完成，是消灭代理权的主要原因。这时，代理授权所要进行的工作已经结束，或者代理的时间已经完成，因此委托代理消灭。

2. 被代理人取消委托或者代理人辞去委托

代理关系存续期间，被代理人可以取消委托，因而消灭代理关系；在此期间，代理人辞去委托，也同样消灭代理关系。

3. 代理人死亡

代理人死亡，不再存在行使代理权的主体，因此代理权消灭。

4. 代理人丧失民事行为能力

代理人丧失民事行为能力，就丧失了行使代理权的资格和能力，代理权也因此而消灭。

5. 作为被代理人或者代理人的法人终止

在法人之间建立代理关系，或者被代理人或代理人是法人的代理关系中，如果作为一方当事人的民事主体是法人，并且这个法人终止，代理关系也不再存在，代理权消灭。

（二）法定代理和指定代理的消灭

法定代理和指定代理的消灭原因是：

1. 被代理人取得或者恢复民事行为能力

被代理人如果是无民事行为能力人或者限制民事行为能力人，其取得了民事行为能力或者恢复了民事行为能力，没有再存在法定代理和指定代理的基础和必要，法定代理和指定代理的代理权消灭。

2. 被代理人或者代理人死亡

代理人或者被代理人死亡，法定代理和指定代理的基础不再存在，消灭代理权。

3. 代理人丧失民事行为能力

代理人丧失民事行为能力，代理人无法行使代理权，因此而消灭代理权。

4. 指定代理的人民法院或者指定机关取消指定

指定代理关系存续中，如果人民法院或者指定机关取消该指定，则丧失了指定代理的法律基础，因此消灭代理权。

5. 其他原因

在代理关系存续期间，也可以由其他原因引起被代理人和代理人之间代理关系的消灭。代理关系消灭，依据其产生的代理权即行消灭。

四、代理权消灭的效果

代理权消灭的效果是：

第一，代理关系消灭后，代理权消灭，代理人不得再以被代理人的代理人身份进行活动，否则为无权代理。

第二，代理权消灭后，代理人在必要和可能的情况下，应当向被代理人或者其继承人、遗嘱执行人、清算人、新代理人等，就其代理事务及有关财产事项作出报告或者移交。

第三，委托代理人应向被代理人交回代理证书及其他证明代理权的凭证。

五、参考结论

委托代理以当事人之间的信任为基础，因此，被代理人死亡时，代理人不能当然成为被代理人继承人的代理人，故原则上代理权应归于消灭。但代理行为的完成一般有一个持续的过程，如果被代理人突然死亡而代理人立即停止代理活动，就有可能有损于被代理人的继承人的利益。所以，我国有关司法解释规定，当被代理人死亡后有下列情况之一的，委托代理人继续实施的代理行为可以有效：（1）代理人不知道被代理人死亡的；（2）被代理人的继承人均予以承认的；（3）被代理人与代理人约定到代理事项完成时代理权终止的；（4）在被代理人死亡前已经进行，而在被代理人死亡后为了被代理人的继承人的利益继续完成的。

本案中，虽然被代理人邓某已经死亡，但是代理人左某并不知情，因此根据我国司法解释的规定，左某实施的代理行为仍然有效。邓某妻子作为邓某的继承人应当接受木耳并向左某支付100斤木耳的价款。

第三节 代理权的行使

案例3. 代理买卖端砚案

【案情】

在北京某大学任教的徐某是一位书法爱好者，一直希望拥有一台端砚。某日经朋友介绍认识一个祖籍广东肇庆（古称端州）的顾某，于是徐某委托顾某帮自己购买上好的端砚一台，并出具了授权书。顾某接受委托后，多番寻找也未发现合适的砚台，而自己手中恰好有自己祖传的上好端砚一台，一直无人使用，于是顾某代理徐某与自己签订买卖合同，将该端砚以高价出卖给徐某。

【问题】

顾某所进行的代理行为正当吗？该买卖合同具有法律效力吗？

【法理分析与参考结论】

一、代理权的行使规则

（一）代理权的行使规则的概念

代理权的行使规则，是指代理人在履行代理权时所应当遵守的规则，也就是代理人所应当承担的义务。通过履行代理义务，代理人就实现了设立代理的目的。

（二）代理权的行使规则内容

1. 代理人必须为被代理人的利益实施代理行为

代理制度是为被代理人的利益而设定的制度，被代理人设定代理的目的是为了利用代理人的知识技能为自己服务。代理人的活动，则是为了实现被代理人的利益。因而，代理人的活动应当从被代理人的目的和利益出发，而不是从代理人自己的利益出发。被代理人应当以与处理自己的事务为同一的注意，处理好被代理人的事务，实现被代理人的目的和利益。

2. 代理人必须亲自代理

被代理人委托特定的代理人为自己服务，是基于对代理人的知识、技能、信用的信赖，因而代理人必须亲自实施代理行为，才符合被代理人的愿望。除非被代理人同意或者有特殊事由的发生，不得将代理事务转委托他人处理。

3. 代理人必须在代理权限范围内行使代理权

作为代理人身份标志的代理权，不论是产生于被代理人的授权，还是产生于法律规定或者指定机关的指定，其权限范围都是决定于被代理人的合法利益。因此代理人必须在代理权限范围内行使权利，实施代理行为，不得超出代理权的范围进行代理行为。超出代理权限范围的代理行为，为无权代理。

4. 代理人必须谨慎、勤勉、忠实地行使代理权

代理人行使代理权，必须履行谨慎、勤勉义务，忠实地按照代理宗旨维护被代理人的利益，处理好被代理人的事务，以增进被代理人的福利。同时，还应当履行报告义务和保密义务。

报告义务的内容是，代理人应将处理代理事务的一切重要情况向被代理人报告，以使被代理人知道事务的进展和自己财产或者利益的损益情况。报告必须忠实，不能包括虚伪不实等可能使被代理人陷于错误的资料。在代理事务处理完毕后，代理人还应向被代理人报告执行任务的经过和结果，并提交必要的文件材料。

保密义务的内容是，代理人在执行代理事务过程中，知悉被代理人的个人秘密或者商业秘密，不能擅自披露，更不准利用这些秘密与被代理人进行不正当竞争。

二、代理权的禁止

为了维护被代理人的利益，应当对代理人行使代理权进行必要的限制。

（一）自己代理的禁止

自己代理，是指代理人在代理权限内与自己为法律行为。在这种情况下，代理人同时为代理关系的代理人和第三人，交易双方的意思表示实际上是由一个人作出的，或者说交易行为是由一个人实施的。由于交易都是以对方利益为代价追求自身利益的最大化，自己代理具有发生代理人为自己的利益牺牲被代理人利益的极大危险。因此，为防止滥用代理权，除非事前得到被代理人的同意或者事后得到追认，法律不承认自己代理的效力。

（二）双方代理的禁止

双方代理，又称为同时代理，是指一个代理人同时代理双方当事人实施法律行为。由于交易双方当事人的利益总是相互冲突的，通过讨价还价才能使双方的利益达到平衡，而由同一个人同时代表两种利益，难免顾此失彼，最终倾向于一方的利益。而且同一个人代表两种利益，无法实现讨价还价的过程，两种利益难以达到平衡。因此，除非事前得到被代理人的同意或者事后得到追认，法律不承认双方代理的效力。

（三）代理人懈怠行为的禁止

代理人的懈怠行为，是指被代理人不履行勤勉义务、疏于处理或者未处理代理事务，使被代理人设定代理的目的落空，并使其蒙受损失的行为。法律禁止代理人的懈怠行为，被代理人因此遭受的损失可以要求代理人赔偿。

（四）与第三人恶意通谋行为的禁止

代理人与第三人通谋，损害被代理人的利益，违背代理制度的宗旨，为法律所禁止。因此，《民法通则》第 66 条第 3 款规定："代理人与第三人串通，损害被代理人的利益的，由代理人和第三人负连带责任。"

三、复代理

（一）复代理的概念

复代理，又称为再代理，与本代理相对应，是指代理人为实施代理权限内的全部或者部分行为，以自己的名义选定他人担任自己的被代理人的代理人，并由该他人代理被代理人实施法律行为的情形。被选定的该他人为复代理人，其代理的法律效果直接归属于被代理人。

（二）设定复代理的条件

由于被代理人与代理人之间存在人身信赖关系，代理人因此负有亲自执行代理事务的义务，不得转委托他人处理代理事务的义务。但在紧急情况下，代理人不能亲自处理代理事务，如此下去又会损害被代理人的利益时，法律允许进行复代理。所谓的紧急情况，是指代理人身患急病、与被代理人通信联络中断等特殊原因，代理人不能办理代理事项，又不能与被代理人及时取得联系，如果不及时转托他人代理，就会给被代理人的利益造成损失或者扩大损失的情况。此外，如果被代理人事先同意或者事后认可复代理，法律也允许复代理。

由于复代理人总是先由代理人选择，因此，复代理也是行使代理权的一种方式。代理人选择他人担任复代理人的权利称为复任权，属于代理权的一项内容。

（三）复代理法律关系

复代理人是被代理人的代理人，不是代理人的代理人，只能以被代理人的名义为法律行为，其行为的法律后果也归属于被代理人，而不经过代理人的中间环节。

在发生复代理后，复代理人并不取代代理人，代理人的地位不变，只是由复代理人分担了其部分职责。代理人的代理权并未让给复代理人，而只是在代理权之下，派生出另一个代理权。选任复代理人后，代理人仍然可以继续行使代理权。

四、参考结论

本案涉及代理权的行使规则，由于代理人以被代理人的名义从事法律行为，其法律后果归属于被代理人，因而代理人应当尽自己所能维护被代理人的利益，从被代理人的利益出发为被代理人实施法律行为，法律也规定代理人必须谨慎、勤勉、忠实地行使代理权。本案中，顾某接受委托为徐某购买端砚，最后将自己的端砚出卖给徐某，在这一买卖关系中，顾某将自己的利益和徐某的利益置于相对的地位。在这种情况下，顾某根本不可能作出有利于徐某的判断，因而这种自己代理行为，属于法律所禁止的代理行为，属于代理权的滥用，法律不承认其法律效力。因此，本案中顾某所代理实施的端砚买卖合同不对徐某发生法律效力。

第四节 无权代理

案例4. 离职后以公司名义签订合同纠纷案

【案情】

2009年11月，已经从某果业公司离职的黄某以果业公司的名义与某水泥厂签订了一份水泥购销合同。随后黄某接受了水泥厂水泥16吨，约定价格为390元/吨，合计人民币6 240元。被告黄某向原告出具收条一张，收条载明“今收到水泥16吨，此据”，签名处为“某果业公司黄某”。因果业公司至今未付货款，故水泥厂诉至法院要求判令果业公司归还货款6 240元及逾期利息。

【问题】

本案中应当由谁来承担支付水泥价款的义务？

【法理分析与参考结论】

一、无权代理的概念和特征

（一）无权代理的概念

无权代理，是指代理人不具有代理权而实施的代理行为。无权代理具有一般代理行为的表面特征，但不具有代理行为的实质特征，因而不是真正的代理。

（二）无权代理的类型

1. 未经授权的代理

在未经授权的代理中，“代理人”实施代理行为根本没有获得代理人的任何授权。“代理人”或者明知自己没有代理权，或者误以为被代理人已作出了授权而实际上并没有进行授权。

2. 超越代理权的行为

在超越代理权的行为中，代理人获得了被代理人的授权，但实施的代理行为超越了被代理人所授予的权利。超越代理权的部分构成无权代理。

3. 代理权已消灭后的代理

在代理权已经消灭后的代理中，代理人本来是已经获得了被代理人的授权的，但代理权消灭后，仍然继续实施代理行为。这种代理构成无权代理。

（三）无权代理的特征

1. 行为人实施的法律行为符合代理行为的表面特征

代理行为的特征有表面特征和实质特征之分。表面特征是代理人以被代理人的名义作出意思表示。实质特征是代理行为的法律后果直接归属于被代理人。无权代理只具有代理行为的表面特征而不具有实质特征。

2. 行为人对所实施的代理行为不具有代理权

行为人在实施代理行为时，不具有代理权。不具有代理权的原因可以是自始没有，也可以是后来代理权丧失。

二、无权代理的法律效果

无权代理本身不具有法律效力，不发生代理的法律效果。这是无权代理法律效力的基本规则。

但是，这种无权代理的状况在有关当事人依法行使权利加以处置之前，尚处于或然的状态。为了稳定社会经济关系，《民法通则》及《合同法》规定，认可无权代理在一定条件下可以转化为有权代理。

（一）发生与有权代理相同的法律效果

《民法通则》第 66 条规定："没有代理权、超越代理权或者代理权终止后的行为，只有经过被代理人追认，被代理人才承担民事责任。未经追认的行为，由行为人承担民事责任。别人知道他人以本人名义实施民事行为而不作否认表示的，视为同意。"《合同法》第 48 条第 1 款有相同的规定。

1. 被代理人追认

无权代理设立的民事行为，如果经过被代理人的追认，使无权代理性质发生改变，其所欠缺的代理权得到补足，转化为有权代理，发生与有权代理同样的法律效果，等于是有权代理。追认无权代理行为为有效的权利，是被代理人基于意思自治原则所享有的权利，其法律性质为形成权。权利的行使，可以向交易相对人作出，也可以向无权代理人作出。一经作出追认，无权代理行为如同有权代理一样发生代理的法律效力，效力溯及既往，无权代理行为自始有效，被代理人应当承受无权代理行为所发生的一切后果。

按照《合同法》的规定，相对人可以催告被代理人在一个月内予以追认。这就是相对人对无权代理行为的追认催告权。

在实践中，还有推定的被代理人追认。这就是，被代理人虽然没有明确表示承认无权代理行为对自己的效力，但是依其特定的行为，如以履行该无权代理行为中的义务的行为，表明了对无权代理行为的承认，因此也发生追认无权代理的效果。有的学者认为这种行为是默示的追认，不够妥当，因为这是以作为的方式推定行为人的意思表示，属于推定，而不是不作为的默示。

2. 视为同意

《民法通则》第66条第1款后段规定的“本人知道他人以本人名义实施民事行为而不作否认表示的，视为同意”。这就是视为同意的无权代理。明知他人以自己的名义实施民事法律行为，但是不作否认表示，表明其已经对这个行为的默许，是以不作为的默示方式同意了这个代理行为，因此产生有权代理的法律效果。

据此，除被代理人追认和视为同意之外，无权代理的法律后果由无权代理人自己承担。

（二）不发生与有权代理相同的法律效果

《合同法》第66条第2款规定：“相对人可以催告被代理人在一个月内予以追认。被代理人未作表示的，视为拒绝追认。合同被追认之前，善意相对人有撤销的权利。撤销应当以通知的方式作出。”相对人要求被代理人追认无权代理行为的通知，称为催告。这里规定的就是拒绝追认和撤销权。

1. 被代理人行使拒绝追认权

无权代理行为发生之后，被代理人享有追认或者拒绝追认的选择权，因此代理行为处于效力未定的状态。这时候，相对人可以进行催告。被代理人如果选择行使拒绝追认权，明确表示拒绝追认，或者在交易相对人确定的催告期间内不作出追认表示的，无权代理行为即不生效力。

2. 交易的善意相对人行使撤销权

为了平衡当事人之间的利益关系，与被代理人享有的追认权相对应，交易相对人与无权代理人进行民事行为时，如果其不知也不应知其为无权代理的，则为善意交易相对人，享有对无权代理行为的撤销权。行使这一撤销权，就会直接地确定该无权代理行为不发生法律效力。行使该种撤销权，应当注意的是：第一，应当在被代理人行使追认权之前行使撤销权，追认权行使之后，不得再行使撤销权。第二，被撤销的无权代理行为，被代理人不得再为追认。第三，善意的交易相对人关于撤销的意思表示，一般应当向被代理人作出。

三、参考结论

本案中，黄某已经离开果业公司，其也并未得到果业公司的授权，其以果业公司的名义与水泥厂签订的水泥购销合同属于没有代理权从事的行为，是一种无权代理行为。这种无权代理行为对于被代理人并不产生法律效力，所订立的合同只约束黄某和水泥厂。因而，本案中，水泥厂只能向黄某要求支付水泥款项，当然如果果业公司对于黄某的行为予以追认的话，应当由果业公司承担支付水泥款项的义务。

第五节 表见代理

案例5. 以公司“作废”公章签订合同纠纷案

【案情】

2009年5月，某服装公司因业务需要，将原圆形合同专用章更换成方形合同专用章，但由于工作疏忽，当时未登记收回并销毁原来的圆形合同专用章，该印章由王某保管。三个月后，王某被公司辞退。王某离开公司后使用公司的圆形合同公章，与一家商场订立了购销合同，王某在收到商场30万元的定金后，下落不明。商场遂以违约为由，要服装公司双倍返还定金60万元。

【问题】

本案中，服装公司可以要求商场承担违约责任吗？

【法理分析与参考结论】

一、表见代理的概念和意义

（一）表见代理的概念

表见代理，是指被代理人的行为足以使第三人相信无权代理人具有代理权，并基于这种信赖与无权代理人实施法律行为的代理。《合同法》第49条规定：“行为人没有代理权、超越代理权或者代理权终止后以被代理人的名义订立合同，相对人有理由相信行为人有代理权的，该代理行为有效。”

表见代理原本属于无权代理的一种，但法律并不使其产生无权代理的法律后果，而是令其产生有权代理的效果，即“该代理行为有效”，从而有别于上述三种无权代理。

（二）表见代理的意义

1. 承认外表授权

依照大陆法系民法的意思自治原则，代理制度本来是私法自治的扩张和补充，应当尊重被代理人的意思，考虑被代理人的利益，认定代理行为的效力，必然依据实际授权。既然被代理人未作实际授权，自应不发生有权代理的效力。因此，表见代理就是无权代理。在英美法系，依据禁止翻供原则，在代理关系上确认外表授权规则。所谓外表授权，就是指具有授权行为的外表或者假象，而事实上并没有实际授权。外表授权规则的适用，就使表见代理的性质发生了变化，因为外表授权是产生代理权的原因之一，因此，表见代理就是有权代理。

禁止翻供原则规定，法律不允许当事人否认别的有理智的人从他的言行中得出的合理推论。一个人的言行向相对人表示已授权给某人，而实际上他并没有授权，这就构成了外表授权。因此，外表授权是一种法律事实，它的效力就是使表见代理人获得代理权。[1]

2. 保护善意交易相对人的利益

在无权代理的情况下，交易相对人是善意无过失，不知或者不应知其为无权代理，有理由相信该无权代理行为为有权代理，而与其进行交易，如果一概宣告该行为为无效，那么将对其利益造成损害。为保护善意相对人的合法利益，确认表见代理为有权代理，就使其合法权益受到了保护。确认表见代理的意义，也在于保护善意相对人的合法权益，是民法善意原则的体现。

3. 保护动态交易安全

确认表见代理行为为有权代理，对本人的合法权益的保护存在不周的问题。但是出于对利益关系的平衡，使个人权利的静态安全与社会交易的动态安全得到合理的协调，牺牲个人权利的静态安全，让本人作出牺牲，以换取社会交易的动态安全，保护交易的安全。因此，这个制度的立法宗旨与善意取得、取得时效制度是一致的。

二、表见代理的构成要件和发生原因

（一）表见代理的构成要件

1. 须代理人没有代理权

代理人没有代理权，也就是行为人的所谓代理行为仍然是无权代理。这种无权代理，是指为代理行为时无代理权或者对于所实施的代理行为无代理权。至于该无权代理人此前是否曾经拥有代理权，或当时是否有实施其他法律行为的代理权，则不问。

2. 客观上存在使相对人相信行为人具有代理权的理由

在这个要件中应当包括两个方面：第一，相对人相信行为人有代理权的事实，这就是该行为人有被授予代理权的外表或者假象，即一定要有外表授权。该代理人以前曾经被授予代理权，或者当时拥有实施其他法律行为的代理权，或者被代理人曾有授予代理权的表示，或者根据交易习惯行为人的行为外表表明其有代理权，就构成外表授权。例如，行为人持有被代理人的授权委托书、空白合同书或者其他表明其具有代理权的证明文件。这些理由形成了行为人具有代理权的外观。第二，相对人对行为人有代理权建立了信赖。如果仅仅有行为人有代理权的外表或者假象，但是并没有建立对行为人代理行为的信赖，也不构成表见代理，而是狭义的无权代理。建立信赖，应当有正当理由。正当理由，应当依据实施法律行为的具体情形判断。

3. 相对人与行为人成立法律行为

构成表见代理，一定要相对人与无权代理人成立法律行为。如果其他要件都具

[1] 梁慧星：《民法总论》，法律出版社1996年版，第230～231页。

备，但是相对人与行为人最终并没有成立法律行为，则不发生表见代理的问题。

4. 相对人善意且无过失

构成表见代理，相对人必须是善意无过失。其要求是，相对人不知道行为人没有代理权，且对其不知道没有主观上的过失。如果相对人明知行为人为无权代理，却与其成立法律行为，那就是明知故犯，对行为后果自负其责，与所谓的被代理人无关。

（二）表见代理发生的原因

表见代理发生的主要原因有以下几种情况。

第一，被代理人以书面或者口头形式直接或者间接地向第三人表示以他人为自己的代理人，而事实上他并没有对该他人进行授权，第三人信赖被代理人的表示而与该他人实施交易行为。

第二，被代理人与代理人之间的委托合同不成立、无效或者被撤销，但尚未收回代理证书，交易相对人基于对代理证书的信赖，与行为人进行交易。

第三，代理关系终止后被代理人未采取必要措施公示代理关系终止的事实并收回代理人持有的代理证书，造成第三人不知代理关系终止而仍与代理人进行交易。

第四，行为人的外观表象足以使第三人认为其是有代理权，而与之交易的。

三、表见代理的效力

表见代理发生以下法律效力。

（一）发生有效代理的效力

表见代理是一种有效的代理，产生与有权代理相同的法律效力。这种效力的最典型表现，就是表见代理人实施代理行为的法律后果，直接由被代理人承担。

（二）表见代理人的赔偿义务

表见代理人实施的代理行为，在被代理人承担后果责任之后，如果被代理人因此而遭受财产损失，有权要求表见代理人承担损害赔偿责任。

（三）善意相对人主张撤销时被代理人不得主张表见代理

如果相对人基于自己的利益考虑，主张表见代理行为为无权代理而请求撤销的，为保护善意相对人的利益，被代理人不得基于表见代理的规定而对相对人主张代理的效果。被代理人如欲代理行为有效，仍须依无权代理的规定，对无权代理人的代理行为进行追认。

四、参考结论

本案中，王某已经离开服装公司，而且并未得到公司授权，其以公司名义实施的法理行为，属于一种无权代理。但是，由于王某手上握有服装公司的合同专用章，并且用该印章与商场签订了购销合同，商场因此足以使相对人产生合理的信赖，相信王某是服装公司的代理人，这就构成了表见代理。按照表见代理的法律效果，王某以服装公司印章与商场签订的购销合同产生有权代理的法律后果，因而服装公司应当承担合同责任。本案中，商场要求服装公司承担返还60万元的要求应当得到法院的支持。

第六节 间接代理

案例6. 彩电买卖纠纷案

【案情】

大兴公司与全宇公司签订委托合同，由大兴公司委托全宇公司采购500台彩电，并预先支付购买彩电的费用50万元。全宇公司经考察发现甲市W区的天鹅公司有一批质优价廉的名牌彩电，遂以自己的名义与天鹅公司签订了一份彩电购买合同，双方约定：全宇公司从天鹅公司购进500台彩电，总价款130万元，全宇公司先行支付30万元定金；天鹅公司采取送货方式，将全部彩电运至乙市S区，货到验收后一周内全宇公司付清全部款项。由于彩电滞销，大兴公司一直拒付货款，致全宇公司一直无法向天鹅公司支付货款。后来，全宇公司向天鹅公司披露了是受大兴公司委托代为购买彩电的情况。

【问题】

天鹅公司能够寻求何种方法予以救济？

【法理分析与参考结论】

一、间接代理概述

（一）间接代理的概念

间接代理与直接代理相对应。通常所说的代理是直接代理。而间接代理，是指代理人以自己的名义从事法律行为，并符合合同法关于间接代理构成要件规定代理行为；[1] 换言之，代理人进行代理活动时以自己的名义，进行代理活动的法律效果并不当然由被代理人承受的代理制度。[2]

（二）间接代理与直接代理的联系与区别

《民法通则》没有规定间接代理制度。《合同法》关于间接代理的规定，是该法第402条和第403条。其主要内容是："受托人以自己的名义，在委托人的授权范围内与第三人订立合同，第三人在订立合同时知道受托人与委托人之间的代理关系的，该合同直接约束委托人和第三人，但有确切证据证明该合同制约束受托人和第三人的除外。"这里规定的就是间接代理。

1. 间接代理与直接代理的联系

第一，它们都需要通过委托和授权才能产生。这种委托和授权构成了代理人

[1] 王利明：《民商法研究（第5辑）》，法律出版社2001年版，第76页。

[2] 王利明主编：《民法》，中国人民大学出版社2000年版，第120页。

和被代理人之间的内部关系，而代理人以被代理人的名义或以自己的名义对外发生联系，形成真正的代理关系。无论何种情况，代理人都必须在代理的权限内活动。

第二，代理的行为归属于被代理人。直接代理的法律效果归属于被代理人，如果间接代理的第三人行使选择权，直接选择被代理人承担责任，间接代理也会发生与直接代理相同的法律效果。

2. 间接代理与直接代理的区别

第一，代理人从事法律行为的名义不同。间接代理是代理人以自己的名义从事法律行为，而直接代理的代理人行使代理权是以被代理人的名义进行。这是直接代理和间接代理的主要区别。直接代理可以称为显名代理，被代理人的名义必须披露。间接代理的被代理人不必披露，不需显名，代理人以自己的名义从事民事法律行为。因此，有的人认为间接代理就是“行纪”。事实上，行纪与间接代理也是不同的，其中最基本的区别，就是行纪的委托人和第三人不得直接接触和发生关系。

第二，代理的效果不同。间接代理的效果不是直接对被代理人发生效力。就一般情况而言，间接代理的效果发生于代理人和第三人之间，它们之间发生权利义务关系，而不是在被代理人和第三人之间发生民事法律行为。只有在第三人选择被代理人承担后果责任的时候，才发生对被代理人发生效力的问题。而直接代理的效果直接针对被代理人，与代理人没有关系。

第三，法律根据不同。在现行法律当中，关于直接代理的规定是在《民法通则》第 3 章第 2 节规定的，而间接代理是在《合同法》第 402 条和第 403 条规定的。两种代理在适用法律上各不相同。

二、间接代理的沿革和主要功能

（一）间接代理的沿革

罗马法没有关于间接代理的规定，《法国民法典》也没有关于间接代理的规定。《德国民法典》确认纯粹的直接代理，也没有关于间接代理的规定。可以说，间接代理并不是大陆法系传统民法的制度。在《瑞士债务法》第 401 条、《意大利民法典》第 1705 条等，规定了类似隐名代理的制度，实际上也是一种间接代理。在制定商法典的国家，形成了民法中的代理和商法中的代理这两种不同的代理制度。《日本商法典》第 504 条、《德国商法典》第 392 条，都规定了商法上的间接代理制度。

在英美法系，代理是一项独立的法律部门，虽然也坚持代理人必须获得本人的授权才能使代理行为产生的权利义务归属于本人，但是英美法没有严格区分委托和代理，采取“等同”理论，因此把代理看作一个包括所有为了他人利益而行为的非常广泛的概念，不仅包括直接代理，而且包括间接代理。《国际货物销售代理公约》借鉴了英美法的间接代理制度，作了具体规定。

（二）间接代理的主要功能

1. 有利于保护委托人和第三人在交易中应当获得的利益

在间接代理中，实际上是在实施两个民事法律行为，一个委托合同，发生在委托人和受托人之间，一个是具体实施的民事法律行为，就是代理所进行的民事行为，发生在受托人和第三人之间。尽管如此，在间接代理中，将这两个法律关系紧紧连在一起，本人或者第三人都可以通过一定的形式直接向对方请求，实现权利，这就是间接代理的基本作用。在这样两个法律关系中，委托人和第三人虽然没有直接见面，但是两个民事法律行为的结果却是对双方都有利，其交易利益都能够受到保障。

2. 有利于减少交易成本和费用

在间接代理中，受托人直接与第三人进行交易，成立民事法律行为，使受托人实施民事行为更为直接，减少了环节，自然减少了交易成本和费用，对当事人是有利的，对促进交易也是有利的。

3. 发生纠纷后能够简化诉讼，有利于减少诉讼成本

间接代理与行纪最为相似，但是有很大的区别，这就是，行纪关系禁止本人向第三人请求，只能通过受托人，才能实现对第三人的请求权。如果发生纠纷进行诉讼，也就必然形成两个诉讼，浪费司法资源，给当事人带来讼累。而间接代理的委托人和第三人之间可以进行“对话”，发生纠纷进行诉讼也只是一个诉讼关系，因此简化诉讼，减少诉讼成本，提高诉讼效率，有利于保护当事人的利益。

三、间接代理的基本内容

（一）基本的代理关系

在间接代理中，基本的法律关系是，委托人欲从事一项民事活动，进行民事交易，委托代理人进行。受托人接受委托，取得了间接代理的权利，然后以自己的名义而不是用委托人的名义，寻找交易的相对人，直接与其进行交易，实施民事法律行为。受托人与第三人之间的民事法律关系终结，受托人将其结果交付委托人，委托人从中获得佣金。

因此，间接代理实际上是三个法律关系构成的，前两个法律关系是基础：（1）委托人与受托人之间的委托合同关系，在其中确定双方的权利义务。（2）受托人接受委托，与第三人之间订立民事法律行为，按照委托人的意思表示，确定该民事法律行为的内容，最终实现交易目的。（3）按照第一个合同的规定，将实施第二个民事行为的利益，交还委托人，取得受托人的利益，终结间接代理关系。可是，间接代理的最重要的关系不在于此，而是在于委托人和第三人之间的关系，法律规定，在一定的情形下，委托人与第三人之间相互享有权利义务关系。这才是间接代理的关键之点。

（二）间接代理的关键点

下面阐释的情况，就是这个关键之点。

1. 订约时第三人知道代理关系

订约时第三人知道代理关系，就是在受托人与第三人订立第二个法律关系的时候，已经知道受托人是在为委托人从事交易。例如，甲委托乙与丙购买100台电脑，乙就向丙发出电传："我受甲公司委托，向你购买100台电脑。"如果在订约的时候，是乙和丙为当事人，就构成间接代理，订约时，第三人就知道这个间接代理关系。

这里的"知道"，应当是确定的，就是明确知道，而不是应当知道，也不包括知道得不确切。知道的内容是：第一，知道具体的被代理人，也就是委托人；第二，知道委托授权的内容和期限；第三，知道的时间，即在订约的时候知道这个代理关系。在履行合同关系中知道，则不构成这种间接代理关系。

在这种情况下，受托人与第三人之间发生的民事法律关系，直接约束委托人和第三人。这就是，委托人可以根据受托人与第三人之间订立的合同直接请求第三人履行合同义务。或者接受第三人的履行，也可以在对方违约的时候，请求对方承担违约责任，或者直接向对方承担责任。

2. 订约时代理人不知道代理关系

在间接代理中，如果受托人以自己的名义与第三人订立合同时，第三人不知道受托人与委托人之间的代理关系的，受托人因为第三人的原因，对委托人不履行义务，受托人应当向委托人披露第三人。委托人因此可以行使受托人对第三人的权利，但是第三人与受托人订立合同时如果知道该委托人就不会订立合同的时候，则不得披露。

在这种情况下，涉及如下问题：

第一，委托人的介入权。委托人的介入权，是指当委托人因第三人的原因对委托人不履行合同义务时，委托人介入受托人与第三人之间的合同关系，直接向第三人主张合同权利。其前提条件是：一是受托人因第三人的原因对委托人不履行义务；二是受托人已经向委托人披露了第三人；三是第三人在与受托人订立合同时，不存在如果知道该委托人就不会订立合同的情形。

委托人的介入权是一种形成权，完全可以基于自身的利益和意志而决定是否行使该项权利，不需要征得受托人或者第三人的同意。如果委托人愿意行使该权利，则委托人将取代受托人的地位，而受托人以自己的名义从事的法律行为将直接对委托人发生效力，也就是发生了直接代理的后果。

第二，第三人的选择权。在上述关系中，受托人已经向他方披露了委托人或者第三人，这时第三人主张权利，可以进行选择，既可以选择受托人主张权利，也可以选择委托人主张权利。第三人对受托人或者委托人的选择权一经行使，就确定了所选择的相对人，选择之后不得变更。

其要件是：一是，第三人在订立民事法律行为时，不知道受托人与委托人之间的代理关系；二是，受托人因委托人的原因对第三人不履行合同义务；三是受托人已经向第三人披露了委托人；四是，第三人作出了选择。

这种选择权也是形成权，其行使与否，决定于自己的意愿而无须他人同意。选择了相对人之后，选择委托人作为相对人的，构成了直接代理的后果。选择受托人作为相对人的，仍然执行原来的合同关系。

第三，第三人和委托人的抗辩权。《合同法》第403条第3款规定："委托人行使受托人对第三人的权利的，第三人可以向委托人主张其对受托人的抗辩。第三人选定委托人作为其相对人的，委托人可以向第三人主张其对受托人的抗辩以及受托人对第三人的抗辩。"这里说的就是第三人和委托人的抗辩权。其基本原理是，只要是委托人行使了介入权，第三人行使了选择权，则相对方原来对另一方当事人的抗辩权，都可以行使，由行使权利的对方当事人享有该抗辩权。

具体的情况是：(1) 委托人行使介入权，并根据介入权向第三人主张权利时，第三人可以向委托人主张抗辩，对抗委托人的请求权。(2) 第三人选择委托人为相对人的，委托人可以向第三人主张其对受托人的抗辩，以及委托人对第三人的抗辩。

四、参考结论

本案中，天宇公司接受了大兴公司的委托采购彩电，但是天宇公司并未以大兴公司名义与天鹅公司签订合同，而是以自己的名义签订了合同，因而并不属于直接代理，该合同的法理后果也不能直接约束大兴公司。大兴公司与天宇公司之间构成间接代理。依据我国法律规定，天宇公司因为委托人大兴公司的原因，无法向天鹅公司履行合同义务，天宇公司向天鹅公司披露该情况后，天鹅公司可以选择天宇公司或者大兴公司作为合同相对人，要求其履行合同义务或者承担违约责任。但是需要注意的是，天鹅公司一旦选定合同相对人，就不能再予以变更。

第十一章　民事责任

本章知识点概要

民事责任与民事义务具有密切的关系，因此，民事责任是指民事主体违反民事法律义务所应当承担的不利法律后果。民事责任具有补偿损害、制裁违法以及一般预防的功能。

按照不同的标准划分，可以将民事责任分为不同的类型。依据行为人违反的民事义务性质的不同，可以将民事责任划分为违约责任与侵权责任。依据承担民事责任的范围为划分标准，可以将民事责任分为无限责任与有限责任。依据责任人之间承担责任的关系为标准，可以将民事责任分为连带责任、不真正连带责任、按份责任和补充责任。

归责原则，是指确定民事责任归属的一般准则。换言之，它是在行为人不履行法定义务或者约定义务，为确定行为人对自己违反法定义务或者约定义务的行为所造成的结果是否需要承担民事责任的基本规则。我国民事责任归责原则体系，是由过错责任原则、过错推定原则和无过错责任原则构成的一个完整的系统。它们统一调整我国民事责任的归属问题。

民事责任构成，是指行为人的行为具备哪些必备条件才能构成其所承担的民事责任。通常的民事责任构成要件是违法或者违约行为、损害或者其他违约事实、因果关系和主观上的过错。民事责任方式，是指行为人将承担与其所实施的违反法定义务或者约定义务行为和救济对方当事人所相适应的民事责任的具体方法和形式。《民法通则》第 134 条规定了民事责任的 10 种方式。这些民事责任方式包括：（1）停止侵害；（2）排除妨碍；（3）消除危险；（4）返还财产；（5）恢复原状；（6）修理、重作、更换；（7）赔偿损失；（8）支付违约金；（9）消除影响、恢复名誉；（10）赔礼道歉。

第一节　民事责任概述

案例1. 乘坐火车造成损害纠纷案

【案情】

2005年4月23日晚七时，到湖南凤凰旅游的广西柳州游客胡某某与丈夫李先生在湖南吉首登上了从张家界开往南宁的2011次火车。4月24日凌晨1时，火车进入广西三江县境内，胡某某在从卫生间返回卧铺车厢时，脚下过道一块松动的列车地板突然上翘，胡某某便顺着翘起的地板跌出火车，掉在铁道上。火车从她身上碾过，使胡某某失去了双腿和左臂，造成惨案。一小时后，另一辆经过的火车发现了胡某某，胡某某方才得救。在诉讼中，由于双方对赔偿金额存在分歧，没有达成协议。

【问题】

本案中，胡某某可以通过何种方法要求赔偿？

【法理分析与参考结论】

一、民事责任的概念

（一）责任和法律责任

责任，在法律上有多种意义，例如职责、义务、法律责任等。[1] 这是广义上的责任概念。

法律责任，则是广义责任概念中的一种含义，是指违反法律规定所应当承担的法律后果。

在上古时期，法律规范与其他社会规范混杂在一起，无法区分法律责任与其他的宗教责任、道德责任之间的界限。至社会文明进步到一定的程度之后，法律责任终于与道德责任、宗教责任等责任有了截然的区别。

现代法律责任是一个完整的体系，是由民事责任、刑事责任和行政责任统一构成的。一些责任方式，具有不同的法律责任性质。例如早期的损害赔偿，既可以是刑事责任，也可以是民事责任；刑罚既可以是对违反刑法规范的犯罪行为的制裁，也可以是对民事违法行为的制裁。三种民事责任在较早的时期并没有截然的区别，由于法律的不断发达，法律责任之间的界限也不断明确，最终形成了今天的法律责任体系。

（二）民事责任的概念

民事责任，是指民事主体违反民事法律义务所应当承担的不利法律后果。

---

[1] 梁慧星：《民法总论》，法律出版社1996年版，第74～75页。

违反民事法律义务的这种“不利法律后果”，既包括对原应履行的义务的继续履行，也包括追加履行一个新的法律义务。例如，买卖合同一方当事人违约，其应承担的不利法律后果是，除应继续履行合同之外，还包括对受害人因其违约行为所遭受的思损失进行赔偿。

（三）民事责任与民事义务的关系

1. 民事责任与民事义务关系的历史演变

在罗马法中，并未对民事义务和民事责任作明确区分，而是将民事责任与民事义务合为一体。责任是义务不履行的必然后果，为义务关系所包含，没有加以区分的必要。在德国普通法时期，也没有对民事责任与民事义务进行区分，而是将债务分为债务的自然进行状态与债务的不自然进行状态。债务的自然进行状态，就是义务的自觉履行；而债务人不自愿履行，由债权人强制其履行的债务就是不自然履行债务。这后一种债务，实际上就是现代民法的民事责任。

在日耳曼法，民事义务与民事责任有着明显的区别，债务属于债的“当为”，不包含法律的强制在内；而责任是“必为”，则为债务人当为给付而未给付时，应服从债权人的强制取得关系，由此而取得的责任关系，附加于债务关系之上，债务关系才具有拘束力。[1]

在现代，大陆法系民法严格区分民事义务与民事责任，这是日耳曼法的影响。无论是法国民法典，还是日本民法典，以及我国民国时期民法典，都明确规定民事义务与民事责任的不同。即使是德国民法典，也没有采取德国普通法时期的传统，而是确认民事义务与民事责任为不同的法律概念，并且进行严格的区别。

在英美法系民法，其所采取的立场与罗马法相同，不区分民事义务与民事责任的不同，强调权利与责任的关联性，既没有无责任的权利，也没有无权利的义务，责任其实是不履行义务的当然后果。

我国民法继受大陆法系以及前苏联的民法思想，严格区分民事义务与民事责任概念的不同，特别是在改革开放之后制定的《民法通则》，在规定了民事权利之后，专门设置第六章规定民事责任，确定民事责任是违反义务的法律后果。

2. 民事责任与民事义务的严格区别

民事责任与民事义务有以下三点严格的区别。

第一，民事责任产生在民事义务的不履行之后。当一个人负有民事法律义务而又不履行的时候，就产生了民事责任。当一个民事主体享有相应权利时，那么，其他任何人就负有不得侵害该主体的权利的义务，如果其他任何人实施了违反此种义务的行为，就应当承担相应的民事责任。

第二，民事责任与民事义务分别与国家公权力与民事权利概念相关联。与民事

[1] 梁慧星：《民法总论》，法律出版社 1996 年版，第 76 页。

义务概念相关联的是民事权利概念，与民事责任概念相关联的是国家公权力概念。民事责任使民事权利具有法律上之力，它是联结民事权利与国家公权力的中介。[1]在民事权利与民事义务的关系中，通常是双向的、对等的，而在国家公权力与民事责任的关系中，民事责任是国家公权力所强加的，是单向的。

第三，二者的性质不同。民事义务属于“当为”，而民事责任不仅是“当为”，更是“必为”。民事义务是应当的，其履行通常是当事人自愿的而非强制的，“是基于主体自我良心判断、或自我和社会对利益的共同（或趋同）判断”，[2]可因民事权利人对权利的自由处分而不必加以履行。而民事责任则是必需的，既是应当的又是必然的，特别明显的是，民事责任的承担在最后往往需要借助国家的公权力加以强制，因此，民事责任具有强制性，不因权力行使的专门国家机关弃权而免除，而且这种弃权行为本身构成失职。[3]

3. 民事责任与民事义务的相互联系

民事责任与民事义务既有严格的区别，又有密切的联系。因此，违反民事义务的行为是产生民事责任的原因和依据，而民事责任是违反民事义务的行为所引起的不利法律后果。

无论是违约产生的民事责任还是侵权产生的民事责任，都以民事法律义务作为前提，在这里，义务为因，责任为果。因此，民事责任的本质就在于它是法律令违反民事义务、侵害民事权利的当事人承担的不利法律后果。民事责任是民事义务履行的担保，与民事责任能够制裁违法行为人一样，都属于民事责任的功能，而非民事责任的本质。

二、民事责任的特征

民事责任既具有法律责任的一般特征，又具有自身的特征。具体表现如下。

（一）民事责任是以民事义务的存在为前提产生的法律责任

民事责任是违反民法所规定的民事义务的结果，因此，民事责任的发生必须以民事义务的存在为前提。

按照民法调整方式的不同，民事义务区分为两种：

1. 强行性法律规范所产生的强制性民事义务

这种民事义务是由于民法对社会生活的法定主义调整方式而产生的，是指不依赖于当事人意志，而必须无条件适用的法律规范；此类法律规范仅依法定事实的发生而适用，且其内容不得以当事人意志改变或排除。[4]例如《民法通则》第101条

---

[1] 梁慧星：《民法学说判例与立法研究》，中国政法大学出版社1993年版，第253～254页。

[2] 张恒山、黄金华：《法律权利与法律义务的异同》，载《法学》1995第7期。

[3] 刘作翔、龚向和：《法律责任的概念分析》，载《法学》1997年第10期。

[4] 董安生：《民事法律行为——合同、遗嘱和婚姻行为的一般规律》，中国人民大学出版社1994年版，第254页。

规定“公民、法人享有名誉权，公民的人格尊严受法律保护，禁止用侮辱、诽谤等方式损害公民、法人的名誉”，就确立了任何人不得损害公民、法人名誉权的民事义务。违反此种民事义务的行为，不仅可能产生民事责任，还会产生行政法律责任，在情节严重的时候甚至可能产生刑事法律责任。

2. 任意性法律规范所产生的任意性民事义务

在法律规范中有“如无相反约定”、“当事人另有约定除外”以及多数未加禁止内容的法律规范则皆为任意性规范。[1] 当事人通过民事法律行为所确立的民事义务主要是指由合同约定的民事义务，如当事人在买卖合同中约定的卖方应负担的交付买卖标的物的时间、地点的义务。任意性法律规范中包括意思推定规范，是指旨在推定行为人意思，并可为行为人相异的意思表示所排除适用的法律规范。[2] 意思推定规范所确定的民事义务，主要是在当事人的具体意思表示内容未加约定、约定不明确或约定无效等情形下产生，例如合同法中对违约金的推定、利息推定、租赁合同期限推定等。当事人通过民事法律行为（主要是合同）所确定的民事义务与依据意思推定规范所产生的民事义务，都属于当事人可以通过相反的意思表示加以改变的义务，违反这种民事义务产生的只能是民事法律责任，而不涉及行政法律责任与刑事法律责任的问题。

无论是由强行性规范确定的民事义务还是由任意性法律规范确定的民事义务，都同样具有拘束力，当事人都不得随意加以违反。违反上述任何一种民事义务，都会产生民事法律责任。

（二）民事责任是具有强制性的法律责任

作为法律责任的一种类型，民事责任具有强制性。但是，民事责任与行政法律责任、刑事法律责任的一个重要区别，就是它的强制性通常表现为一种“强制的可能性”。强制的可能性，是指民事责任可以在没有相应的国家机关的干预下，由违反义务者自己加以实现。只有在违反民事义务者不自行承担民事责任的情形下，才由国家机关借助公权力强制其承担。

（三）民事责任是具有制裁性的法律责任

任何一种法律责任总是要对违法行为人适用一定的法律制裁。法律制裁是国家保护和恢复法律秩序的强制性措施，它包括恢复权利性措施和对构成违法、犯罪者实施的惩罚性措施。恢复权利性制裁的功能在于使违法者承担补偿性的责任，即追加已有义务的履行。惩罚性制裁的功能则在于使违法者承担惩罚性的责任，即追加

---

[1] 苏明诗：“契约自由与契约社会化”，载郑玉波主编：《民法债编论文选辑》（上），台湾五南图书出版公司 1984 年版，第 170 页。

[2] 董安生：《民事法律行为——合同、遗嘱和婚姻行为的一般规律》，中国人民大学出版社 1994 年版，第 272 页。

一个承受不利后果的新的负担。[1] 违反民事义务要承担民事责任，就是给民事违法者的民事制裁。民事制裁中既有惩罚性的制裁，如惩罚性损害赔偿金等；也有恢复权利性制裁，如赔偿损失、停止侵害、排除妨害、消除危险等；也有混合型的制裁，如支付违约金、支付定金等。

（四）民事责任是具有财产性的法律责任

民事责任的财产性主要表现在责任体系中的财产责任占据主导地位。当然其中也存在非财产性的民事责任方式。民事法律关系中的财产关系，行为人违反民事义务给权利人造成财产上的损害，对财产权遭受侵害的当事人而言，最好、最有效的救济方式就是使违反义务者就此种财产上的损害承担民事赔偿责任。对于民事法律关系中的人身关系，行为人违反民事义务不仅会给权利人造成非财产上的损害，也会给权利人造成财产上的损害。对于财产上的损害，当然以财产的方式进行救济，是最好的方法；即使是对非财产上的损害，也可以通过转换成损害赔偿责任来实现法律的救济目的。因此，民事责任中的主要方式是财产责任，通过责令加害人承担财产责任，能够有效地救济遭受侵害的权利人，同时，民事责任以财产责任为主，也使法院执行被告应承担的财产责任较之于执行被告应承担的人身责任更为便利和简捷。

当然，我国民法规定的民事责任大量的是财产责任，赔偿损失是重要民事责任方式；同时，还包括恢复原状、返还财产、停止侵害、排除妨碍、消除危险、赔礼道歉等民事责任方式，“既反映了中国民法的特色，又具有时代气息”。[2]

（五）民事责任是具有补偿性的法律责任

民事责任的补偿性，是指民事责任的范围与违反民事义务造成的对民事权利的损害范围相适应，给违反义务者施加民事责任既不能使受害人因此获得不应有的利益，也不能使受害人遭受不应有的损害。民事责任的这个特点，是由民法的调整对象和调整方法所决定的。当某一民事主体违反民事义务或侵害他人民事权利造成对该方合法权益的损害时，只有责令加害人对受害人遭受的损害给予与损害等同的补偿，民法才能恢复被破坏的当事人之间的平等地位，以救济受害人，实现民法公平正义的精神。

民事责任的补偿性突出地体现在民事赔偿责任上。民事赔偿责任的宗旨是恢复被侵害的权利，而并非惩罚不法行为人。同时，民事责任的补偿性也体现在返还财产、恢复原状、重作、修理、更换等其他民事财产责任方式以及消除影响、恢复名誉、赔礼道歉等人身责任之上。[3]

---

[1] 孙国华主编：《法理学教程》，中国人民大学出版社1994年版，第511页。

[2] 顾昂然等：《中华人民共和国民法通则讲座》，中国法制出版社2000年版，第213页。

[3] 顾昂然等：《中华人民共和国民法通则讲座》，中国法制出版社2000年版，第216页。

当然，现代民事责任在某些情形下也具有惩罚性，产生了惩罚性损害赔偿责任，例如《消费者权益保护法》第49条规定的产品欺诈和服务欺诈的惩罚性损害赔偿金制度。

三、民事责任的功能

（一）填补损害

正是由于民事责任具有补偿性的特点，因此，民事责任的基本功能就是填补损害。我国《民法通则》及其他民事法律规定的民事主体承担民事责任的方式，并不是制裁违反民事义务行为人的人身，而是责令违反义务者以自己的财产或其他行为来消除因违反民事义务而产生的后果，对受害人的人身权益与财产权益给予补救。最能体现填补损害功能的民事责任是损害赔偿，通过损害赔偿这一民事责任形式，可以使受害人遭受损害的权益获得恢复，以求其结果如同损害事故没有发生时一样。[1]“填补损害”的功能是民事责任所独具，刑事责任、行政责任都不具备这样的功能，这也是在刑法和行政法中都专门规定附带的民事损害赔偿责任方式的缘故。

（二）惩罚违法

民事责任也具有惩罚违法的功能。民事责任的惩罚性表现在以下两个方面。

第一，对于违法行为人责令承担损害赔偿等责任方式补偿受害人损害的同时，对违法行为人也具有惩罚作用。损害赔偿责任方式的特点，是绝大多数违法行为人并没有因为自己的违法行为而获得利益，但是却要支出财产承担责任，因此，这种责任方式具有财产的惩罚性。

第二，在民事责任方式中，由于惩罚性损害赔偿制度的出现，使违法行为人要承担超出违法行为所造成的损失之外的损害赔偿，因此，具有更明显的惩罚性。惩罚性赔偿的适用范围，是针对那些具有不法性和道德上的应受谴责的违法行为。这种惩罚与补偿性的损害赔偿不同。尽管补偿性的赔偿作为一种法律责任因给加害人强加了一定的经济负担而具有一定的惩罚作用，但这种惩罚作用毕竟是极为有限的，其主要功能还是在于补偿。通过惩罚性赔偿才能使违法行为人受到教育和遏制，从而达到更好的制裁效果，对加害人、社会和一般人能够产生更好的遏制作用。

（三）一般预防

民事责任也具有一般的预防违法的功能。按照民事责任制度的要求，每一个所实施的作为和不作为，在不符合法律要求的时候，都要由自己承担相应的法律责任，每一个人都必须对自己作为或不作为的后果负责。因此，通过民事责任制度，可以使民事活动中的主体明确自己的民事义务，尊重他人的民事权利，对自己的行

---

[1] 曾世雄：《损害赔偿法原理》，台北1996年作者自版，第6页。

为负责。同时，民事责任也强调预防损害发生的义务，通过保障各种民事义务的履行而充分调动民事主体的积极性，努力避免损害的发生或者扩大。

四、民事责任的类型

按照不同的标准划分，可以将民事责任分为不同的类型。

（一）违约责任与侵权责任

依据行为人违反的民事义务性质的不同，可以将民事责任划分为违约责任与侵权责任。

1. 违约责任与侵权责任的概念

违约责任，是指合同一方当事人违反合同的约定义务而对对方当事人所应当承担的民事责任。在《合同法》中规定的违约责任，包括预期违约责任、加害给付责任、实际违约责任以及违反后契约责任。如果从广义的合同责任概念出发，缔约过失责任和合同无效责任也属于合同责任，但不是违约责任。[1]

侵权责任，是指行为人实施违法行为，侵害他人的民事权利，造成人身损害、财产损害或者精神损害，所应当承担的民事责任。

2. 违约责任与侵权责任的主要区别

第一，违反的义务不同。

法定义务与约定义务。侵权责任所违反的是法律预先设定的义务，即法定义务；而违约责任违反的则主要是当事人自己约定的义务，当然也包括违反法律规定的合同义务，例如《合同法》第192条规定的后契约义务。法定义务是由强行性法律规范直接确定的，而约定义务是由当事人通过自己的意志确定的，因此，侵权责任广泛地存在于没有任何契约关系或者其他类似关系的民事主体之间。侵权责任基本上是以没有相对的法律关系存在的民事主体之间的绝对权法律关系为基础，而违约责任的发生必须以赔偿权利人与义务人之间具有合同关系或者其他与此类似的关系为基础。

绝对义务与相对义务。侵权责任的行为人所违反的义务是绝对义务，即使是在侵害债权的情况下，行为人所违反的也不是债权的相对义务，而是对债权的不可侵的绝对义务。而违约责任违反的是相对义务，即债务人只对债权关系中的债权人负有的义务。

作为义务与不作为义务。侵权责任的行为人违反的义务主要是不作为义务，当然也包括少数作为义务，例如不作为的侵权行为。而违约责任违反的主要是作为义务，因为合同义务基本上都是作为义务，极少有消极的不作为义务的约定。

第二，保护范围不同。在我国，侵权责任保护的范围广泛，包括人格权、身份

---

[1] 以上合同责任的具体内容，请参见杨立新著《合同法专论》第三编的内容，高等教育出版社2006年版，第289~291页以下。

权、物权、债权、知识产权和继承权，以及相关的人格利益、身份利益和财产利益。而违约赔偿责任保护的范围由于受到合同相对性的限制，只保护当事人的债权，以及一方当事人违反合同义务而给对方当事人的预期利益所造成的损害。如果违约行为涉及债权人固有利益的损害，则构成违约责任与侵权责任的竞合，按照《合同法》第122条规定，由当事人选择侵权责任还是违约责任起诉，寻求侵权法或者合同法的保护。

第三，责任方式不同。侵权责任的责任方式，按照《民法通则》的规定，主要为损害赔偿，也包括停止侵害、恢复原状、返还财产、赔礼道歉、恢复名誉、消除影响等。违约责任的责任方式，当然也包括损害赔偿，但是采取补救措施、继续履行、承担违约金等方式是违约责任的固有方式。

第四，诉讼时效期间不同。侵权责任的普通诉讼时效期间为2年，特殊诉讼时效期间为1年。而违约责任的诉讼时效期间一律为2年。

（二）无限责任与有限责任

依据承担民事责任的范围为划分标准，可以将民事责任分为无限责任与有限责任。

1. 无限责任

无限责任，是指责任人以其全部财产对其应承担的责任负责的民事责任。换言之，只有在责任人的民事责任全部承担完毕时为止，否则责任人不能免除民事责任，除非其能够承担民事责任的财产穷尽。民法将无限责任规定为一般原则。自然人个人、个体工商户、农村承包经营户的债务，合伙人对合伙的债务，无限公司股东对公司所负担的债务等，都属于无限责任。

2. 有限责任

有限责任，是指责任人以其部分财产对其责任负责的民事责任。民法规定，有限责任属于例外情形。有限责任分为物的有限与量的有限。物的有限，是指债务人仅仅以其财产中的特定物和特定财产承担责任，例如第三人为债务人提供抵押权担保，当债务人不履行债务时，抵押人仅以抵押物这一特定物承担责任。量的有限，是指债务人仅以一定量的财产承担责任，例如在遗产继承中，继承人仅在继承遗产的价值额内为被继承人的债务承担责任。

（三）连带责任、不真正连带责任、按份责任和补充责任

依据责任人之间承担责任的关系为标准，可以将民事责任分为连带责任、不真正连带责任、按份责任和补充责任。

1. 连带责任

连带责任，是指因违反连带债务或者依照法律的直接规定，两个以上的赔偿义务人向赔偿权利人连带承担全部赔偿责任，赔偿权利人有权要求连带责任人中的一人或数人承担全部责任，而一人或数人在承担全部赔偿责任后，将免除其他责任人

的赔偿责任的民事责任形态。连带责任分为两种：一是违反连带债务发生的连带责任如违反连带债务的违约责任；二是依照法律的直接规定发生的连带责任如共同侵权行为的侵权连带责任。

2. 不真正连带责任

不真正连带责任，是指基于同一个损害事实产生数个损害赔偿责任的请求权，而数个请求权在客观上具有同一目的，权利人只能选择其中一个请求权行使，选择一个请求权行使之后，其他的请求权归于消灭的民事责任。典型的违约责任的不真正连带责任是连带保证责任；而典型的侵权责任的不真正连带责任，是产品侵权责任，权利人对产品制造者和产品销售者享有的两个请求权，为不真正连带责任。

不真正连带责任与连带责任的区别是：①连带责任的共同责任人之间有责任份额的区别，尽管其对外也是一个完整的责任。而不真正连带责任的各个责任人之间没有责任份额的区别，每个人都必须对整个责任负责。②连带责任的最终结果必须落实到每个共同责任人身上，即最终应当按照各自的份额承担责任。而不真正连带责任最终只能归属于应当承担最终责任的责任人身上，而不能分割为每一个责任人按份额分担。③在连带责任中，由于各个责任人内部最终是按比例或份额分担责任的，因而存在就他人承担的份额的追偿问题。在不真正连带责任中，由于存在一个最终的责任承担人，因此，只有在不是最终责任人承担了责任的时候，才存在向最终责任人追偿的问题。如果是最终责任人直接承担了责任，则不存在追偿的问题。

3. 按份责任

按份责任，是指数个责任人按照约定或者法律规定，按照不同的份额对一个责任按份承担的民事责任。

按份责任分为两种形式，一是约定的按份债务不履行发生的按份责任；二是依照法律规定发生的按份责任，例如无过错联系的共同加害行为发生的按份责任。

按份责任与连带责任的基本区别在于，连带责任的责任人之间虽然也分有份额，但是这种份额具有相对性，对外每一个责任人都负有全部承担责任的义务。而按份责任的各个责任人的责任份额不具有连带性，只对自己的份额负责，不对整体责任负责。

4. 补充责任

补充责任，是指两个以上的行为人违反约定义务或者法定义务，债权人或者受害人对各个行为人产生同一内容的请求权，该数个请求权有顺序的区别，应当首先行使顺序在先的请求权，不能实现或者不能完全实现时，再行使其他请求权的民事责任。

补充责任可以分为违约的补充责任和侵权的补充责任。违约的补充责任如一般保证义务不履行的民事责任，债权人应当首先行使对主债务人的请求权，在主债务人不能履行或者履行不足的时候，才可以对保证人行使请求权。侵权的补充责任的承担如防范制止侵权行为未尽安全保障义务的侵权责任的承担，按照司法解释的规定，首先由直接侵权人承担，在直接侵权人不能赔偿或者赔偿不足的时候，可以向未尽安全保障义务的人请求承担补充责任。❶

补充责任与不真正连带责任的区别在于，补充责任的权利人行使数个请求权存在顺序的区别，权利人必须首先行使顺序在先的请求权，在顺序在先的请求权行使中，第一顺序的责任人不能赔偿、赔偿不足或者下落不明，请求权不能满足时，再行使其余的请求权，以保障自己的赔偿权利能够完满实现。而不真正连带责任的权利人行使数个请求权，不存在顺序的关系，而是进行选择，只能选择其中一个请求权行使，在行使了一个请求权之后，其他请求权归于消灭。

五、参考结论

本案中，胡某由于火车设施缺陷掉下火车，而遭受严重损害，同时符合违约责任和侵权责任的构成要件。胡某购买车票乘坐火车的行为与铁路运输部门构成客运合同，按照客运合同的内容，铁路运输部门有义务安全地将胡某送达目的地，但是却由于铁路运输方面的过失造成胡某掉下火车，受到人身损害，构成违约行为。另外，铁路运输部门由于过失侵害了胡某的人格权，造成胡某人身损害，构成了侵权责任。本案形成了侵权责任与违约责任的竞合，按照我国《合同法》第 122 条的规定，胡某可以自己选择按照侵权责任或者违约责任要求铁路运输部门进行损害赔偿。

第二节　民事责任的归责原则和构成

案例 2. 果园受污染损害赔偿案

【案情】

孙某等四人于 2005 年 1 月承包了四川省某村所属 13.56 亩橘子树地，此地与铸造厂毗邻。2006 年 2 月，铸造厂由范某承包经营。范某于 2009 年进行技术改造后，因高炉加大而使粉尘排放增多，对孙某等承包的橘树造成污染。孙某要求铸造厂承担赔偿责任，铸造厂主张自己没有过错不承担责任。

【问题】

本案中，铸造厂应当承担赔偿责任吗？

---

❶ 杨立新：《侵权行为法专论》，高等教育出版社 2005 年版，第 211 页；《侵权法论（第 3 版）》，人民法院出版社 2005 年版，第 443 页。

【法理分析与参考结论】

一、民事责任的归责原则

（一）民事责任归责原则的概念

归责原则，是指确定民事责任归属的一般准则。换言之，它是在行为人不履行法定义务或者约定义务，为确定行为人对自己违反法定义务或者约定义务的行为所造成的结果是否需要承担民事责任的基本规则。

（二）对我国民事责任归责原则体系的不同看法

在确认我国民事责任归责原则体系究竟由几个归责原则构成的问题上，有不同的主张。主要为以下几种意见。

1. 一元论观点

这种主张认为，我国的民事责任归责原则体系只有一个归责原则，例如，其认为侵权行为法的归责原则为过错责任原则；合同法的归责原则为严格责任原则或者过错推定原则。

2. 二元论观点

这种主张认为：我国民法的民事责任归责原则有两个，在侵权行为法中，两个归责原则是过错责任原则和无过错责任原则；在合同法中，两个归责原则是过错推定原则和无过错责任原则。

3. 三元论—A 观点

这种主张认为，我国民事法律制度中同时存在三个归责原则，即过错责任原则、无过错责任原则和公平责任原则。特别是在侵权行为法中，很多人坚持这种观点。[1]

4. 三元论—B 观点

这种主张认为，民事责任的归责原则为过错责任原则、过错推定原则和公平责任原则，无过错责任不是一种独立的归责原则。[2] 这种观点主要是在侵权行为法研究中提出的。

5. 三元论—C 观点

这种主张认为，我国民事责任的归责原则体系是由过错责任原则、过错推定责任原则和无过错责任原则三个归责原则构成的。不仅侵权行为法是由这三个归责原则构成侵权责任的归责原则体系，[3] 而且在合同法中，也是由这三个归责原则构成合同责任的归责原则体系。[4] 因此，民事责任归责原则体系，就是由这三个归责原

[1] 刘淑珍："试论侵权损害的归责原则"，载《法学研究》1984年第4期。

[2] 王利明：《侵权行为法归责原则研究》，中国政法大学出版社1991年版，第30页。

[3] 杨立新：《侵权行为法专论》，高等教育出版社2005年版，第72页。

[4] 杨立新：《合同法专论》，高等教育出版社2006年版，第302页。

则构成的。

（三）我国民事责任归责原则体系的构成

笔者认为，我国民事责任归责原则体系，是由过错责任原则、过错推定原则和无过错责任原则构成的一个完整的系统。它们统一调整我国民事责任的归属问题。

首先，侵权行为法的归责原则适用这个归责原则体系。侵权责任的归属，根据法律的规定，对不同的侵权行为适用不同的归责原则，一般侵权行为适用过错责任原则；对于部分特殊侵权行为，例如国家赔偿责任、用人者的责任、法定代理人的责任、专家责任、违反安全保障义务的侵权行为以及物件致害责任，适用过错推定原则；对于部分特殊侵权行为，例如产品侵权责任、高度危险作业致害责任、环境污染侵权责任、动物致害责任和工伤事故责任以及机动车造成非机动车驾驶人和行人人身损害的责任，适用无过错责任原则。

其次，合同法关于合同责任的归责原则，也适用这个归责原则体系。在确定合同责任的归属问题上，根据《合同法》的规定，对于缔约过失责任、合同无效的损害赔偿责任、预期违约责任等，适用过错责任原则；对于违约损害赔偿，例如加害给付责任的损害赔偿、实际违约责任的损害赔偿、违反后契约义务的损害赔偿，都是用过错推定原则；对于合同无效的返还财产、实际违约的支付违约金、继续履行、采取补救措施等责任，适用无过错责任原则。

最后，在其他民事责任中，应当根据法律的不同规定，适用不同的归责原则。例如，对于违反相邻义务造成损害、对于违反其他债的关系义务的民事责任等，都有相关的规定，适用有关的归责原则。

（四）三个归责原则的基本内容

1. 过错责任原则

过错责任原则，是以过错作为价值判断标准，判断行为人对其违反法定义务或者约定义务的行为应否承担民事责任的归责原则。例如，一般侵权行为引起的损害赔偿案件，行为人承担侵权责任的必备要件是要有过错，应当由主观上有过错的行为人承担赔偿责任，如果双方当事人对于损害的发生均有过错，则应当根据各自的过错程度轻重和行为的原因力大小，确定各自应当承担的民事责任。在合同责任中，构成缔约过失责任和合同无效的损害赔偿责任，行为人也必须存在过错，如果损害的发生是由双方当事人的过错造成的，则也须分担损失。

2. 过错推定原则

过错推定原则，是指在法律有特别规定的场合，从其他民事责任的构成要件中推定行为人有过错，并据此确定行为人民事责任的归责原则。

所谓推定，是指法律或法官从已知的事实推论未知事实而得出的结果，实际上就是根据已知的事实对未知的事实进行推断和认定。[1] 过错推定，也叫过失推定，其规则是，在权利人能够举证证明民事责任构成的其他要件的情况下，法官根据这些要件直接推定行为人有过错，行为人如果主张自己没有过错，应当举证证明自己不存在过错的事实；如果不能证明自己没有过错，推定过错成立，行为人的民事责任即构成，应当承担赔偿责任。适用过错推定原则的意义，在于使受害人处于有利的诉讼地位，切实保护受害人的合法权益，加重行为人的责任，有效地制裁民事违法行为，促进社会的安定和谐。

3. 无过错责任原则

无过错责任原则，也叫做无过失责任原则或者严格责任，是指在法律有特别规定的情况下，行为人违反法定义务或者约定义务，没有过错也应当承担民事责任的归责原则。

我国民法确立无过错责任原则的根本目的，在于切实保护权利人的权利，促使负有特定义务的人，例如从事高度危险业务和危险行为的人、产品制造者和销售者、环境污染的制造者以及动物的饲养人、管理人以及合同债务人，对自己的工作和履约行为予以高度负责，谨慎小心从事，不断改进技术安全措施，提高工作质量，保障权利人的权利的实现；一旦造成损害，能迅速、及时地查清事实，尽快赔偿人们的人身损害和财产损失。

适用无过错责任原则的意义，在于加重行为人的责任，使受害人的损害赔偿请求权更容易实现，受到损害的权利及时得到救济。

二、民事责任构成要件

（一）民事责任构成

民事责任构成，是指行为人的行为具备哪些必备条件才能构成其所承担的民事责任，换言之，民事责任构成是依据法律进行理性分析，确定行为人所应承担的民事责任在一般的情况下，由哪些要素才能构成，并且这种构成，作为判断行为人所实施的行为是否成立民事责任的标准，在实践中予以适用。因此，民事责任构成既是理论上的问题，又是实践上的问题，而且对于实践的指导意义更为重大。

（二）民事责任构成要件

民事责任构成要件是与民事责任构成概念最为密切相关的概念。它是构成民事责任的行为人应承担民事责任必备的条件，是民事责任有机构成的基本要素。

通常的民事责任构成要件是违法或者违约行为，损害或者其他违约事实，因果关系，主观上的过错。这些具体的责任构成要件是每一个民法部门法研究的对象，民法总则不作具体研究。

---

[1] 参见《法国民法典》第1349条规定的内容。

（三）民事责任构成与民事责任构成要件的关系

民事责任构成与民事责任构成要件是一个事物的两个方面，前者是指这种责任须具备哪些要素或条件才能构成，后者是构成这种责任的基本要素或具体条件是什么。因此，这两个概念是紧密相连的，是一个有机的整体。但是，从理论上和实践上来看，这两个概念的意义和作用并不相同。前者具有宏观的意义，研究的是民事责任构成的基本要求，是民事责任构成的结构；后者具有微观的意义，研究的是民事责任构成的具体内容，即构成民事责任的每一个要素的具体要求和具体内容。这两个概念相辅相成，在理论上构筑了民事责任构成的完整体系，在实践中成为判断某一行为人是否应当承担民事责任的尺度。

三、参考结论

本案属于环境污染案件。环境侵权案件属于典型的无过错责任。只要铸造厂存在排污行为，该排污行为造成了孙某等人的橘园的损害，铸造厂就应该承担损害赔偿责任，并不需要考虑铸造厂的排污行为是否存在过错。因此，孙某等人要求铸造厂承担损害赔偿责任存在合法依据，铸造厂方面并不能以自己没有过错而免除赔偿责任。

第三节　民事责任方式

案例3. 利用虚拟网名侵害他人名誉权案

【案情】

原告张某，被告吴某，二人各自以虚拟的网名登录网站参加活动。在现实生活中两人相互认识，并相互知道对方网名所对应的人的真实身份，而且张某的网名及真实身份还被其他网友所知悉。被告吴某多次在网站的公开讨论板块上发表署名大跃进的文章辱骂张某。后原告起诉被告侵犯其名誉权。

【问题】

被告吴某应当承担何种侵权责任？

【法理分析与参考结论】

一、民事责任方式概述

（一）民事责任方式的概念

民事责任方式，是指行为人将承担与其所实施的违反法定义务或者约定义务行为和救济对方当事人所相适应的民事责任的具体方法和形式。换言之，民事责任方式，就是民法规定的违反法定义务或者约定义务的行为人所应当承担的法律后果的具体形式。

（二）民事责任方式的种类

《民法通则》第 134 条规定了民事责任的 10 种方式。这些民事责任方式包括：(1) 停止侵害；(2) 排除妨碍；(3) 消除危险；(4) 返还财产；(5) 恢复原状；(6) 修理、重作、更换；(7) 赔偿损失；(8) 支付违约金；(9) 消除影响、恢复名誉；(10) 赔礼道歉。

上述这 10 种民事责任方式，可以分为三种不同的种类：(1) 财产型的民事责任方式；(2) 精神型的民事责任方式；(3) 综合型的民事责任方式。这些责任方式都是由民法调整的财产关系和人身关系的特殊性所决定的，应当按照救济权利损害和制裁违法、违约行为人的具体要求，适用具体的民事责任方式。

（三）适用民事责任方式的一般规则

对违法或者违约行为适用民事责任方式的基本规则如下。

1. 救济权利损害需要

确定民事责任方式最重要的原则，就是根据救济权利人受到侵害的权利的需要。在恢复权利人受到侵害的权利的目标下，需要适用什么民事责任方式，就适用什么民事责任方式。对于违约的行为人，适用财产性的民事责任方式。对于侵权的单纯的财产权利损害，可以单独适用损害赔偿方式救济损害；对于生命健康权的损害，可以赔偿财产损失，也可以赔偿精神损害；对于精神性人格权的损害，可以单独适用精神型的民事责任方式，也可以根据需要适用财产型的民事责任方式。

2. 民事责任方式可以并用

在民事责任方式中，各种方式各具特点，对于造成权利损害的救济，可以单独适用一种民事责任方式，也可以适用多种民事责任方式。

民事责任方式并用的标准是，根据各种责任方式保护权利人的利益不同，如果适用一种责任方式不足以保护权利人的权利时，就应当同时适用其他的责任方式。

3. 权利人可以适当处分

民事责任方式从权利人的角度看，就是权利人自己享有的请求权。按照民法的基本原则，权利人可以处分自己的权利。

4. 必要的先予执行

在侵权民事责任方式中，对于确有必要的，在案件受理时可以先予执行，最高人民法院《民通意见》第 162 条规定："在诉讼中遇有需要停止侵害、排除妨碍、消除危险的情况时，人民法院可以根据当事人的申请或者依职权先行作出裁定。"对于合同责任，如果合同履行期未届至之前，债务人公然违约的，也可以适用预期违约责任的规定，在合同履行期未届至或者未届满之前，提起诉讼，请求保护。

二、财产型民事责任方式的适用

（一）返还财产

返还财产，是普遍适用的民事责任方式。作为民事责任方式的返还财产，是指返还原物。不法侵占他人财产，或者原来依据合同占有他人财产但合同无效或者被撤销的，行为人应当返还原物。《民法通则》第117条规定，侵占国家的、集体的财产或者他人财产的，应当返还财产。因返还原物提起的诉讼称为返还之诉。《合同法》第58条规定，合同无效或者被撤销后，一方占有对方财产的，应当予以返还。

返还财产责任方式的适用条件，是侵占财产，并且其原物依然存在。如果原物已经灭失，返还原物在客观上已经不可能的，所有人只能要求实物赔偿或者折价赔偿，而不能要求返还财产。如果原物虽然存在，但已经遭受毁损，可以在请求返还财产的基础上，再提出赔偿损失。返还财产在性质上是物的占有的转移，而不是所有权的转移，因此必须要占有人将所有物转移至所有人的控制之下，才能视为原物已经返还。

返还原物应当返还原物所生的孳息。构成侵权行为的侵占财产均为恶意。在恶意占有的情况下，占有人应负责返还其在全部恶意占有期间所获得的一切孳息，并且无权请求所有人补偿其支付的费用。

（二）恢复原状

恢复原状，是指恢复权利被侵犯前的原有的状态。

恢复原状一般是指将损害的财产修复，即所有人的财产在被他人非法侵害遭到损坏时，如果能够修理，则所有人有权要求加害人通过修理，恢复财产原有的状态。

广义的恢复原状则更为广泛，如通过返还财产而使财产关系恢复到原有的状态，通过恢复名誉而使受侵害的名誉权得到恢复。但是，这些方法在侵权民事责任方式的体系中都有专门的方式，不能包含在恢复原状的责任方式之中。同样，在侵权行为法中，虽然恢复原状与修理、重作、更换的责任形式联系十分密切，修理、重作、更换也不过是恢复原状的手段，目的在于恢复权利人被侵害的权利，[1] 但修理、重作、更换并不是侵权行为法的民事责任方式，而是违约责任的具体方式，因而不能认为其是恢复原状的具体形式。

适用恢复原状的民事责任方式应当具备的条件是：一是须有修复的可能，二是须有修复的必要。

（三）修理、更换、重作（采取补救措施）

修理、更换、重作，是指在以交付标的物作为履行方式的合同关系中，交付的

---

[1] 王利明、杨立新：《侵权行为法》，法律出版社1996年版，第104页。

标的物不符合合同要求的质量标准，债务人对于该标的物所应承担的修理、更换或者重作的民事责任方式。

《民法通则》第134条规定的修理、更换和重作，实际上应当称为采取补救措施，这是一个概括性的民事责任方式，具体内容包括很多。《合同法》第111条就提到了修理、更换、重作、退货、减少价款或者报酬等方式。这种民事责任方式适用于违约责任，是对合同没有履行而采取的民事责任方式。上述这些责任方式，在违约责任包括实际违约、预期违约和加害给付中，都是可以适用的。在实践中，可以根据实际的违约情况选择适用。例如，在买卖合同、加工承揽合同等合同关系中，当卖方交付的产品不符合合同约定的质量要求时，卖方应当负责修理或者更换为合格的产品，加工承揽合同中承揽人交付的工作成果不符合质量要求时，应当负责修理或者重作。《合同法》第111条规定："质量不符合约定的，应当按照当事人的约定承担违约责任。对违约责任没有约定或者约定不明确，依照本法第61条的规定仍不能确定的，受损害方根据标的的性质以及损失的大小，可以合理选择要求对方承担修理、更换、重作、退货、减少价款或者报酬等违约责任。"

（四）支付违约金

违约金，是指当事人通过协商预先确定的，在违约后作出的独立于履行行为之外的给付。《合同法》第114条规定："当事人可以约定一方违约时应当根据违约情况向对方支付一定数额的违约金，也可以约定因违约产生的损失赔偿额的计算方法。"

违约金的性质是当事人双方约定的救济违约的一种责任方式，但实际上，这种民事责任方式具有担保的作用。在制定《民法通则》时，没有规定它的担保性质。

适用违约金责任方式，当事人在合同中应当事先约定，按照约定，在一方当事人违约的时候，对方按照约定给付违约金。违约金的适用范围，在实际违约、预期违约和加害给付中都可以根据约定适用。对于约定违约金的高低，法律没有特别限制，但是，按照《合同法》第114条第2款的规定，应当受到实际损失的限制。[1]

应当注意的是，《合同法》规定的违约金分为不履行的违约金和迟延履行的违约金，应当将这两种违约金加以区别。第一，对于没有约定迟延履行违约金，或者约定不明确的，应当视为不履行违约金；第二，明确约定迟延履行违约金的，违约方在支付了违约金后，还应当履行债务。

（五）赔偿损失

赔偿损失是最主要最基本的民事责任方式，在绝大多数的民事责任中，只要造成了权利人的损害，都可以适用损害赔偿的责任方式进行补救。

---

[1] 即为违约金低于实际损失的，可以要求增加，过分高于实际损失的，可以请求适当减少。下文对此还要详细说明。

《合同法》规定的损害赔偿责任方式有两种，一是一般的损害赔偿，即补偿性的损害赔偿；二是惩罚性损害赔偿。在一般的合同责任中，适用的是补偿性的损害赔偿，不得适用惩罚性赔偿。惩罚性赔偿只有在商品欺诈和服务欺诈中才可以适用，[1] 以及在最高人民法院司法解释规定的商品房买卖中的欺诈行为可以适用，在其他领域中不可以适用。补偿性赔偿金中，确定“损失赔偿额应当相当于因违约所造成的损失，包括合同履行后可以获得的利益”。[2]

侵权行为法上的赔偿损失，包括财产损害赔偿、人身损害赔偿和精神损害赔偿三种，应当根据侵权行为所侵害的财产权、物质性人格权和精神性人格权的不同，确定不同的损害赔偿方式。损害赔偿是侵权行为法救济损害的最基本形式。

三、精神型民事责任方式的适用

（一）停止侵害

停止侵害，是指行为人实施的违法行为仍在继续中，应当承担的立即停止侵害行为的民事责任方式。对于任何正在实施违法行为的不法行为人都可以适用这种民事责任方式，立即停止其侵害行为。

停止侵害这种民事责任方式的主要作用是：能够及时制止侵害行为，防止扩大侵害后果。这种民事责任方式以侵权行为或者其他违法行为正在进行或仍在延续中为适用条件，对尚未发生的或业已终止的侵权行为则不得适用。责令停止侵害，实际上是要求侵害人不实施某种侵害行为，即不作为。

适用停止侵害责任方式应当注意：第一，可以先予执行；第二，权利人在请求对方当事人承担停止侵害的民事责任方式时应当提供适当担保。

（二）消除影响、恢复名誉

消除影响、恢复名誉，是指行为人实施侵权行为侵害了民事主体的人格权，对于其所造成的影响，应当在其影响所及的范围内消除不良后果，恢复受害人的名誉评价到未受侵害时的状态的民事责任方式。

消除影响、恢复名誉是侵害自然人、法人的精神性人格权所承担的责任方式，在适用中，消除影响适用的范围较宽，可以适用于多种场合。恢复名誉则只适用于侵害名誉权的场合，是侵害名誉权加害人应承担的责任。

消除影响、恢复名誉的具体适用，要根据侵害行为及造成影响所及和名誉毁损的后果来决定。

（三）赔礼道歉

赔礼道歉，是指侵权行为人向受害人承认错误、表示歉意，以求得受害人原谅

---

[1] 关于惩罚性赔偿金的适用，请参见杨立新：《民法判解研究与适用（第四辑）·论消费者权益保护中的惩罚性赔偿金》，人民法院出版社 1999 年版，第 107 页以下。

[2] 《合同法》第 113 条规定。

的民事责任方式。

赔礼道歉有两种方式，一是口头道歉的方式，二是书面道歉的形式。口头道歉由加害人直接向受害人表示。书面的道歉以文字形式为之，可以登载在报刊上，张贴于有关场所，或者以信件的方式转交受害人。侵权人拒不执行赔礼道歉民事责任方式的，法院可以按照判决确定的方式进行，费用由侵权人承担。

四、综合型民事责任方式和适用

（一）排除妨碍

排除妨碍，是指行为人实施的行为使权利人无法行使或不能正常行使自己的财产权利、人身权利，应当将妨碍权利实施的障碍予以排除的民事责任方式。例如，在他人窗前或者通道上堆放物品，妨碍他人通风采光或者通行的，应将物品搬走。如果行为人自己不排除妨碍，受害人可请求人民法院责令其排除妨碍。

（二）消除危险

消除危险，是指行为人的行为和其管领下的物件对他人的人身和财产安全造成威胁，或存在侵害他人人身或财产的可能，应当采取有效措施，将具有危险因素的行为或者物件予以消除的民事责任方式。例如，房屋的所有人或管理人不修缮房屋，致使房屋处于随时倒塌、危及他人人身和财产安全，或者化工厂排放污染物还没有造成实际的损害，这些行为人都应承担消除危险的民事责任。《民通意见》第154条规定："从事高度危险作业，没有按有关规定采取必要的安全防护措施，严重威胁他人人身、财产安全的，人民法院应当根据他人的要求，责令作业人消除危险。"这是对消除危险责任方式的实际运用。

适用消除危险的责任方式，必须是危险存在，确有可能造成损害的后果，对他人造成威胁，但是损害尚未实际发生，没有妨碍他人民事权利的行使。适用此种责任方式，能有效地防止损害的发生，充分保护民事主体的民事权利。

五、参考结论

本案中，被告吴某在网络上以虚拟网名恶意辱骂张某，严重侵害了张某的名誉权。主要应当承担精神性侵权责任和精神损害赔偿责任。具体来说，张某可以要求吴某承担停止侵害、恢复名誉、赔礼道歉的民事责任，除此之外，张某还可以要求吴某赔偿其因为吴某的辱骂行为所遭受的精神上的痛苦，也就是精神损害赔偿金。

第十二章　诉讼时效与除斥期间

本章知识点概要

诉讼时效和除斥期间都是关于民事权利的存在时间。诉讼时效，又称消灭时效，是指权利人在一定期间内不行使权利，即在某种程度上丧失请求利益的时效制度。诉讼时效的适用范围仅适用于请求权，并且主要适用于债权请求权。诉讼时效期间完成，请求权的对方当事人发生抗辩权，未经当事人主张，法院不得直接援引诉讼时效的规定而驳回债权人的诉讼请求。

诉讼时效的起算又称诉讼时效期间的开始，是指诉讼时效期间从何时开始计算，实际上即如何确定诉讼时效期间始期的问题。时效期间起算点的不同对双方当事人利益产生重要影响。目前关于诉讼时效起算的问题主要由三种立法例，即规定诉讼时效期间从请求权产生或成立之时起算、规定自请求权可行使之时起算、自知道或者应当知道权利受侵害之时起算。我国民法认为，诉讼时效期间从知道或者应当知道权利被侵害时起算。诉讼时效的中断，指在诉讼时效期间进行中发生了法定事由，以前经过的期间归于消灭，自中断事由终止后重新开始计算诉讼时效。时效中断的适用应注意以下方面问题：须有法定事由；中断事由发生于诉讼时效期间进行之中；中断事由消除后，诉讼时效期间重新计算。诉讼时效中止，又称诉讼时效的停止，是指在诉讼时效进行中，由于某种法定事由的发生，致使权利人不能行使请求权，因而暂时停止时效期间的计算，待阻碍时效期间进行的事由消除后，时效期间再继续计算。中止的适用应注意如下方面：存在中止的法定事由；中止事由须发生于特定期间；中止事由消除后，时效期间继续计算，这点将中止与中断明显区分开来。

除斥期间，也称之为不变期间，是指法律对某种权利所规定的存续期间。其法律意义在于，督促权利人尽快行使权利，超过除斥期间怠于行使该权利的，则该权利消灭。一般认为，除斥期间的适用范围是形成权，但是随着市场经济的发展，为了稳定社会经济秩序，需要适当扩大除斥期间的适用范围。笔者认为，除斥期间的适用范围包括：形成权；某些特殊的请求权；某些特殊的支配权。

期限，是指民事法律关系产生、变更和终止的时间。期限分为期日和期间。期日表现的是时间的点，期间表现的是时间的段，即时段。二者可以独立发生作用，也可以与其他事实结合发挥作用。期限对于人的生活有重大意义，规定日历上的某一具体时刻、一定的具体时间段、某一必然发生的事件的发生时刻以及当事人提出请求的时间等，都是期限。期限的确定方法有四种：一是规定日历上的一定时间。二是规定一定的期间。三是规定某一法律事实的出现的特定时刻。四是规定以某人提出请求的时间为准。

第一节 诉讼时效

案例 1. 工程款追讨纠纷案

【案情】

某装饰公司与某建筑公司于 2007 年 5 月 6 日签订门窗加工合同，由装饰公司为建筑公司加工塑钢门窗。合同约定，结算方式为安装完毕后一次性结清。合同签订后，装饰公司按合同约定为建筑公司安装了门窗；安装完毕后，双方进行了结算，2007 年 11 月 23 日建筑公司物资部人员在结算表上盖章，认可欠装饰公司门窗加工费为 24 690元。2010 年 7 月 18 日装饰公司诉至法院，要求建筑公司给付加工费；建筑公司以装饰公司起诉已经超过了两年的诉讼时效进行抗辩，不同意装饰公司的诉讼请求。装饰公司提交了其委托北京某律师事务所 2009 年 11 月 15 日给被告建筑公司邮寄的北京邮政同城快件，其内容是要求建筑公司尽快清偿对于装饰公司的债务。

【问题】

本案中装饰公司对于建筑公司的工程款债权超过诉讼时效了吗？

【法理分析与参考结论】

一、诉讼时效的概念

（一）诉讼时效的概念

诉讼时效，又称消灭时效，是指权利人在一定期间内不行使权利，即在某种程度上丧失请求利益的时效制度。

诉讼时效是一种能够引起民事法律关系发生变化的法律事实。

（二）诉讼时效的历史沿革

诉讼时效制度起源于罗马的裁判官法，随着裁判官管辖权的发展，出现了“无限期诉讼”和“时效诉讼”之分。[1] 罗马帝国时期认为诉讼均有时效，权利人如果不在期限内提起诉讼，只是丧失诉讼上的救济而并不丧失实体上的权利，权利人仍可以依诉讼外的方法寻求救济。这种超过诉讼时效期间的债权，在罗马法上称为自然债务，以区别于法定债务，这就成为正式的诉讼时效制度，一直沿用下来。

[1] ［意］彼德罗·彭梵得：《罗马法教科书》，黄风译，中国政法大学出版社 1992 年版，第 107 页。

我国古代没有诉讼时效制度。现代民法意义上的诉讼时效制度出现在第一部民法典草案《大清民律草案》，该法典草案在总则中设专章规定了该制。至民国民法，建立了完善的诉讼时效制度。新中国成立后，受前苏联法律的影响，我国采用诉讼时效的称谓，并长期沿用下来。

（三）诉讼时效的意义

设立诉讼时效制度的主要目的，是客观地促进权利关系安定，及时结束权利义务的不确定状态，稳定法律秩序，降低社会交易成本。一方面，由于权利人长久不行使权利，很可能会导致证据灭失，如果任由当事人无限期地在诉讼上主张权利，不仅会推翻长期已经存在的事实状态以及基于此事实状态而形成的各种法律关系，造成社会经济秩序的紊乱，也导致诉讼久拖不决的后果，对义务人有失公平；而以诉讼时效期间替代证据，也可以简化法律关系，避免诉讼上的举证责任。另一方面，诉讼时效制度可以很好地平衡实际权利人与非实际权利人之间的利益关系，敦促真正的权利人及时行使权利以避免不利后果，同时在其存在时效过失时，使利益有利于非真正权利人，从而体现“法律帮助勤勉人，不帮助睡眠人”的法谚精神。

（四）诉讼时效与取得时效的差别

诉讼时效与取得时效两种制度虽然都是时效制度，但是它们之间存在以下明显的差别：

1. 起源不同

诉讼时效与取得时效起源于不同的法律基础。诉讼时效制度源于古罗马的裁判官法；取得时效制度源自更为古老的十二铜表法。

2. 构成要件不同

诉讼时效的构成要件为权利不行使和一定期间的经过；取得时效的构成要件为占有标的物和一定期间的经过。

3. 适用范围不同

诉讼时效适用于请求权，主要是债权请求权；取得时效主要适用于物权的所有权，但其他财产权可以准用。

4. 法律效果不同

诉讼时效期间完成，并不消灭实体权利本身，仅仅是权利人的胜诉权消灭和债务人的抗辩权的产生；取得时效则是实体权利发生变动，由占有人取得占有物的所有权，其性质为原始取得，原所有权归于消灭。

5. 中断的事由不同

诉讼时效有中断、中止、延长等情况；而取得时效不存在中止和延长的事由，即使是存在中断事由，也与诉讼时效不同，有自行中止占有、丧失占有、自主占有变为非自主占有等事由。

二、诉讼时效的适用范围及效力

（一）诉讼时效的适用范围

诉讼时效的适用范围也称诉讼时效的客体，是指哪些权利适用诉讼时效制度。

诉讼时效的适用范围在实践中具有重要意义。但哪种权利为诉讼时效的客体，立法例并不一致。例如：（1）日本法规定诉讼时效的适用范围是债权及其他非所有权的财产权：债权因10年间不行使而消灭；债权或所有权以外的财产权，因20年间不行使而消灭。（2）法国法则规定，一切诉讼的时效期间均为30年，英美法也原则上以诉权为其诉讼时效的适用范围。（3）德国及我国台湾法等规定以请求权为诉讼时效的适用范围。

我国对于诉讼时效的适用范围，《民法通则》未作规定，一般解释为仅适用于请求权。在较长时间里，对于这个问题并不明确，而是认为一切权利都适用诉讼时效制度。笔者坚持诉讼时效的适用范围仅适用于请求权，并且主要适用于债权请求权。

坚持这种意见的基于以下几点理由。

第一，就支配权而言，它体现为权利人对权利客体的直接管领，主要为人格权、身份权、物权等，一般不直接涉及与第三人的关系。支配权的积极方面表现为直接支配权利客体、支配管领标的物或者直接取回标的物，行使这种权利并不需要他人为特定行为；支配权的消极方面表现为权利人有权禁止他人的干涉或者妨害行为。因此，支配权并没有“权利人可以行使权利”和“不可以行使权利”的区分，也无从计算诉讼时效期间的起始与终结。

第二，就形成权而言，它是指权利人凭自己单方的行为即可使民事法律关系产生、变更和消灭的权利，如追认权、撤销权、抛弃权等。形成权也存在存续期间的问题，但不是适用诉讼时效，而是适用除斥期间。这是因为形成权能够直接导致法律关系的变动，使法律关系具有不确定性，法律为了维护法律秩序的安定性，限制形成权的作用，所以设立固定不变的除斥期间限定形成权，而不适用诉讼时效规则。

第三，就抗辩权而言，传统民法认为，独立的抗辩，即单纯拒绝给付权，依德国法通说不适用于诉讼时效，因为此种抗辩权与请求权无任何关联，如保证人的先诉抗辩权。非独立的抗辩具有时效性，因为此种抗辩只是相对应的请求权的实施，而诉讼时效正好在于阻却抗辩权的实施，[1] 因此，抗辩权（催告权、检索抗辩权及同时履行抗辩权）附随于请求权，于请求权存续之期间，不因时效而消灭。[2]

第四，对于权利保护的请求权是否为诉讼时效适用范围，有不同的意见。以物

---

[1] 黄立：《民法总则》，中国政法大学出版社2002年版，第459页。

[2] 史尚宽：《民法总论》，中国政法大学出版社2000年版，第633页。

权请求权为例，有三种意见：（1）认为物上请求权应该罹于诉讼时效，即由物权而生的请求权，如果经过一定期间不行使，应与一般请求权同等对待，使其因时效经过而消灭。❶（2）认为物上请求权不应当罹于诉讼时效，认为物权是对物的排他的支配权，倘若适用诉讼时效，会使所有权人无法请求所有物的返还，同时占有人又不享有所有权，从而造成一个无法回复支配圆满状态的物权，使物权丧失本质，有违立法目的。（3）认为部分物上请求权适用诉讼时效，部分不适用，只有返还财产请求权与恢复原状请求权这两种物上请求权适用诉讼时效，其他的物上请求权则不适用。❷

笔者认为，物权请求权与物权不可分离，与物权同命运，既然物权不适用诉讼时效，则物上请求也不能适用；物上请求通常适用于各种持续性侵害行为，对此难以确定时效起算点，因此物上请求权难以适用诉讼时效；物上请求权虽不适用诉讼时效，但由于适用取得时效，依然可以发挥防止权利上的“睡眠”，推动财产流转及维护经济秩序的作用。❸

（二）诉讼时效的效力

诉讼时效的效力，是指诉讼时效期间届满后的法律后果。

诉讼时效期间届满后发生的法律后果，立法例可分为三种：（1）实体权利消灭主义，即诉讼时效的效力直接消灭实体权本身。此种立法以《日本民法典》为代表，规定诉讼时效期间完成，权利人不及时行使的权利消灭，如果义务人履行而权利人接受履行的，构成不当得利。（2）诉权消灭主义，即诉讼时效完成后，实体权利本身仍然存在，仅诉权归于消灭，实体权利因而转为自然权利，但义务人自愿履行的，权利人接受其履行不构成不当得利。前者以法国为代表，后者以《苏俄民法典》为代表。（3）抗辩权发生主义，诉讼时效期间完成后，义务人仅取得拒绝履行的抗辩权，权利人的实体权利与诉权均不消灭，以《德国民法典》和我国台湾地区民法典为代表。

对此，我国《民法通则》第138条规定，超过诉讼时效，当事人自愿履行的，不受诉讼时效限制。这种规定，采取的是胜诉权消灭主义，采用的是前苏联的立法例。

在实践中，这种规定在近年来遭到质疑，大多数人主张应当采德国的抗辩权发生主义。

胜诉权消灭主义与抗辩权发生主义的区别在于，消灭胜诉权，可以由法官依职权直接适用诉讼时效，即使是当事人不以诉讼时效期间完成进行抗辩，法官仍然可

---

❶ 胡长清：《中国民法总论》，中国政法大学出版社1997年版，第356页。
❷ 梁慧星：《民法总论》，法律出版社1996年版，第242页。
❸ 王利明：《物权法论》，中国政法大学出版社1998年版，第152～155页。

以直接进行审查，并且直接适用诉讼时效，驳回债权人履行债权的请求。这无疑是在为逃债的债务人提供法律保护，为我国的诚信秩序和诚信道德缺失现状雪上加霜。而发生抗辩权，在保护权利人方面具有明显的优势，且能够实现法律逻辑上的前后一致，解决了义务人自己不援用时效抗辩时，法院不得主动援用诉讼时效规定的理论问题，同时，使享有抗辩权的主体范围、行使的方法、行使后是否可撤回等问题的解释，也有了合理依据。因此，笔者主张采用抗辩权发生主义，未经当事人主张，法院不得直接援引诉讼时效的规定而驳回债权人的诉讼请求。

三、诉讼时效期间的种类和起算时间

（一）诉讼时效的种类

我国的诉讼时效根据诉讼时效期间的不同，分为三种。

1. 一般诉讼时效

一般诉讼时效，是指由民法统一规定的，普遍适用于法律没有作特殊诉讼时效规定的各种民事法律关系的消灭时效。

由于保护利益的基点不同，各国规定的诉讼时效期间的长短也有所不同，当偏重于保护债权人利益时，其期间规定得较长；当意在促使权利积极行使、加快民事流转时，规定较短的期间。并且期间的长短随社会经济的发展而可能有所变化。多数国家规定了较长的普通诉讼时效期间，体现了对权利人权利的尊重。

《民法通则》第135条规定一般诉讼时效的期间为2年，这一期间比较短暂，其立法目的在于促进权利人尽快行使其权利，以利于加速社会经济流转，但从另一角度而言对权利人来说未免有些苛刻。因此，民法典草案倾向规定为3年，这样对保护债权人的利益更为有利。

2. 特别诉讼时效

特别诉讼时效，也称特殊诉讼时效，是指由民法或民法单行法特别规定的，只适用于某些特殊民事法律关系的消灭时效。

规定这种特殊诉讼时效，是因为这种诉讼时效所适用的民事法律关系对确定性的要求较强，必须在更短的期间内将其确定化，因此，它的期间通常短于一般诉讼时效的期间，只适用于法律特别规定的民事法律关系，不具有一般意义，并且优先于一般时效适用。

我国关于特别诉讼时效的规定分为两类：一是《民法通则》中规定的特别诉讼时效，规定诉讼时效期间为1年的情形有：（1）身体受到伤害要求赔偿的；（2）出售质量不合格的商品未声明的；（3）延付或拒付租金的；（4）寄存财物被丢失或者损毁的。二是其他法律中的规定：如《环境保护法》规定，因环境污染损害赔偿提起诉讼的时效期间为3年；《合同法》第137条规定，因国际货物买卖合同和技术进出口合同发生纠纷，要求保护权利的诉讼时效期间为4年；此外《产品质量法》、《保险法》、《海商法》、《食品卫生法》、《药品管理法》等法律中也规定了特殊的时效期间。

3. 最长诉讼时效

最长诉讼时效，也称绝对诉讼时效，是指不适用诉讼时效中止、中断、延长规定的诉讼时效期间。《民法通则》第137条规定："从权利被侵害之日起超过20年的，人民法院不予保护。"

20年的最长诉讼时效期间的规定，是针对那些不知道或者不应当知道其权利被侵害的权利人作出的。因为他们既然不知道或者也不应当知道其权利被侵害的事实，其诉讼时效便不可能按照《民法通则》规定的"从知道或者应当知道权利被侵害时起计算"，只能从其权利被侵害时起计算。这样就需要规定较长的时效期间，才能达到保护当事人合法权益的目的。

最长诉讼时效的特点是：（1）期间具有固定性，其设立宗旨就是要对民事权利设立一个最长的固定期限，权利超过这个期限不行使的，则对该民事权利不再予以法律保护。因此，它不适用诉讼时效期间中止、中断的规定。（2）期间的起算点具有确定性。即从权利受到侵害之日起计算，而不是从知道或者应当知道权利受到侵害之时起计算。

（二）诉讼时效的起算

诉讼时效的起算，又称作诉讼时效期间的开始，是指诉讼时效期间从何时开始计算，即如何确定诉讼时效期间始期的问题。

诉讼时效是一个持续的事实状态，因此诉讼时效期间的起算决定了时效制度如何适用。时效期间起算点的不同对双方当事人利益产生重要影响。

目前关于诉讼时效起算主要有三种立法例：（1）诉讼时效期间从请求权产生或成立之时起算，德国立法例采此种主张。（2）自请求权可行使之时起算，为大陆法系普遍采用的立法主义，如日本、意大利和我国台湾地区。（3）自知道或者应当知道权利受侵害之时起算。前苏联、原东欧一些民法采纳这种立法例。

我国《民法通则》受苏联法影响，第137条规定："诉讼时效期间从知道或者应当知道权利被侵害时起算"。在人身损害赔偿方面，《最高人民法院关于贯彻执行〈民法通则〉若干问题的意见（试行）》则将"知道或应当知道"作了具体化：伤害明显的，从受伤害之日起算；伤害当时未曾发现，后经检查确诊并能证明是由侵害引起的，从伤势确诊之日起算。

确定诉讼时效期间的起算点，必须注意三个方面。

1. 在客观上权利受到侵害

权利受到侵害是一个客观事实，是必须存在的事实。只有权利受到侵害，才能够确定诉讼时效的起算时间。

2. 在主观上权利人知道或应当知道权利受到侵害

知道就是已知，应当知道就是应知。已知和应知都是权利人知道。其中应知是一种法律上的推定，即不管当事人实际上是否知道其权利受到侵害，只要客观上存在知道的条件和可能，由于当事人主观上的过错，应当知道而不知道，诉讼时效期间仍应开始计算。

3. 坚持主客观相统一的标准

在权利受侵害的客观事实和权利人已知或者应知的主观方面，有时候是一致的，有时候是不一致的。主观方面和客观方面相一致的时候，按照同一的时间点起算诉讼时效。主观方面和客观方面不相一致的时候，肯定是客观事实发生在前，已知或者应知发生在后，那么，应当以主观吸收客观，在已知或者应知的时候，以已知和应知作为起算诉讼时效期间的时间点。

诉讼时效的起算受到最长期间的限制。在我国，即使请求权人不知道或不应当知道，从权利被侵害之日起超过20年的，人民法院也不予保护。所以，《民通意见》第167条解释："民法通则实施后，属于民法通则第135条规定的2年诉讼时效期间，权利人自权利被侵害时起的第18年至第20年期间才知道自己的权利被侵害的，或者属于民法通则第135条规定的1年诉讼时效期间，权利人自权利被侵害时起的第19年至第20年期间才知道自己的权利被侵害的，提起诉讼请求的权利，应当在权利被侵害之日起的20年内行使，超过20年的，不予保护。"

四、诉讼时效期间中止、中断和延长

（一）诉讼时效期间中止

诉讼时效期间中止，是指在诉讼时效进行中，由于某种法定事由的发生，致使权利人不能行使请求权，因而暂时停止时效期间的计算，待阻碍时效期间进行的事由消除后，时效期间再继续计算的消灭时效制度。

时效制度意在敦促权利人及时行使权利，但其的适用以权利人可以行使权利而怠于行使为前提，如果出现客观障碍而使权利人无法行使权利，则继续计算时效未免有失公平，因此应暂停计算期间以保证权利人有行使权利的必要时间，从而保护其权益。我国《民法通则》第139条规定："因不可抗力或者其他障碍不能行使请求权的，诉讼时效中止。"《民通意见》对此作了补充："在诉讼时效期间的最后6个月内，权利被侵害的无民事行为能力人、限制行为能力人没有法定代理人，或者法定代理人死亡、丧失代理权或者法定代理人本人丧失行为能力的，可以认定为因其他障碍不能行使请求权，适用诉讼时效中止。"

适用诉讼时效期间中止，应注意如下问题。

1. 应当存在中止的法定事由

《民法通则》规定的法定事由是"不可抗力或者其他障碍"，其中不可抗力是指当事人不能预见、不能避免并不能克服的客观情况，如严重的自然灾害和战争等，发生不可抗力时，权利人在客观上无法行使权利；其他障碍是指除不可抗力以外足以使权利人无法行使请求权的客观情况，如权利被侵害的无民事行为能力人、限制行为能力人没有法定代理人，或者法定代理人死亡、丧失代理权或者法定代理人本人丧失行为能力的情况。

2. 中止事由须发生于特定期间

我国法律要求中止发生在时效期间最后6个月内，这是考虑了我国实际国情与权利人保护必要性的结果，因为在这种情形下权利人还有足够的时间行使权利。

3. 时效期间继续计算

中止事由消除后，时效期间继续计算，与中止前已经过的时效期间合并计入总的时效期间。

（二）诉讼时效期间中断

诉讼时效期间中断，是指在诉讼时效期间进行中发生了法定事由，以前经过的期间归于消灭，自中断事由终止后重新开始计算诉讼时效。《民法通则》第140条规定："诉讼时效因提起诉讼、当事人一方提出要求或者同意履行义务而中断。从中断时起，诉讼时效期间重新计算"。

时效中断的适用应注意以下方面问题。

1. 须有法定事由

我国规定的法定事由主要有起诉、权利人一方提出要求、义务人同意履行义务。

第一，关于起诉。起诉后的诉讼时效期间自当事人向法院提起诉讼时中断。因为时效期间中断是否发生，关键在于权利人有无积极行使权利的状态，在权利人向法院提出起诉状时，就已表明其已经开始行使自己的权利，时效期间应当中断。在这个问题上，有以下问题值得研究：一是权利人在起诉后又自动撤诉的，通说认为，权利人起诉后又自动撤诉，表明权利人自己否定了权利的行使，放弃了请求法院依法对其某一实体权利予以保护的要求，按照诉讼法上诉的撤回视同未起诉的规则，不发生起诉的效果，因而也不导致诉讼时效期间的中断。二是在实践中，与起诉具有同一效力的事项还包括提起仲裁、依督促程序申请送达支付令、申请公示催告、依法定程序申报和解债权或破产债权、申请财产保全、告知诉讼于与诉讼结果有利害关系的第三人、开始执行行为或申请强制执行等。三是依《民通意见》第174条规定："权利人向人民调解委员会或者有关单位提出保护权利的请求，从提出请求时起，诉讼时效中断。经调处达不成协议的，诉讼时效期间即重新开始。"申请调解是发生诉讼时效期间中断的事由，即使是申请调解时调解不成立的，仍然具有中断时效的作用。

第二，关于权利人一方提出要求。要求即请求，是指权利人对于因时效受利益的当事人，而于诉讼外行使其权利的意思表示。[1] 诉讼外请求能否成为时效中断的

[1] 胡长清：《中国民法总论》，中国政法大学出版社1997年版，第363页。

事由，各国立法不同。我国《民法通则》规定请求具有诉讼时效中断的效力。法律不要求请求的法律形式，书面、口头均可，其形式只是一个举证的问题。值得研究的是，如果请求后义务人不予理睬，在6个月内权利人又未提起诉讼或与诉讼有同一效力的事项时，此时因请求而中断的时效是不是还认为中断？通说认为，为了敦促权利人提起诉讼行使权利，也为了避免反复请求引起的繁琐问题，应视为不中断。[1]

第三，关于义务人同意履行。义务人同意履行，即承认，是指义务人表示知道权利存在的行为，并通过一定方式（口头的或书面的）向权利人作出愿意履行义务的意思表示。这样，就使双方当事人之间的权利义务关系重新明确并稳定下来，因此，《民法通则》把此种情形作为中断时效的法定事由。承认具有如下特点：承认为单方行为，由一方的行为即可成立；即使是对于特定第三人或不特定人所作的承认，亦足中断时效。[2] 承认可以明示，也可以默示，如支付利息、部分履行的行为、延缓期限的请求等，都构成承认而中断时效。

2. 中断事由发生于诉讼时效期间进行之中

这种时间要求，较之于中止更为宽泛，只要是在诉讼期间范围内，无论事由发生于哪一个具体时间点均发生中断效果。可见，中断制度的存在，实际上使得权利人在某种意义上大大超越了时效期间的制约。

3. 中断事由消除后诉讼时效期间重新计算

诉讼时效中断，以前经过的期间归于消灭，时效重新开始计算。

重新计算的时效期间的起算点的确定方法是：第一，以起诉或提请仲裁、调解而中断的，自判决、裁定、调解协议生效之时起重新计算。第二，以其他方式主张权利而中断的，自中断原因发生时重新计算。第三，因债务人同意履行债务而中断的，自中断原因发生时重新计算。[3]

（三）诉讼时效期间延长

诉讼时效期间延长，是指在最长诉讼时效期间届满后，权利人基于某种正当理由，而要求人民法院根据具体情况延长诉讼时效期间，经人民法院确认后决定延长的制度。

在通常情况下，权利人在诉讼时效期间内不行使权利，于时效期间届满后，向法院要求保护权利的，法院不予支持。但有的权利人在诉讼时效期间内未能行使权利确有正当原因，严格适用诉讼时效将造成不公。针对这种情况，《民法通则》第137条规定，20年最长时效期间，在有特殊情况时，可以由人民法院延长时效的期

---

[1] 史尚宽：《民法总论》，中国政法大学出版社2000年版，第653页。

[2] 同上书，第671页。

[3] 梁慧星：《民法总论》，法律出版社2001年版，第279页。

间。诉讼时效期间的延长，是对诉讼时效期间的中止和中断的补充。由于中止和中断的事由倾向于采取法定主义，不可能包罗诸多使权利人不能及时行使权利但又有正当理由的情况，法律特别设立诉讼时效期间延长制度予以衡平，由法官行使自由裁量权弥补立法列举式规定的不足。但人民法院对时效的延长必须从严掌握，不得滥用，以维护诉讼时效制度的严肃性。

关于诉讼时效期间延长的适用条件，《民法通则》只原则性地规定“有特殊情况”。依最高人民法院解释，该“特殊情况”是指权利人由于客观障碍在法定诉讼时效期间不能行使请求权的情形，在实务中通常适用于围绕大陆与台湾之间关系发生的诉案。关于20年最长诉讼期间是否延长，延长多少，均由法院衡量权利人与义务人的利益，法律秩序的安定性与权利保障的需要，根据特殊情况个案处理。因此，最长诉讼时效期间的延长属于法院自由裁量的范畴，当事人不能依法主张抗辩，只能够申请法院予以审查、决定。一般认为，诉讼时效期间延长制度本身存在一些缺陷，诸如赋予法官太大的自由裁量权，没有明定延长的具体条件和期限，与设立时效制度以维护法律秩序的立法目的相背，与诉讼时效缩短的现代立法趋势不符，该制度已无太多的存在价值。

五、参考结论

本案中装饰公司对于建筑公司的工程款按照双方约定是装修完毕时予以清偿，双方于2007年11月23日确认了该债权的具体数额，从此时起，建筑公司应当清偿对于装饰公司的债务。也就是说，诉讼时效从此时起算两年。在诉讼时效进行过程中，2009年11月15日装饰公司委托律所向建筑公司采用快递方式邮寄了要求清偿债务的信函，从此时起诉讼时效中断，重新起算，诉讼时效于2011年11月15日届满。因此，装饰公司于2010年7月18日向法院起诉，要求建筑公司清偿债务，并未超过诉讼时效，建筑公司以诉讼时效届满为由提起抗辩没有合法依据。法院应当判决建筑公司清偿装饰公司债务。

第二节 除斥期间

案例2. 被迫出具借条要求撤销案

【案情】

某建筑公司与孙某合作，建筑公司出资进行建设，孙某出土地使用权，合作开发某小区建设工程。后孙某提出将土地出卖给建筑公司，退出合作开发工程建设。双方约定土地使用权出让金480万元，但是没有签订书面协议，也没有将土地使用权过户。一年后，建筑公司要求孙某协助将土地使用权过户，孙某趁机提出须另加800万元，否则不予过户。建筑公司无奈，出具欠孙某800万元借款的借条，孙某协助予以过户。14个月后，建筑公司向法院起诉，以胁迫为由，请求依法撤销该借款协议。

【问题】

建筑公司要求撤销借条的请求能够得到支持吗？

【法理分析与参考结论】

一、除斥期间的概念及适用范围

（一）除斥期间的概念

除斥期间，也称之为不变期间，是指法律对某种权利所规定的存续期间。其法律意义在于，督促权利人尽快行使权利，超过除斥期间怠于行使该权利，则该权利消灭。

（二）除斥期间的特征

1. 除斥期间是法定期间

除斥期间都是法律明确规定的期间，是法定期间，不是当事人约定的期间，也不准许当事人约定。

2. 除斥期间是权利存续期间

除斥，有排除、截止期限之意，[1] 是权利被排除，期限被截止的意思。在该权利期间内，该权利存在，超过该权利的除斥期间，则该权利消灭。

3. 除斥期间的适用是法官职权主义

除斥期间届满后，不必对方当事人主张，法院可以主动依照职权确定该期间届满的效果，确定该权利绝对、当然、确定地消灭，因此，除斥期间的期间利益并不是当事人主动选择的，当事人只能被动承受，并且不能抛弃。

（三）除斥期间的适用范围

一般认为，除斥期间的适用范围是形成权，但是随着市场经济的发展，为了稳定社会经济秩序，需要适当扩大除斥期间的适用范围。

1. 形成权

除斥期间的适用范围主要是形成权。其根据是，形成权将会根据一方的意志而发生法律关系的发生、变更和消灭的效果，因此，对形成权设定除斥期间的限制，不仅对他人的权利和社会公共利益有一定的关联，而且对形成权的相对人具有期限利益，不使形成权法律关系总是处于不稳定的状态。

2. 某些特殊的请求权

法律规定，某些特殊的请求权也可以适用除斥期间。例如《个人独资企业法》第28条规定，个人独资企业解散以后，原投资人对个人独资企业存续期间的债务仍然承担偿还责任，其除斥期间为5年。《担保法》规定的保证期间也是除斥

---

[1] 王利明：《民法总则研究》，中国人民大学出版社2003年版，第756页。

期间。

3. 某些特殊的支配权

法律规定，某些特殊的支配权也适用除斥期间。《著作权法》规定，著作财产权在作者死亡后50年后消灭，属于除斥期间。最高人民法院关于适用《担保法》若干问题的解释第12条规定的，担保物权所担保的债权的诉讼时效结束后，担保权人在诉讼时效结束的二年内行使担保物权的，人民法院予以支持；该二年期间，也是除斥期间的性质。

二、除斥期间与诉讼时效的区别

除斥期间与诉讼时效的区别在于以下几点。

第一，适用范围不同。除斥期间主要是用于形成权，只有在特殊规定的情况下，才可以适用于某些特殊的请求权和支配权。而诉讼时效只适用于债权请求权以及其他有关的请求权。由于请求权的范围远远大于支配权，因此，诉讼时效的适用范围规定在民法总则，作为一般的问题进行规定；而除斥期间的适用范围需要在民法分则的物权法中规定，并且作为特殊问题作具体规定。

第二，期间的计算方法不同。除斥期间的起算时间一般从权利成立之时计算，只有在例外的时候，即可撤销合同的撤销权除斥期间的起算时间是从当事人知道或者应当知道撤销事由之日起计算；并且除斥期间不适用中止、中断和延长的规定。而诉讼时效期间的起算时间是从当事人知道或者应当知道权利被侵害的时间起算；在期间进行过程中，出现中止、中断或者延长的法定事由，则时效期间相应的中止、中断和延长。

第三，法律效果不同。除斥期间完成的法律效果是直接消灭权利，权利本身不复存在。而诉讼时效期间完成的法律效果是仅消灭权利的胜诉权，消灭的是权利中受法院保护的权利的消灭，原来的请求权只是变成一种自然债，也就是对方当事人产生抗辩权，可以对抗债权履行请求权；但债务人自愿履行的，视为权利人权利的实现。

第四，是否允许法院主动援引和当事人抛弃不同。除斥期间完成后消灭实体权利，不管当事人是否提出主张，法院都可以主动审查，确认除斥期间完成，直接确认权利丧失；同时，除斥期间完成，不准许当事人抛弃期间利益，如果准许抛弃，则与以私人意思创设权利无异。[1] 而诉讼时效期间的法律后果是产生抗辩权，抗辩权是否行使，取决于抗辩权人是否主张，因此法院无权主动依职权进行审查，并且主动援引诉讼时效而判决；同时诉讼时效期间完成的期限利益，当事人可以抛弃，即不行使抗辩权而主动履行。

---

[1] 胡长清：《中国民法总论》，中国政法大学出版社1997年版，第354页。

三、参考结论

本案中，建筑公司被胁迫与孙某签订借款协议，属于可撤销的合同，该建筑公司可以向人民法院主张撤销该合同。依据我国《合同法》第55条的规定，撤销权作为一种形成权，受除斥期间的限制，建筑公司必须在知道或者应当知道撤销事由之日起一年内提出撤销诉讼。而本案中，建筑公司在知道撤销事由之日起14个月后才向人民法院提出撤销之诉，已经超过除斥期间，其诉讼请求权不能得到法院的支持。

第三节　期　限

案例3. 王某某诉请宣告王阳死亡案

【案情】

王某某，男，57岁，汉族，系新安县某村农民。其长子名叫王某，1997年7月9日王某因下岗无业，一气之下离家出走，从此下落不明，后经其家人多方寻找仍未有下落。王某某心里明白自己的儿子凶多吉少，就产生了独霸家产的念头，想把儿媳赶出家门。王某某便于2002年3月27日向新安县法院申请宣告王某死亡。王某之妻李某得知公公申请宣告自己丈夫死亡的消息后，非常伤心，也非常气愤，遂向法院申请以第三人的身份参加诉讼，坚决不同意宣告其丈夫王某死亡。

【问题】

该案是否符合宣告死亡要求的期限？应如何计算？

【法理分析与参考结论】

一、期限概述

（一）期限以及期日和期间

1. 期限的概念

期限，是指民事法律关系产生、变更和终止的时间。期限分为期日和期间。

2. 期日和期间

一般认为，“期日谓不可分或视为不可分之时之一点”，[1]是指不可分割的一定时间。期日以静态的某一点作为表示时间的一种方式，因此，通常将期日称之为“时间点”。期日常表现为某时、某日，如约定2007年1月1日为清偿期，该具体日期即为期日。

期间，是指从某一时间点到另一时间点所经过的时间。实际上，期间是期日与期日之间的间隔时间，如某时至某时，某日至某日等。期日表现的是时间点，期间

---

[1] 史尚宽：《民法总论》，中国政法大学出版社2000年版，第610页。

表现的是时间段，即时段，是以一定时点为起点，以到达另一时点为终点，期间延续的时间长度。[1] 期间必有一定长度，并且有始有终。因此，确定期间，须首先确定其起始时间和终止时间，即确定期日。

3. 期限的作用

期日和期间可以独立发生作用，也可以与其他事实结合，以成立特殊法律事实的形式发挥作用。在前一种作用方式，期日和期间仅具有时间标志或度量的意义，用以确定某种法律事件或法律效果存在的时点或时段，如出生时间、死亡时间等为时间点，是期日；限制行为能力期间、特定权利的存续期间等为时间段，是期间；这两种期限都可以单独作为法律事实存在，发生法律后果。在后一种作用形式，期日和期间以构成法律事实的形式，发挥更为复杂的作用，即引起某种法律效果的发生，如期间与不行使权利的事实结合，构成诉讼时效，发生胜诉权消灭的法律后果。

4. 期限的性质

期限是一种法律事实。但是，期限究竟是事件还是其他性质，有不同看法。一种意见认为期限是事件，因为无论期日还是期间，都是与客观存在的时间相一致的，是主观所无法改变，不以人们的意志为转移的。另一种意见认为，期限既非事件也非行为，因为尽管期限的到来、经过、届满要服从时间运动的客观规律，但它们具有的法律意义都为人的意志所决定，是立法者赋予的，或者是当事人商定的。笔者采通说，期限与人的意志无关，属于事件的范畴。

（二）期限的种类

1. 法定期限

法定期限是直接由法律规定的期限。如自然人成年的期日、时效期间。此种期限具有一定强制性，不允许当事人擅自变更。

2. 指定期限

指定期限是由人民法院或有关机关确定的期限。如由法院判决书中指定的债务履行期日或期间、判决离婚一方探视子女的时间等。

3. 约定期限

约定期限又称为意定期限，是当事人自行约定的期限。如合同双方当事人约定的合同履行期限。该种期限体现了当事人的意思自治，但一经约定，则双方必须严格遵守。

（三）期限的意义

在民法上，期限具有重大意义。凡是人的出生、死亡、有无民事权利能力、民事行为能力的发生与消灭等，都与期限有关；某种事实状态继续经过一定时间，可

---

[1] 史尚宽：《民法总论》，中国政法大学出版社2000年版，第610页。

能引起民事法律关系的变动；一定的时间可以决定民事法律行为效力的发生或消灭。期限制度贯串着整个民法的始终，是影响民事法律关系的重要法律事实之一，其法律意义主要表现为：

第一，它决定民事主体的民事权利能力与民事行为能力的起止。例如，法人成立或注销之日决定着法人民事能力的成就与消灭，自然人的出生或死亡之日则对于确定其民事权利能力的产生与消灭具有决定性意义。

第二，它是进行某些法律推定的依据。如进行死亡宣告时首先须确定失踪人失踪的时间是否合乎法律要求。

第三，它决定权利行使和义务履行的时间限度。例如，给予债务人一定合同履行期限。

第四，它是法律行为效力的起点或终点。例如，附期限法律行为中的期限影响着法律行为效力的产生与丧失。

第五，它可以用来确定权利的取得、存续或丧失，如所有权转移、商标权的有效期、诉讼时效期间。

二、期限的确定和计算

（一）期限的确定

期限的确定方法有四种：一是规定日历上的一定时间，如2006年10月8日。二是规定一定的期间，例如规定6个月、一年等。三是规定某一法律事实的出现的特定时刻，例如某人结婚的时间。四是规定以某人提出请求的时间为准，例如未约定清偿期的借贷合同，出借人第一次提出清偿请求的时间，就是计算清偿期的起始时间。

（二）期限的计算

1. 期日的计算

由于期日为不可分的特定时间点，在民法上通常不发生计算问题。期日按照法律的规定或者当事人的约定，以及人民法院的判决书或者仲裁机构的判决、裁决，进行确定。

2. 期限的计算

期间为一定的时间段，存在计算方法问题。

期间的计算，有自然计算法和历法计算法两种方法。

自然计算法以实际的精确时间计算。计算以时、分、秒为计算单位；一天为24小时，一星期为7天，一月为30日，一年为365天。例如，确定某日上午9时起3个月，是指自同日起第90天的同一时刻届满，而不论月份大小，单纯依每月30天计算。各法域通常采自然计算法。

历法计算法以天为计算单位。计算以日历所定的日、月、年为单位，一月并非为30天，而是按照月份不同的实际天数而有不同的具体时间。一年也有常年的

365 日和闰年 366 天的区别。例如，自 1 月 1 日起 3 个月，为 1 月 31 天、2 月 28 天（闰年为 29 天）和 3 月 31 天。

两种计算法，以月或年定期间的情形，计算结果会有所差异，各有其利弊。我国民法的期间计算法兼采两种方法，《民法通则》第 154 条规定："民法所称的期间按照公历年、月、日、小时计算。"这意味着基本采取历法计算法，但对以时、分、秒为单位的期间，则采自然计算法。

期间的计算单位，可以是时、分、秒等微小单位，也可以是星期、月、年等时间单位。以小时为单位的期间计算法，以规定时为起点，经过规定的期间所达到的时为届满点。以日、月、年为单位的期间计算法，期间开始的当天不算入，从次日开始计算。最后一天为星期日和其他法定假日的，以其次日为期间的最后一天；如果星期日和其他法定假日相变通，则以实际假日的次日为期间的最后一天。当事人不以月、年的第一天为起算点的，则一个月以 30 天计，一年以 365 天计。期间的最后一天的截止时间为 24 点；有业务时间的，到停止业务活动的时间截止。

在期限的计算及相关法律用语上，使用"以上、以内"的，均包括本数；使用"不满"、"以外"的，均不包括本数。如果当事人对用语有特别约定，依其约定。

三、参考结论

依据我国《民法通则》第 23 条规定，公民下落不明满四年的，利害关系人可以向人民法院申请宣告其死亡。该案中的被宣告人王某，自 1997 年 7 月 9 日起下落不明，依据期限的起算规则，应从次日开始计算期间，即从 7 月 10 日起算，采用自然计算法，算足 4 年，应至 2001 年 7 月 9 日届满。而王某某于 2002 年 3 月 27 日申请宣告，已超过 4 年，符合法律规定的宣告死亡的时间要件。当然，本案中由于王某之妻是第一顺序申请宣告死亡的利害关系人，王某某无权越过儿媳擅自申请宣告其子死亡。